EXAMPRESS ®

消防設備士試験学習書

工学

教 科 書

®

JN081922

炎の消防設備士第4類 甲種・乙種

[テキスト&問題集]

佐藤毅史

SE
SHOEISHA

本書内容に関するお問い合わせについて

このたびは翔泳社の書籍をお買い上げいただき、誠にありがとうございます。弊社では、読者の皆様からのお問い合わせに適切に対応させていただくため、以下のガイドラインへのご協力をお願い致しております。下記項目をお読みいただき、手順に従ってお問い合わせください。

●ご質問される前に

弊社Webサイトの「正誤表」をご参照ください。これまでに判明した正誤や追加情報を掲載しています。

正誤表　https://www.shoeisha.co.jp/book/errata/

●ご質問方法

弊社Webサイトの「書籍に関するお問い合わせ」をご利用ください。

書籍に関するお問い合わせ　https://www.shoeisha.co.jp/book/qa/

インターネットをご利用でない場合は、FAXまたは郵便にて、下記"翔泳社 愛読者サービスセンター"までお問い合わせください。
電話でのご質問は、お受けしておりません。

●回答について

回答は、ご質問いただいた手段によってご返事申し上げます。ご質問の内容によっては、回答に数日ないしはそれ以上の期間を要する場合があります。

●ご質問に際してのご注意

本書の対象を越えるもの、記述箇所を特定されないもの、また読者固有の環境に起因するご質問等にはお答えできませんので、予めご了承ください。

●郵便物送付先およびFAX番号

送付先住所　〒160-0006　東京都新宿区舟町5
FAX番号　03-5362-3818
宛先　　　（株）翔泳社 愛読者サービスセンター

不況に強い技術系の資格！
電気＋消防＝最強の組合せで、
∞の可能性を掴み取れ!!

　このたびは本書を手に取り、目を通していただきありがとうございます。本書を学習の一助として選ぼうとしている皆さんは、既に合格への最短コースを歩めることが約束されました！本書は、他に類を見ないゴロ合わせと計算問題を一切省略しない分かりやすさで、多くの受験生の合格をサポートしてきた実績があるからです。

　と、ずいぶん大見栄切った紹介となりますが、申し遅れましたが、私は本テキストの著者の佐藤毅史と申します。これまでに、危険物・消防・電気工事士と技術系資格取得テキストの執筆に携わる一方、普段は電気工事会社の社長として、上下作業着を着て日々現場仕事をしています。そんな立場にある自分だからこそ、580％の自信を持って言えることがあります。それは、技術系資格は生活していくうえで欠かすことの出来ないライフライン（電気・ガス・水道）を維持管理する仕事で、景気や政治に一切左右されない安定職だということです。

　本書の主題である消防設備士第４類は、建物内での火災発生をいち早く知らせる自動火災報知設備を対象としたもので、建物内には'必ず'設置されているものです。つまり、この国から建物がなくならない限り、需要は永遠にあるのです。そして、その設置には電気工事を要するため、電気工事士の資格者は科目免除によって楽々と合格することができるのです。

　地震の頻発に伴う火災の危険性が認知されているにも関わらず、現場の職人は高齢者ばかり。資格者不足の現代にあっては「手に職」を得、複数のスキルを身に付けることが、人生100年の時代を安定的に生きて行くために必須であり、それを適えることができるのが消防4類なのです。

　本書を手に取った皆様が合格（資格証）を勝ち取り、安定した仕事に就労されるサポートができる最良の指南書であることを確信しています。

2022年09月　佐藤　毅史

CONTENTS | 目次

Information | 試験情報

◆消防設備士とは

建物には、その条件に応じて消防用設備等または特殊消防用設備等の設置が義務付けられています。これらの工事、整備の実施には、消防設備士の資格が要ります。

消防設備士の資格には、甲種と乙種があります。甲種は消防設備の工事と整備を行い、乙種は整備のみを行います。また、工事・整備の対象に応じて、甲種は特種および第1類から第5類に、乙種は第1類〜第7類までに分かれています。

本書は第4類消防設備士（甲種・乙種）を対象としています。

◆試験の内容

試験は筆記と実技があります。筆記は4つの選択肢から正解を選びマークシートに記入する方式です。実技は、写真などを見て記述する鑑別等試験と製図試験があります。なお、乙種には製図問題はありません。

試験科目と問題数、試験時間は次の表のとおりです。

種類		試験科目	問題数	試験時間
甲種	筆記	消防関係法令	15	3時間15分
		基礎的知識	10	
		消防用設備等の構造・機能・工事・整備	20	
	実技		7	
乙種	筆記	消防関係法令	10	1時間45分
		基礎的知識	5	
		構造・機能・整備	15	
	実技		5	

◆科目免除

消防設備士（受験する試験種別とは別のもの）、電気工事士、電気主任技術者、技術士等の資格を有する方は、申請することで、試験科目の一部が免除になります。

◆合格基準

筆記試験3科目の各科目で40%以上、全体で60%以上、かつ、実技試験で60%以上の成績を修めると合格となります。なお、試験の一部免除がある場合、それ以外の問題数で計算します。

◆受験資格、受験地

乙種の受験資格はなく、誰でも受験できます。甲種の受験には、特定の資格または実務経験をもっているか、大学・高校等で特定の学科を修めている必要があります。試験は各都道府県（一般財団法人消防試験研究センターの各都道府県支部）で実施され、居住地に関係なく、どこでも受験できます。

◆受験の手続き

受験の申し込み方法には、願書を郵送する「書面申請」と、ホームページ上で申込む「電子申請」の2種類があります。願書は、消防試験研究センターの各支部等及び関係機関の窓口から入手できます。

◆合格後の講習受講義務

消防設備士は、工事、整備に関する新たな知識や技術習得のため、講習の受講義務があります。講習は、免状交付後の4月1日から2年以内、その後は5年に一度受講します。

◆詳細情報

受験内容に関する詳細、最新情報は、試験のホームページで必ず事前にご確認ください。各受験地の試験予定日の確認や、電子申請もこちらから行えます。

一般財団法人 消防試験研究センター：
https://www.shoubo-shiken.or.jp/

Structure | 本書の使い方

　本書は、消防設備士甲種または乙種の第4類を受験する方を対象しています。
筆記3科目と実技（鑑別等）の内容を、56テーマ（全11章）に分けて解説して
います。各章末には演習問題があり、巻末には模擬問題があります。

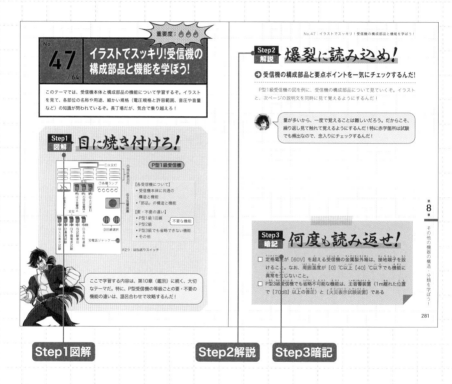

Step1図解　　　　Step2解説　　Step3暗記

◆テキスト部分

　各テーマは、3ステップで学べるように構成しています。

　Step1図解：重要ポイントのイメージをつかむことができます。

　Step2解説：丁寧な解説で、イメージを理解につなげることができます。

　Step3暗記：覚えるべき最重要ポイントを振り返ることができます。

　また、解説内には、複数の関連事項をまとめて覚える際の
助けになるよう、ゴロあわせを用意しています。

燃えろ！ 演習問題

本章で学んだ事を復習だ！分からない問題は、テキストに戻って確認するんだ！分からないままで、終わらせるなよ！！

問題 Lv1
文中の空面に入る語句の組み合わせとして正しいものはどれか。
01 「R型受信機は、火災信号等を [ア] の信号として受信することから [イ] という特徴がある。火災表示試験装置並びに終端器に至る外部配線の断線及び受信機から中継器への [ウ] から火災信号を直接受信するものにあっては [ウ] に至る短絡を検出できる装置を備えているほかは、P型1級受信機と同様な機能を有している。」

	ア	イ	ウ
①	共通	信号線が少なくてすむ	発信機
②	固有	信号線が個別に必要となる	発信機
③	共通	信号線が個別となる	感知器
④	固有	信号線が少なくてすむ	感知器

P型1級受信機の機能について、以下の問に答えなさい。
02 接続回線数が1回線の受信機では、火災表示試験装置と導通試験装置を省略することができる。
03 2回線から火災信号又は火災表示信号を同時受信したとき、火災表示をすることができること。
04 火災信号又は火災表示信号の受信開始から火災表示までの所要時間は、3秒以内であること。
05 P型1級受信機であれば、回線数に関係なく、1つの防火対象物に3台以上設けることができる。

自動火災報知設備の受信機に設ける予備電源について、以下の問に答えなさい。

320

➡ 模擬問題 第1回 制限時間 甲:2時間30分 乙:1時間

(1) 消防関係法令（共通） [甲種:問1～8、乙種:問1～6]

問題1 消防用設備等を設置しなければならない防火対象物に関する下記の説明で、法令上誤っているものはどれか。
(1) 特定防火対象物の地階で、地下街と一体をなすものとして消防庁又は消防署長が指定したものの消防用設備等の設置については、地下街の一部とみなされる場合がある。
(2) 同一敷地内にある2以上の防火対象物で、外壁間の中心線からの水平距離が1階は3m以下、2階以上は5m以下で近接する場合、消防用設備等の設置については、1棟の建物とみなされる。
(3) 複合用途防火対象物で同一用途に供されている部分の消防設備等の設置については、用途の管理者又は階に関係なく一の防火対象物とみなされる場合がある。
(4) 防火対象物間の開口部の無い耐火構造の床又は壁で区画されているとき、消防用設備等の設置については、その区画された部分をそれぞれ別の防火対象物とみなす。

問題2 管理について権原が分かれている（=複数の管理権原者がいる）以下の防火対象物のうち、統括防火管理者の選任が必要なものは次のうちどれか。
(1) 劇場と映画館からなる複合用途防火対象物で、収容人員90人で、かつ、地階を除く階数が2のもの。
(2) 共同住宅と倉庫からなる複合用途防火対象物で、収容人員150人以上で、かつ、地階を除く階数が4のもの。
(3) 地下街で、消防長または消防署長の指定がないもの。
(4) 高さ31mを超える建物で、消防長又は消防署長の指定のないもの。

478

◆演習問題

章内容の知識を定着させられるよう、章末には演習問題を用意しています。分からなかった問題は、各テーマの解説に戻るなどして、復習をしましょう。

◆模擬問題

紙面とWeb、合わせて2回分の模擬問題を用意しています。模擬問題を解くことで、試験での出題のされ方や、時間配分などを把握できます。

Special | 読者特典のご案内

　本書の読者特典として、模擬問題1回分および第1〜3科目のポイントを記したPDFファイルをダウンロードすることができます。また、一問一答が収録されているWebアプリを利用することができます。

◆読者特典PDFのダウンロード方法

1. 下記のURLにアクセスしてください。
https://www.shoeisha.co.jp/book/present/9784798174860

2. 　ダウンロードにあたっては、SHOEISHAiD への登録と、アクセスキーの入力が必要になります。画面の指示に従って進めてください。アクセスキーは本書の各章の最初のページ下端に記載されています。画面で指定された章のアクセスキーを、半角英数字で、大文字、小文字を区別して入力してください。

免責事項

- ・PDF ファイルの内容は、著作権法により保護されています。個人で利用する以外には使うことができません。また、著者の許可なくネットワークなどへの配布はできません。
- ・データの使い方に対して、株式会社翔泳社、著者はお答えしかねます。また、データを運用した結果に対して、株式会社翔泳社、著者は一切の責任を負いません。

◆Webアプリについて

　「鑑別」問題の一問一答が解けるWebアプリをご利用いただけます。下記URLにアクセスしてください。
https://www.shoeisha.co.jp/book/exam/9784798174860
　ご利用にあたっては、SHOEISHAiD への登録と、アクセスキーの入力が必要になります。お手数ですが、画面の指示に従って進めてください。

第1科目

電気に関する
基礎知識

※電気工事士資格者（免状保有者）は、申請により科目免
　除となり、この科目の勉強は不要になるぞ！

有言実行では、もう古いんだ!!
あれこれ言う前に、先ずは行動あるのみ!
そう、考えるな!感じたままに動くんだ!!

第**1**章

電気に関連する計算問題を学習しよう!!

この章で学習する内容と取り組みのポイント！ （Web 掲載。詳細は xii ページ参照）

本章では、電気に関する基礎知識を学習するぞ。中学〜高校で理科が得意だった人は復習と思い取り組むんだ！苦手意識を持つ受験生は多いが、出題箇所には傾向があるので、繰り返し問題を解いて、理解を意識するんだ！

アクセスキー　**U**

大文字のユー

重要度：🔥🔥🔥

オームの法則　別名 「リヴ」 ちゃんの法則だ!

電気の基礎理論で、最も重要なのはオームの法則だ。電流・電圧・抵抗の3つの関係性を表したもので、それぞれを表すアルファベット記号と昆虫の背中の形で計算（上下は割り算、左右は掛け算）することができるぞ！

Step1 図解 目に焼き付けろ!

オームの法則

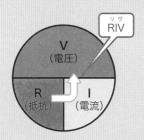

RIV
V（電圧）
R（抵抗）　I（電流）

$V = RI$

$R = \dfrac{V}{I}$

$I = \dfrac{V}{R}$

V：Voltage　R：Resistance
I：Intensity of current

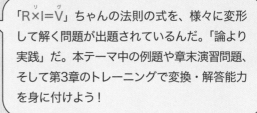

「R×I=V」 ちゃんの法則の式を、様々に変形して解く問題が出題されているんだ。「論より実践」 だ。本テーマ中の例題や章末演習問題、そして第3章のトレーニングで変換・解答能力を身に付けよう！

Step2 解説　爆裂に読み込め！

➡ 電気の正体とは……?!

　改めて「電気」の正体について説明するから、下図を見てくれ。巷で売ってる乾電池と豆電球を電線でつなぐと、豆電球が「パッ」と点灯する。乾電池と豆電球をつなぐ電線の中には、電球を点灯させる「何か」があるというわけだ。それが、電気（導体の中を流れる**電流**）なんだ！

　電流の単位は**アンペア**（記号：A）で、この目に見えない電流の正体は、−（負）の電気を帯びた**電子**で、−極から＋極へと流れているんだ。

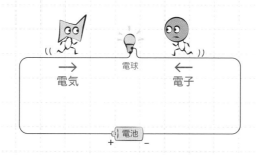

図1-1：電気の正体

 あれ、電気の流れは＋から−って習いましたよ？　逆じゃないですか？

 電気と電子の歴史について、少し紹介しよう。1800年頃に世界初の電池が完成したときに、よくわからないけれど電線の中を何かが流れていて、それは「＋から−に流れている」というものとして電流を定義した。その後の研究で、電気の正体が実は「電子」の流れによるものとわかり、電子は「−から＋に流れている」ことがわかったんだ。

➡ 電気の流れは、水を流すホースに置き換えて考えよう！

さあ、話を進めるぞ。電気の正体が「電子の流れ」とわかった所で、次は、回路内の電線に電気を流すために必要な「力」について見ていくぞ。

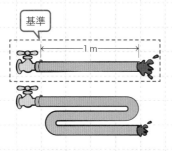
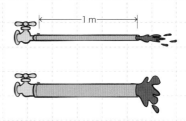

ホースが長いと水の出が悪くなる　　ホースが細い方が勢いは良いが、放水量は少ない

図1-2：ホースの長さ・太さと水の勢い・量の関係

ホースを使って水を出す場合を一例に考えてみるぞ。蛇口の水の出る強さ（閉：弱、開：強）を一律同じとした場合、ホースの長さと太さによってこう変わってくるんだ（図1-2を見てくれよ！）。

- ホースが長いほど、水の出が悪くなる
  ⇒左下図：ホースが長いと、水の抵抗が大きいから
- ホースが細いほど、水の出る勢いは良いが、放水量は減少する
  ⇒右上図：ホースが細いと、水の抵抗が大きいから

なお、ホースの太さと長さが同じ場合は、蛇口の水の強さ（開閉）に比例して、水の放出量が決まるぞ。

ということで、この考え方を電気に置き換えて見ていくぞ。電気（水）を出そうとする蛇口の水の強さ（開閉度合い）が電圧、電気（水）の流れる速さが電流、電気（水）の流れにくさが抵抗（電気抵抗）という具合だ。

最初に見た豆電球の回路だと、乾電池が電圧に相当するんですかね？

その通りだ！　もう少し掘り下げて説明すると、電線内の回路に電気を流そうとする力を**電圧**（読んで字の通り、電気的な圧力）といい、単位は**ボルト**（記号：V）で表されるぞ。

この電圧は、水と同じように考えるとよいだろう。水の出（圧力）が弱いとちょろちょろとしか出ないが、放水する圧力が強ければ、高圧洗浄機のように大きな力で洗浄等に使用されるわけだ。電気についても同様で、電圧が大きいほどより多くの電流が流れるので、同じ豆電球でも明るさが異なってくるし、大きな電気エネルギーで大きな運動をすることもできるんだ。

◆電圧は、「ほどほど」にコントロールするのが良いんだ！

大きな電気が流れることで、より大きな電気の力を引き出せるということを見てきたな。では、電圧の値は無限大に大きければ大きいほど、我々にとって有益なのか？？

答えは「NO」だ。もし回路内を無限大に電流が流れると、それに耐えきれなくなった電気機器や電線がショート（短絡）してしまい、感電や火花放電による火災などが発生する危険な状態になってしまうんだ。

中国の思想家：孔子が『論語・先進』の中で言っている言葉を紹介しよう！

　　過ぎたるは猶及ばざるが如し

これは、「何事もほどほどが肝心で、やり**過ぎる**ことはやり足りないことと同じように良いこととは言えない。たとえ良いと言われることでも、やり**過ぎ**は害になる」という意味だ。

電気も同じで、大量に流れて害悪が発生しないように、電流の流れる量をコントロールする「何か」が必要になってくるんだ。この「電流の流れにくさ」を**電気抵抗**（単に抵抗ともいう）といい、単位は**オーム**（記号：Ω）で表されるぞ。

電圧が電気の流れを生み出すということは、電流は電圧の大きさに比例するといえる。一方、抵抗は電流の流れをさまたげるものだから、抵抗が大きいほど電流の流れは小さく（悪く）なるんだ。つまり、電流は抵抗の大きさに反比

例するといえるぞ。

　一般的な電子機器の多くは、使用できる電圧や電流に指定があるので、目的とする電気抵抗値を得る目的で使用する抵抗器（電子部品）が別部品として販売されているが、実は、電子機器そのものが抵抗器というものもあって、豆電球（機器）や電線なんかも抵抗器とみなすことができるんだ。その証拠に、乾電池一つで豆電球を1個ともすときと、10個をともすときでは、後者の方が一つ一つの豆電球の明るさが劣るぞ。

➡ 電気法則の総本山：オームの法則はリヴちゃん！

　これまで乾電池と豆電球の回路や水道のホースに見立てて電気に関する性質（電流・電圧・抵抗）を見てきたが、これを文字式で表したものを発見者の名前にちなんで、**オームの法則**というんだ。定義を説明するとこうだ。

　　　オームの法則：電流の大きさは、電圧に比例し、抵抗に反比例する。

　R（抵抗）、I（電流）、V（電圧）を用いた関係式（リヴちゃん）はStep1「図解」にあるからそちらを見てくれ。

　なお、試験では単純な文字の羅列ではなく、回路図を示して、そこから必要な値を抽出して公式に当てはめる問題が出題されている。

　一例として、回路図中の図記号や表記は下図のようになるぞ。

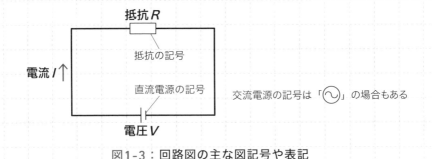

図1-3：回路図の主な図記号や表記

　電流・電圧・抵抗の関係性やオームの法則が実際の試験でどう問われるか、簡単な例題でチェックしておこう！

【例題】
　100Vの直流電源を25Ωの内部抵抗を持つ電動機と接続した。この回路内を流れる電流値は何Aか。

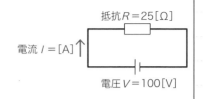

抵抗R＝25[Ω]
電流 I ＝[A]↑
電圧 V＝100[V]

【解答】
　オームの法則に数値を当てはめれば解けるぞ。本問は電流I[A]を求めるので、

$$電流I＝\frac{電圧V}{抵抗R}＝\frac{100}{25}＝\underline{4[A]}$$

> 試験に出題される計算問題は、抵抗器が複数個あって、さらに並列接続と直列接続が混在したような複雑な回路の場合が多いぞ。まずは基本となる単純な回路でオームの法則の使い方と電気の性質を理解しておくんだ！

Step3 暗記 何度も読み返せ！

☐ 電気の3要素である電流・[電圧]・[抵抗]の関係性を表したものが、[オームの法則]である。回路内を流れる電流は[電圧]に比例し、[抵抗]に反比例する。
☐ 先の例題で抵抗値が12.5Ωのとき、流れる電流は[8A]である。抵抗値が[半分]となったため、電流値は[2倍]になっている。

抵抗値を決める電線の「2要素」とは？

このテーマでは、電線の抵抗値を決める2つの条件について学習するぞ。基本は前テーマで見てきた水道のホースと同じように考えれば攻略できるぞ！ 抵抗率の計算は過去に文字式での出題があるので、「理解」を意識して学習に取り組もう！

Step1 図解　目に焼き付けろ！

抵抗値と導体の長さ、断面積の関係

$$R = \rho \frac{\ell}{A}$$

R：抵抗[Ω]　ρ：抵抗率 [Ω·m²/m]
ℓ：導体の長さ[m]
A：導体の断面積[m²]

導体の長さ ℓ

導体の断面積 A

抵抗値を決める2要素は、①導体の長さ、②導体の断面積の2つだ。長短と太細の違いは、前テーマで学習した水道のホースと同じだと考えれば理解しやすいはずだ。抵抗率は物質に固有の数値で問題文中に記載されているが、これの文字式変換が試験では頻出だ。省略せずに懇切丁寧に解説するぞ！

Step2 解説 爆裂に読み込め！

➡ 電線の抵抗値が変化する、2要素とその条件は？

「抵抗」は、電気の流れを調整する（妨げる）ものであることを前テーマで学習したが、改めて、電気抵抗を水道とホースになぞらえた内容を復習しよう。

> ホースが長いほど、細いほど水に対する抵抗は大きかったですね！

その通りだ。ここで、抵抗値に影響を与える2要素が出てきたな。つまり、導体の①長さ（長いか短いか）、②断面積（太いか細いか）の2つだ。これを専門的に言えば、「電気抵抗値は導体の長さに**比例**し、断面積に**反比例**する」というぞ。なお導体とは、電気を通しやすい物質のことで、金・銀・銅・アルミニウムなどの金属は導体だ。それに対して、電気を通しにくい物質のことを**不導体**といって、主にガラスやビニル、陶器（がいし）などが該当するぞ。

導体と不導体の間で、パソコンや電子部品に使われるのは半導体だな。そして、その半導体の主な原料は、シリコンやゲルマニウムなどだ。

➡ 抵抗率を文字式で表せ！

どんなに電気をよく通す物質でも、一定の抵抗値を持っていて、それを求める式は次の通りだ。

抵抗を求める公式	$R = \rho \dfrac{\ell}{A}$

R：抵抗[Ω]　　ρ：抵抗率[Ω·m²/m]
ℓ：導体の長さ[m]
A：導体の断面積[m²]
※ ℓ：length（長さ）　A：Area（面積）

ρは導体の種類によって決まる固有の抵抗率で、一例として導体の抵抗率一覧を表2-1にあげておく。この順番は出題されやすいので必ず覚えておこう！

表2-1：物質と抵抗率

種類	抵抗率（Ω・mm²／m）
銀	0.0162
銅	0.0172
金	0.024
アルミニウム	0.0275
鉄	0.100

銀→銅→金→……。メダルの色順とは違う、と。銀の抵抗率が一番低いから、抵抗値も一番低いってことですね！　じゃあ電線にも銀を使えば電気のロスが少なくなりますね！

そうなるな。ただ、実際には経済性（費用）と実用性（加工の難易）を考慮して、市中にある電線は銅が使用されているんだ。

　先ほど「電気抵抗値は導体の長さに比例し、断面積に反比例する」と見てきたが、公式を見ると導体の長さは分子の位置にあるよな。つまり、この値が大きいほど分数全体の数値が大きくなるから、抵抗値も大になるというわけだ。

　逆に分母にある断面積の値が大きく（広く）なると、分数全体の数値が小さくなるから、抵抗も小になるというわけだ！　$\frac{1}{2}$ と $\frac{1}{4}$ の違いって感じかな。

　公式の文字を見ているだけでは「？」となるかもしれないが、これに分数という実際の数値を当てはめると、わかりやすいと思わないか？

◆断面積が直径・半径の場合は、断面積を文字式で作り出せ！

　このテーマの最後は、試験でも出題履歴がある文字式の作成（変換）を見ていくぞ。これまで見てきた抵抗値の公式にある要素がそのまま問題文中に記載されているわけではなく、変換を要する場合もあるんだ。

　問題を解く前段として、累乗計算について触れておくぞ。同じ数をいくつも掛け算する場合、例えば「10×10×10×10×…」と延々と続くと、掛け算する数を間違えるかもしれないし、書き表すのも面倒じゃないか？

　そこで使われるのが、**累乗**だ。これは、掛け算する数の右上にかける回数を記載する表記法だ。例えば「10^3」は10を3回掛け算したものを表していて、累乗を使わずに数字で表せば1000となるんだ。これが「－3」だとかマイナス乗になっている場合は、分数表記になるぞ。

「10^{-3}」は、$\dfrac{1}{10^3}$ で $\dfrac{1}{1000}$ ですね。

　また、累乗の省略記号も覚えておこう。「mm⇔cm⇔m」は小学校の算数で習った内容だ。つまり、「1m⇔100cm⇔1000mm」だが、1mmをmで表記する場合は、$\dfrac{1}{1000}$m＝10^{-3}mとなるんだ。つまり、「m（ミリ）」＝10^{-3}だ！

【例題】
　電気抵抗R〔Ω〕、直径D〔mm〕、長さL〔m〕の導体の抵抗率ρ〔Ω・m〕を表す式を答えなさい。

【解答】

　与えられた条件から、まずは公式の形を作っていくぞ。なお、断面積は不明なので、仮に「□」としておこう。

$$R=\rho \times \frac{L}{□} \quad \Rightarrow \quad \rho=R \times \frac{□}{L}$$

　断面積（□）を求めるが、問題文中に直径D〔mm〕が与えられているので、これをもとに計算するぞ。直径→半径と、mm→mの変換に要注意だ！

$$□=\underbrace{\frac{D}{2} \times 10^{-3}}_{半径} \times \underbrace{\frac{D}{2} \times 10^{-3}}_{半径} \times \pi \;=\; \frac{\pi D^2}{4 \times 10^6}$$

断面積＝円の面積でしたね！

これを ρ＝の公式に入れて計算だ。

$$\rho = R \times \frac{\pi D^2}{4 \times 10^6} \div L = R \times \frac{\pi D^2}{4 \times 10^6} \times \frac{1}{L} = \frac{\pi D^2 R}{4L \times 10^6}$$

一度で全てを理解しなくてもいいぞ。文字式の変換は、実際に手を動かして、一から順に計算をすることで導けるはずだ。繰り返し解いて、解法を身につけてくれ！

複雑な式ですが、断面積の計算と単位換算に気を付けて取り組みます！

Step3 暗記　何度も読み返せ！

□ 導体の抵抗値を表す公式「$R = \rho \dfrac{\ell}{A}$」によれば、抵抗値は導体の[長さ]に比例し、[断面積]に反比例する。なお ρ は[抵抗率]と呼ばれるもので、物質に[固有]の数値である。

□ 以下の語群より、金属の抵抗率が低い順に並べなさい。

【語群】 銅、金、アルミニウム、鉄、銀

【解答】
(低) [銀] → [銅] → [金] → [アルミニウム] → [鉄] (高)

重要度：🔥🔥🔥

No. 03 /64 直・並列接続の違いで、抵抗「値」はどう変わるのか?

このテーマでは、接続法（直列・並列）の違いで回路全体の抵抗（合成抵抗）がどのように変化するのか学習するぞ。「違い」をそのまま覚えるんじゃない、水道とホースの関係になぞらえて、「理解」を意識して取り組もう!

Step1 図解 目に焼き付けろ!

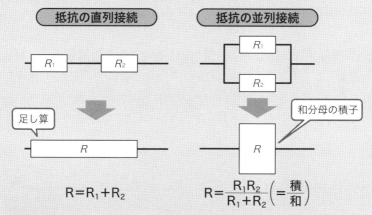

抵抗の直列接続

R_1 — R_2

足し算

R

$$R = R_1 + R_2$$

抵抗の並列接続

R_1
R_2

和分母の積子

R

$$R = \frac{R_1 R_2}{R_1 + R_2} \left(= \frac{積}{和} \right)$$

前テーマで抵抗値を決める電線の2要素を学んだと思うが、それは、「長さ」と「太さ」だったな! では、抵抗器が直列と並列で複数個接続されている場合、どちらの要素を考慮して、結果どうなるか? 理解を意識して取り組もう! なお、和：足し算、積：掛け算だぞ。

爆裂に読み込め！

➡ 回路全体の抵抗（合成抵抗）はこう求めるんだ！

回路内に抵抗器が1つの場合、オームの法則$\left(R=\dfrac{V}{I}\right)$で簡単に値を求められ

るが、回路内に抵抗器が複数ある場合は、抵抗器の接続法（直列・並列）に

よって、計算法が異なるんだ。

 また計算問題ですか。数字を見ると眠気と目まいが……。

いきなり弱音を吐くんじゃない！　「できる！」と思って見ていくぞ。

◆直列接続は単純な足し算！　長〜い1本の（鎖）抵抗をイメージ！

抵抗器がひとつの方向に複数つながっている（直列）の場合は、電源から見た合成抵抗は、全ての抵抗を単純に足し合わせた総和になるんだ。ホースと水道の関係で考えると、ホースが長くなった結果、水の出が悪くなった（抵抗が大きくなった）と考えればわかりやすいはずだ！

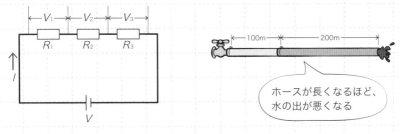

ホースが長くなるほど、水の出が悪くなる

図3-1：抵抗を直列接続したときの合成抵抗

直列接続の場合は、1本の長い抵抗をイメージして足し算の値が合成抵抗値なんですね！「R＝ρ×$\dfrac{\ell}{A}$」の公式からもわかりますね！

◆並列接続は、逆数の和！　断面積の大きい1つの抵抗器をイメージせよ！

　今度は並列接続（抵抗が始点と終点を同じ並びに複数接続されている）を見ていくが、この場合、電源からみた合成抵抗は電流の通る道が増えて流れやすくなるので、抵抗器1つのときよりも抵抗の値が小さくなるんだ。ホースと水道の関係で見ると、分岐（＝断面積）が増えたことで水が流れやすくなり、抵抗値が小さくなると考えればわかりやすいはずだ。

並列接続の場合は、断面積の大きい1つの抵抗器をイメージして合成抵抗値が小さくなるんですね！「R＝ρ×$\dfrac{\ell}{A}$」の公式からも納得です！

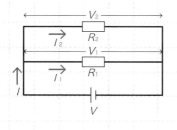

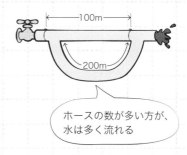

ホースの数が多い方が、水は多く流れる

図3-2：抵抗を並列接続したときの合成抵抗

　具体的な計算法は、回路全体の抵抗（合成抵抗）の逆数が、個々の抵抗値を逆数にしたものの総和となるんだ。

常に「イマ」が一番若いんだ、今を大切にしよう！

意味がわかりません……。

逆数とは分数にするってことだ。定義を文字式で表すと、こうなるぞ。

$$\frac{1}{R} = \frac{1}{R_1} + \frac{1}{R_2} \quad (\text{R：合成抵抗　} R_1 \cdot R_2：\text{各抵抗　単位：}\Omega)$$

分数の足し算は「通分」で求めるが、これを展開するとこうなるぞ。

$$\frac{1}{R} = \frac{1}{R_1} + \frac{1}{R_2} = \frac{R_2}{R_1 \times R_2} + \frac{R_1}{R_1 \times R_2} = \frac{R_1 + R_2}{R_1 R_2}$$

両辺に$\dfrac{R_1 R_2}{R_1 + R_2}$とRを掛けて、R＝の形にすると、

$$R = \frac{R_1 R_2}{R_1 + R_2}$$

公式を展開すると上記になるが、これを覚える必要はないぞ！重要なのは、抵抗が2つの場合の合成抵抗は、各抵抗を$\dfrac{積}{和}$（和が分母で、積が分子！）にした値になるということだ。

➡ 直列・並列が回路内に複数ある場合の合成抵抗値はこう計算！

　直列は足し算、並列は和分母の積子で合成抵抗を求めるのは基本中の基本で、ようやく準備体操完了といった所だな。試験では、これらを組み合わせた複雑に見える回路の合成抵抗値を計算する問題が出題されているぞ！

　とはいえ、計算法は「パターン」が決まっているので、そのルールに従って、直列は足し算、並列は和分母の積子を繰り返せば必ず解けるぞ。では例題チェックだ！

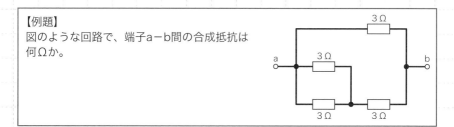

【例題】
図のような回路で、端子a−b間の合成抵抗は
何Ωか。

【解答】
　回路内に並列と直列が複数ある場合、計算できる箇所から順に数値を導き、これをもとに次の該当箇所について計算する過程を繰り返せば必ず解けるぞ。例題の場合、①〜③の3ステップで回路全体の抵抗（合成抵抗）を求めるんだ。

①左下の並列部分の合成抵抗を計算

　左下の3Ωの並列箇所を和分母の積子で計算しよう。この部分の合成抵抗は、

$$\frac{3 \times 3}{3+3} = \frac{9}{6} = 1.5[\Omega]$$

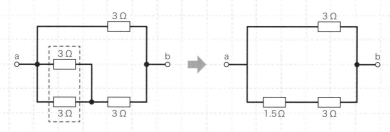

②図中の下部にある直列部分の合成抵抗を計算

　①で1.5Ωが求められたので、直列接続する3Ωとの合成抵抗を求める。

1.5+3=4.5[Ω]

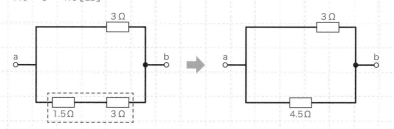

③残りの並列接続部分の合成抵抗を計算

②で求められた4.5Ωと並列の3Ωについて、和分母の積子で合成抵抗を計算

すると、$\dfrac{3 \times 4.5}{3 + 4.5} = \dfrac{13.5}{7.5} = \underline{1.8[\Omega]}$

3Ωの抵抗器が4つある回路なのに、合成抵抗は1.8Ωと低いですね！

これが解説で話した、分岐（断面積が大）によって、電流の流れが良くなった結果抵抗値が小さくなるってことなんだ（オームの法則でも説明したぞ！）。

与えられた回路図の中から、計算できそうな箇所を解いて、それをもとに順次解き進めていくんですね！　簡単な算数だから、これなら何とかできそうです！

いいぞ、その調子だ！　回路図のどこから手を出すか、そこに見当をつけたら、あとは「直列は足し算」、「並列は和分母の積子」で求めるんだ！　この後の章末演習問題と第3章を繰り返し解いて、解法を導くトレーニングをしておこう！

応用編：複雑な回路における計算法を学ぼう!

このテーマの最後は、応用的な回路図2種類を見ていくぞ。

◆（1）抵抗器が3つの並列接続の場合

これまで抵抗器が2つの並列接続を見てきたが、これが3つになるとどうなるのか？　早速例題でチェックしよう。

【例題】
図のような回路で合成抵抗が1Ωのとき、RΩの抵抗値は何Ωか。

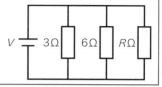

【解答】

抵抗器が3つある場合はどうするか。答えは、「和分母の積子を2回やる」。これで解けるぞ！　この場合、数値のわかる任意の抵抗器2つで1回目の和分母の積子を行い、その結果をもとに、残りの抵抗器と2回目の和分母の積子を行うんだ。例題の場合、数値のわかる3Ωと6Ωの合成抵抗は $\dfrac{3\times6}{3+6}=\dfrac{18}{9}=2[\Omega]$

この結果と不明な抵抗器Rで2回目の和分母の積子を行うんだ。回路全体の抵抗は1Ωだから、$\dfrac{2\times R}{2+R}=1$　両辺に（2+R）を掛けて分数の状態を解消すると、

$$2R=2+R \quad \Rightarrow \quad R=\underline{2[\Omega]}$$

並列の抵抗器が3つある場合、和分母の積子を任意で2回やるんですね！

◆(2) ブリッジ回路

図のように2つの並列回路の配線間を別の配線でつないだときの橋渡し構造のことをブリッジ回路というんだ。ここで「$R_1R_4=R_2R_3$」が成立するとき、ab間の電流は流れないんだ（Ⓖ：検流計）。

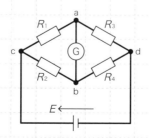

図3-3：ブリッジ回路

つまり、並列で向かい合う抵抗器同士の積の値がイコールとなるとき、電流は流れないんだ。この原理によって、未知の抵抗器の値を測定することができるぞ。なお、この等式が成立しない（不平衡）ときは、acとbdの間の電位差（電圧の差）が電圧計で計測できる。覚えておこう！

Step3 暗記 ➤ 何度も読み返せ！

- ☐ 抵抗器が複数ある回路図では、直列部分は［足し算］、並列部分は［逆数］の和で計算できる。なお、抵抗器が2つの場合は［和分母の積子］で計算する。
- ☐ 合成抵抗は、一般に直列接続は抵抗値が［高］くなり、並列接続はそれが［低］くなる。これは電線に流れる電流と抵抗値の変化を考えるとわかりやすい。

No. 04 /64 抵抗と逆！　静電容量とクーロン力を学ぼう！

このテーマでは、電気を蓄えるコンデンサの合成静電容量（計算）とクーロンの法則について学習するぞ！静電容量の計算は、前テーマの抵抗とは逆になるぞ！クーロンの法則は、法則の概要を理解出来ればOKだ！

Step1 図解 ▶ 目に焼き付けろ！

クーロンの法則

$$F = K\frac{q_1 q_2}{r^2}$$

合成静電容量

- 直列接続は逆数の足し算

$$\frac{1}{C_0} = \frac{1}{C_1} + \frac{1}{C_2}$$

※コンデンサが2の直列の場合、

和分母の積子⇒$C_0 = \dfrac{C_1 C_2}{C_1 + C_2}$

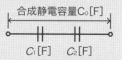

合成静電容量C_0[F]

C_1[F]　　C_2[F]

- 並列接続は単純な足し算

$$C_0 = C_1 + C_2$$

C_1[F]　　C_2[F]

合成静電容量C_0[F]

前テーマで学習した合成抵抗値と合成静電容量の計算法は逆になっているんだ！混同に注意しよう！！

爆裂に読み込め！

→ 冬のセーターで地味に痛いあの現象、理由は静電気なんだ！

　冬の寒い時期、ドアノブなどに触れた瞬間襲ってくるバチッと痛いあの現象。原因は、衣類に溜まった静電気なんだ。

> 僕もあの現象はニガテです…。

　セーターの脱ぎ着やスカートのまとわりつきなど、2種類の物質を摩擦することで静電気が発生し、ドアノブなどの金属に触れることで帯電した静電気が一気に放電する現象だ。

　帯電した物質同士は、互いに引き付け合ったり、反発したりする力が生じるんだ。電気的に言えば、＋（プラス）と－（マイナス）は引き付けあうが、＋同士や－同士だと反発しあうんだ。

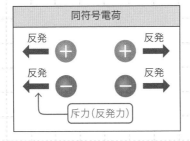
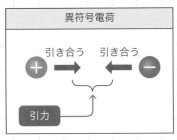

図4-1：同符号電荷と異符号電荷

　このとき、引き付けあったり反発する力の大きさを表したものが、**クーロンの法則**なんだ。クーロンの法則は、以下の等式で表すことができるぞ。

覚え得！　クーロンの法則

$$F = K \times \frac{q_1 q_2}{r^2}$$

表4-1：「クーロンの法則」記号の意味と単位

記号	意味	単位と読み方
F	クーロン力	N　ニュートン
$q_1 \cdot q_2$	電荷量	C　クーロン
r	電荷間の距離	m　メートル
K	比例定数　9×10^9	

クーロンの法則によれば、発生する静電気の大きさは、帯電した2点間の電気量（電荷量）に比例し、2点間の距離の2乗に反比例するんだ。

そもそも論なんですが、なぜ物質は電気を帯びるのですか？

少し化学の話になるが、説明しよう。結論としては、その方が**安定するから**なんだ。

右図は原子の構造図を表していて、原子は、**原子核**（＋電荷の陽子と無電荷の中性子）とその周囲を飛び回る－電荷の電子で構成されているんだ。このとき、電荷的には±0で安定していても物質として安定していない場合があって、より安定した物質になろうとして、**電子の授受**が物質間で行われるんだ。

電子を放出することで電子が不足する状態が**プラス電荷**、電子を受け取って余っている状態が**マイナス電荷**になるぞ。

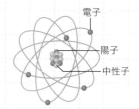

図4-2：原子構造の図

➡️ コンデンサに蓄えられる電気量と補助単位を攻略しよう!

金属板を2枚向かい合わせにして、これを図のように電池と繋ぐ。

すると、電池のプラス・マイナスの極性によって2枚の金属板にも同じ量のプラスとマイナスの電荷が貯まるんだ。

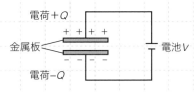

図4-3：平行板コンデンサ

この装置を平行板コンデンサといって、コンデンサは電気を蓄える性質があるため、蓄電池の一種として電気回路内で用いられるぞ。

このとき、コンデンサに蓄えられる電気の量を静電容量（記号：C）といい、単位はF（ファラド）が用いられるんだ。なお、貯まる電荷量は電圧に比例するぞ。つまり、高電圧を掛ければより多くの電荷が貯まり、これを等式で表すと以下の通りになるんだ。

 電極の電荷量

電極の電荷量：$Q = CV$

コンデンサが蓄える電気エネルギーを静電エネルギーといい、以下の等式で表すことができるぞ。変換も大事だが、上記の電荷量と混同しないように注意しよう！！

 静電エネルギー

静電エネルギー：$W = \dfrac{1}{2}QV = \dfrac{1}{2}CV^2$

計算問題を解く上で便利な、下記の補助単位を覚えておくんだ！

表4-2：補助単位

補助単位	単位に乗ぜられる倍数	補助単位	単位に乗ぜられる倍数
K（キロ）	$10^3=1000$	m（ミリ）	$10^{-3}=\dfrac{1}{1000}$
M（メガ）	$10^6=1000000$	μ（マイクロ）	$10^{-6}=\dfrac{1}{1000000}$
G（ギガ）	$10^9=1000000000$	n（ナノ）	$10^{-9}=\dfrac{1}{1000000000}$

テーマ2でも少し触れましたね、1m=100cm=1000mmの逆、1mm=10^{-2}cm=10^{-3}mになるんですね！！

複数のコンデンサを直列・並列に接続すると、静電容量はどうなる?

　このテーマの最後は、複数のコンデンサが接続された回路における合成静電容量の計算について見ていくぞ。

複数のコンデンサ…複数の抵抗器がある場合は前テーマで学習しましたね！直列は足し算、並列は和分母の積でした！！

　お、覚えているようだな。素晴らしいぞ！だが、しかーし！！コンデンサの場合、抵抗器と異なり電気の流れを阻害するだけなく、蓄える性質もあるので、計算方法が少し異なるんだ。以下、直列と並列に分けて見ていくぞ。

◆直列の合成静電容量は、逆数の足し算だ！

コンデンサの直列接続の計算について見てみよう。

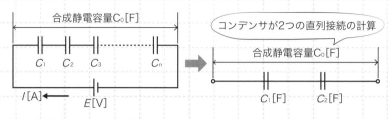

図4-4：コンデンサの直列接続の計算

前テーマで、抵抗器を直列接続した場合の合成抵抗は足し算（距離が長くなり、1本の抵抗器とみなす）であると見てきたな。電気を通しづらくすることになるから、コンデンサを同様に直列に接続すると、電気を溜めづらくなってしまうから、以下の等式で表すことができるぞ。

$$\frac{1}{C_0} = \frac{1}{C_1} + \frac{1}{C_2} + \frac{1}{C_3} + \frac{1}{C_4}\cdots$$

 こ、この形は抵抗器を並列接続した時と同じ！逆数の和…、ですね！！

その通りだ。直列に複数のコンデンサを接続する場合、2枚の金属板間の距離が離れていることと同じになるんだ。クーロンの法則からも分かるが、静電容量は電荷間の距離に反比例することから、直列接続のコンデンサが増えれば増えるほど、全体の合成静電容量値は、小さくなるんだ。

 抵抗器を並列接続した時と一緒ということは、コンデンサ2つだと…

勘がイイな！そうだ、**和分母の積子**が使えるんだ！コンデンサ2つが直列接続の場合の合成静電容量値は、以下の等式で表すことができるぞ。

$$C_0 = \frac{C_1 C_2}{C_1 + C_2}$$

◆並列の合成静電容量は、単純な足し算だ！

コンデンサの並列接続の計算について見てみよう。

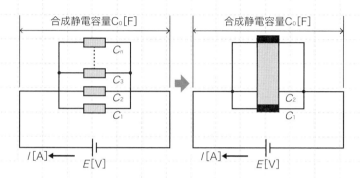

図4-5：コンデンサの並列接続の計算

　今度は複数のコンデンサを並列に接続した場合だ。この場合、面積の大きな2枚の金属板を接続した物と同じになるんだ。抵抗値が断面積に反比例することから、断面積が大きくなると抵抗値が小（合成静電容量値は**大**）になるので、並列接続のコンデンサの合成静電容量は、以下の等式で表すことができるぞ。

$$C_0 = C_1 + C_2 + C_3 + C_n \cdots$$

　以上より、前テーマで学習した合成抵抗の計算法と本テーマで学習した合成静電容量の計算法を、回路の接続法別に記すと、以下の通りになるんだ。

表4-3：合成抵抗の計算法と合成静電容量の計算法

合成抵抗	回路への接続法	合成静電容量
足し算	直列に接続	逆数の足し算 2つの場合、和分母の積子
逆数の足し算 2つの場合、和分母の積子	並列に接続	足し算

冒頭のタイトルにある、「抵抗と逆」というのは、このことなんですね！

Step3 暗記　何度も読み返せ！

□ 帯電した物質同士、例えばプラスとマイナスであれば［引き付け合い］、プラス同士やマイナス同士であれば［反発し合う］。この力の大きさを表したものが、［クーロンの法則］である。

□ クーロンの法則によれば、発生する静電気の大きさは［2点間の電荷量］に比例し、［2点間の距離の2乗］に反比例する。

・複数のコンデンサを回路内で接続する場合の合成静電容量について

□ 直列接続部分の合成静電容量は［逆数の和］で表され、これが2つの場合には［和分母の積子］で計算できる。並列接続部分の合成静電容量は、コンデンサの［電荷量の和］で計算できる。

□ この関係性は抵抗率の式からも理解できる。つまり、抵抗値と合成静電容量値は［反比例］の関係にあり、抵抗値は長さに比例し断面積に反比例するが、合成静電容量は断面積に［比例］し、長さに［反比例］するからである。

重要度：🔥🔥🔥

No. 05 /64

電気と磁気の関係は、ラッパーポーズで攻略せよ！

このテーマでは、電線に電気を流すことで発生する磁界について学習するぞ。「フレミングの法則」と言われるもので、右手と左手で意味するところが変わるので要注意だ！磁石とコイルの出し入れによるファラデーの法則（図問題）も頻出だ！

Step1 図解　目に焼き付けろ！

ファラデーの法則

$$E = N\frac{\Delta\Phi}{\Delta t}$$

フレミングの法則

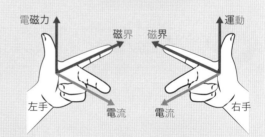

電磁力　磁界　磁界　運動
左手　電流　電流　右手

※3つの力は互いに垂直
左：でっかい　竜
右：ど　じな　竜

中学の復習になるが、忘れている人はここで覚えておこう！ラッパーの気持ちになって、ポーズを決めて覚えるんだ！なお、人差し指は磁界、中指は電流というのは共通だぞ！

爆裂に読み込め！

➡ 電線に電気を通じると、その周りに磁界が発生するんだ!!

まずは図5-1の左の図を見てくれ。

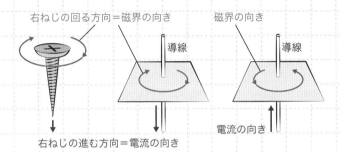

図5-1：ねじを締める方向（右）に磁界が発生する

時計回りに回すと、ねじを締めることができるんですね！

その通りだ。これと同じで、銅線（電線）に電気を流すと、その周囲に同心円状の磁界が発生するんだ。その向き（方向）は、電流の流れる方向とねじの進む向きを同じとすると、電線を中心に右（時計）回りとなるんだ。これを**右ねじの法則**というぞ。

右図の場合は、電流の向きが下からになっているので、磁界の向きは左（反時計）回りになっているというわけだ！

今度は銅線をコイル状に巻いて、そこに電流を流す場合を見ていくぞ。

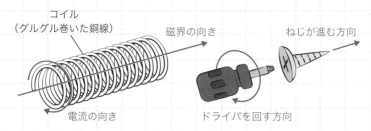

図5-2：コイルの合成磁界も右ねじの法則

　右ねじの法則により、グルグル巻いた銅線の各部分で右回りの同心円状の磁界が発生、これが合成されて、ねじが進む方向と同じ方向に合成磁界が生じる。

　このコイルの中に鉄心（磁石）を入れると、一方はN極、もう一方はS極の電磁石となるんだ。その磁界の強さは、コイルの銅線巻数と電流の大きさに比例するんだ。

ファラデーの法則：公式が意味するところを理解しよう！

　図5-3のように、磁石をコイルに近づけたり離したりすると、コイルに電圧が生じて電流が流れるんだ。また、その逆で磁石を固定してコイルの方を動かしても、同様に電流がコイルに流れる。

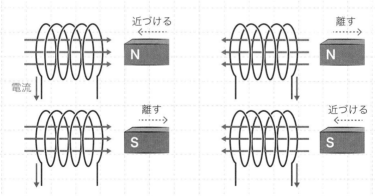

図5-3：磁石の磁束を打ち消すようにコイル内に磁束が発生

磁界の向きが、N極とS極で逆になってますね！！

素晴らしい気付きだ。この時流れる電流の向きは、磁石を近づけたときと離したときでは逆になっているんだ（このことを**レンツの法則**というぞ）。

誘導起電力の向きは、N極の接近とS極の引き離し（図左の2つ）、N極の引き離しとS極の接近（図右の2つ）がそれぞれ同じグループ（電流の向き）になることに気付くはずだ！

本当だ！でも、何でこんな現象が起こるんですか？？

説明しよう！この現象は、コイルを貫く磁束が時間的に変化すると、コイルに起電力（電圧）が生じて電流が流れるために発生するもので、**電磁誘導**という。電磁誘導によって生じる起電力を**誘導起電力**、流れる電流を**誘導電流**というんだ。なお、この現象は、磁石又はコイルを動かした時のみ発生するので、静止状態では誘導起電力は生じないぞ！！

◆ファラデーの法則が意味する「2つ」のこととは？

誘導起電力の大きさは、①コイルを貫く磁束の単位時間辺りの変化と②コイルの巻数に比例するんだ。これを**ファラデーの法則**といい、次の等式で表すことができるぞ。

 ファラデーの法則

$$e = N \frac{\Delta \Phi}{\Delta t}$$

e：誘導起電力　N：コイルの巻数
Δt：磁束変化の時間
$\Delta \Phi$：磁束の変化量（Φ：ギリシャ語の
ファイで、磁束を表す）

公式からわかるように、分子にある磁束の変化量が大きいほど、分母にある磁束変化の時間が短いほど、誘導起電力は大きい。つまり、短時間で大きな変化（素早くコイル又は磁石を動かす）を与えることで、大きな誘導起電力を得られるというわけだな！！

➡ 左と右で全く別物！ フレミングの法則を極めろ!!

このテーマの最後は、フレミングの法則を学習するぞ。フライングでもない、フラミンゴでもない、フレミングだから間違えないでくれよな！！

◆左手の法則：磁界と電流の向きから、運動の向きを求めよ！

図のように、磁石のN極とS極の間に導線を置いて電流を流す場合、磁石による磁界（N極→S極）と電流を流すことで導線の周りに生じる磁界とが合成されて、導線を上に押し上げる力（電磁力）が発生するんだ。

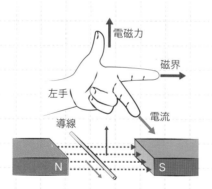

図5-4：フレミング左手の法則

このとき発生する電磁力の向きは、磁界と電流の向きによって決まり、この関係性をフレミング左手の法則というんだ。

人間は試練にぶち当たると、閃きを手に入れるんだ！

①磁界（人差し指）の中にある導線に②電流（中指）を流したら、③電磁力〈親指〉が発生したってことですね！この順序に気を付けます！

◆**右手の法則：磁界と運動の向きから、誘導電流の向きを求めよ！**

　今度はフレミング右手の法則を見て行くぞ。図のように、磁石による磁界（N極→S極）が生じている間にある導線を動かすと、導線には磁界と導線の運動の向きに対応した誘導電流が発生するんだ。

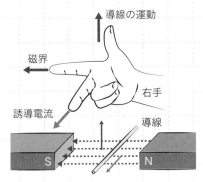

図5-5：フレミング右手の法則

 この場合、①磁界（人差し指）の中にある導線を②動かす（親指）ことで、③誘導電流（中指）が生じるんですね！左手の法則と区別しておきます！

　右手と左手の法則と区別するため、次のゴロ合わせを唱えてくれ！

唱えろ！ゴロあわせ

■左手の法則は大きいドラゴン？右手の法則はドジなドラゴン？

左の　でっ　かい　竜
　　　電磁力　　磁界　電流

右の　ど　じ　な　竜
　　　運動　磁界　　電流

フレミングの法則は、単に「右か左か」という話ではなく、全くの別物だということを念頭に置いておくんだ！

Step3 暗記 何度も読み返せ！

☐ 導線に電流を流すと、その周囲に同心円状の［磁界］が発生する。その向きは、ねじの進む向きと同じとすると、導線を中心に［右（時計）］周りとなる。これを［右ねじの法則］という。

☐ ファラデーの法則によれば、コイルと磁石による誘導起電力の大きさは、コイルの［巻き数］と［磁束の変化量］に比例し、［磁束変化の時間］に反比例する。より大きな誘導起電力を得るには、［短時間］で大きな変化を与える必要がある。

☐ 誘導起電力は、［静止状態］では発生しない。

☐ フレミングの法則によれば、それぞれの方向に働く力は以下の通りである。
右手⇒親指：導線の［運動］、人差し指：［磁界］、中指：［電流］
左手⇒親指：［電磁力］、人差し指：磁界、中指：［電流］

電気の仕事は「VIP」の法則で計算せよ!

このテーマでは、直流回路で電気の行う「仕事」について学習するぞ。電力・電力量・熱量を求める計算問題は、大きく2パターンに分かれるので、出題ポイントに絞って効率よく学習するんだ!

Step1 図解 目に焼き付けろ!

出題パターン①：電力の計算はヴィップの法則

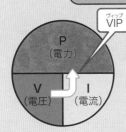

ヴィップ VIP

P（電力）
V（電圧） I（電流）

$P=VI$

$V=\dfrac{P}{I}$

$I=\dfrac{P}{V}$

出題パターン②：電力量⇔熱量

$$W=Pt=VIt \qquad Q=Pt=VIt$$

W：電力量[W·s]＝[J]　　P：電力[W]　　t：時間[s]
V：電圧[V]　　I：電流[A]　　Q：熱量[W·s]＝[J]

> オームの法則（$V=RI$）を変形した等式を用いる場合もあるぞ。電力量と熱量を求める式は同じだから、意味を理解しよう!

Step2 解説　爆裂に読み込め！

➡ 電気の力でお湯を沸かすのも、「仕事」なんだ！

　目に見えない電気を使って、我々はスマホを充電したりするよな。どうやら、電気には電気製品を動かす力（エネルギー）があるってことだ。この電気が持つ単位時間（1秒）当たりのエネルギーは**電力**といい、単位は**ワット**（W）で表されるぞ。

　そして、電力の値の大小によって、電子機器の働きも変わってくる。例えば「お湯を沸かす」という仕事を電気ポットで行うときには、このワット数の値が大きい電気ポットほど、より速くお湯を沸かすことができるぞ。

◆電力は向かってくる水の量と勢いなんだ！

　オームの法則では、ホースと水道を例にして水の出方（抵抗・電圧）などを学んだよな。電力を同じように水でたとえよう。盾を持って水の力を受けとめる状況をイメージするとわかりやすいぞ。電力を水の流れにたとえると、向かってくる水の量が多いほど、そして、その勢いが強いほど大きな力を受けることになる。つまり、水の量と勢いを掛け合わせた値が水の力（電力）ってことだ！

水量：少
勢い：弱

水量：多
勢い：強

図6-1：電力のイメージ

　電気の話に戻すと、水の量が電流、勢いが電圧になるので、電力は以下の公式で表されるぞ。

電力を求める式　　　P＝VI

すぐやる、必ずやる、出来るまでやる！

試験では、この電力を求める式にオームの法則（V=RI）も交えた等式の変形を使った計算問題が頻出だ！

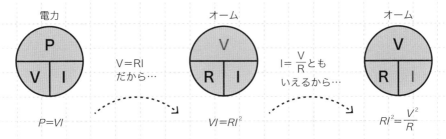

図6-2：「電力を求める式」と「オームの法則」の文字式の変形

全部つなげると、$P=VI=RI^2=\dfrac{V^2}{R}$ってことだ。

では、ここで例題を解いてみよう。これまでの知識の総決算だ！

【例題】
図のような回路で、電流計Aは10[A]を示した。抵抗Rで消費する電力は何[W]か。

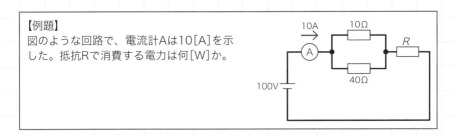

【解答】

　オームの法則から、回路全体の合成抵抗は、$R=\dfrac{V}{I}=\dfrac{100}{10}=10\,\Omega$とわかるが、図を見ると、並列の10Ωと40Ω、その先に直列につながるRとなっているので、数値のわかる箇所より順次計算する。

$$並列=\dfrac{10\times40}{10+40}=\dfrac{400}{50}=8\,\Omega\qquad 直列=8+R=10\qquad R=2\,\Omega$$

抵抗Rで消費される電力は$P=VI=RI^2=2\times10\times10=200$〔W〕

➡ 電力量と熱量（ジュール熱）は、同じものだ!

このテーマの最後は、電力量と熱量について学習するぞ。電気回路において電気がする仕事を電力量といい、電力と時間の掛け算で求めることができるぞ。

電力量を求める式	$W = Pt = VIt$

次に、電気ポットの話で説明したが、電気エネルギーを熱エネルギーに変えたときの電力量を熱量といい、この単位はJ（ジュール）が用いられ、抵抗に電流を流して発生させる熱をジュール熱というぞ。

熱量を求める式	$Q = Pt = VIt$

なお、時間の単位として登場する「s」や「h」は、s：second（秒）、h：hour（時間）の頭文字だ。
それから、「W」の表し方に記号が多いので解説しておくと、1〔W〕の電力が1〔s〕間（1秒間）に行う電力量を「1[W·s]」と表すんだぞ。

Step3 暗記 何度も読み返せ!

□ 電力は[単位時間（1秒）]辺りの電気がする[仕事]である。これに所要時間を掛けたものが[電力量]でその単位〔W·s〕は熱量の単位[J]と同義である。

「常に変化」する交流回路を学ぼう！

このテーマでは、一般家庭で用いられる電気方式（交流）に関連する事項を学習するぞ。高校の数学で学習した「サイン」で電気の状態を波形で表すんだ。常に変化しているが、平均値（実効値）と最大値の関係に注意しよう！

Step1 図解 目に焼き付けろ！

正弦波

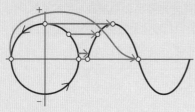

正弦波は、円周上を反時計回りに回転する点の高さをとったもの。

正弦波の単相交流電圧

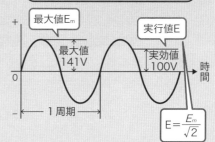

最大値Em

実行値E

最大値141V

実効値100V

時間

0

1周期

$$E = \frac{E_m}{\sqrt{2}}$$

常に電気の状態（極性：＋と−）と電流・電圧値が規則的に変化しているのが交流だ。図の波形が試験に出ることはないが、波形を通じて覚えておきたい内容については、必ず頭に叩き込んでおくんだ！

Step2 解説 爆裂に読み込め！

→ 「常に一定か、それ以外か」だ！

電気の流れ方には、直流と交流の2種類があるんだ。直流は、電流・電圧の大きさと向き（極性）が常に一定で決まった方向でないと動かない方式（代表的なものは電池）で、交流はこれらが常に一定周期で変化している方式（代表的なものは家庭用コンセント）だ。

> リモコンに電池を付けるとき、＋とーが逆だと動かないですが、コンセントは向きを変えても動きますよね！

◆波形グラフから正弦波交流の「基礎」を学べ！

先の冒頭図を拡大した下図は、交流回路における時間経過に伴う電圧及び極性の変化を表したものだ。

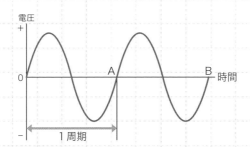

図7-1：交流回路における時間経過に伴う電圧及び極性の変化

この波形は、一定速度で回転する円上のある位置を時間と共に拾い出して描いたものと同じになり、これが三角関数の正弦（サイン）と同じ形になることから、正弦波交流というんだ。

図を見ると始点0から出た波形は、Aへと＋の高い値からーの低い値を経由して到達しているが、この上昇と下降の一巡の変化を1周波、1周波に要する時間

を1周期、1秒間に繰り返される周期の回数を周波数［単位：Hz〈ヘルツ〉］というぞ。

1秒間に50回正弦波サイクルを繰り返せば、「50Hz」ってことだ。日本では、地域によって「50Hz」と「60Hz」という2種類の周波数が存在しているんだ。おおまかに、東日本が50Hz、西日本が60Hzだぞ。

◆変化する交流電圧の「実際の」電圧値とは？

このテーマの最後は、正弦波交流における最大値と実効値の違いについて学習するぞ。下図は冒頭でも見てきた図を拡大したものだ。

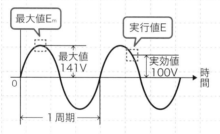

図7-2：正弦波の単相交流電圧

正弦波交流の最も高いところ（＋）、最も低いところ（－）の値を最大値（E_m）といい、交流を直流（一定）の大きさに換算した値を実効値（E）というぞ。なお、実効値と最大値の間には、以下の関係式が成立するぞ。

$$E = \frac{E_m}{\sqrt{2}} \quad E_m = \sqrt{2}\,E \quad \text{※m：maximum（「最大」の略）}$$

なお、$\sqrt{2}$ の近似値は、1.41だ（「石井〈いしい〉」で覚えよう）！

実効値100Vの交流電圧は、直流電圧100Vと同じですね。

実効値の意味がわかってきたみたいだな。では早速例題チェックだ！

【例題】
①実効値100Vの正弦波交流電圧の最大値は何〔V〕か。
②最大値282Vの正弦波交流電圧の実効値は何〔V〕か。

【解答】
解き方は上記の実効値⇔最大値の関係性から導けるぞ。

① $E_m = \sqrt{2}\,E = 1.41 \times 100 = \underline{141}$ 〔V〕

② $E = \dfrac{E_m}{\sqrt{2}} = \dfrac{282}{1.41} = \underline{200}$ 〔V〕

Step3 暗記　何度も読み返せ！

☐ 交流を波形で表した時、三角関数の正弦と同じ形になることから、[正弦波交流] と呼ばれる。このとき、上昇と下降の周期的変化が1秒間に繰り返される回数を [周波数] といい、単位は [Hz] が用いられる。なお、東日本は [50] Hz、西日本は [60] Hzである。

☐ 正弦波交流における電圧値には、最大値と実効値があり、下記の関係式が成立する。

$$（実効）値 = \frac{（最大）値}{\sqrt{2}}$$

$$（最大）値 = \sqrt{2} \times （実効）値$$

重要度：🔥🔥🔥

波形の位置（位相）がズレる2つの要因を学ぼう!

このテーマでは、電気の流れを妨げることで波形の位置（位相）にズレを生じさせる2つの因子について学習するぞ。波形図を見て、遅れ・進みの違いがわかるようにしよう！　なお、回路図での図記号表記の違いも重要だ！

Step1 図解 ▶ 目に焼き付けろ!

基準（0点を始点とする波形）

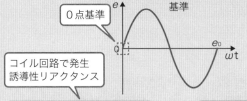

0点基準

コイル回路で発生
誘導性リアクタンス

コンデンサ回路で発生
容量性リアクタンス

0点よりも下もしくは右

0点よりも上もしくは左

遅れ

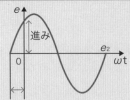

進み

基準となる波形e_0の始点は0点から始まるが、コイルやコンデンサ等の電流を妨げるこれらの機器がある場合、電圧に対して電流の波形がずれるんだ。どちらの波形が「進み」「遅れ」なのか。その違いがわかるようにしよう！

Step2 解説 爆裂に読み込め！

➜ 電気の流れを妨げるのみ！　それが潔い「抵抗器」だ！

ファミレスで食べるランチ定食のセット。店側の工夫でたくさん選べて嬉しいかもしれないが、漢なら潔く選択肢は一択の方がカッコいいと思わないか？

電気の流れを妨げることで、回路内への電流の流れ過ぎを防ぐのが抵抗器の役割だったな。下の図のような交流回路に抵抗器を接続すると、電源電圧と同相（位相のズレがない）の電流が流れるぞ。

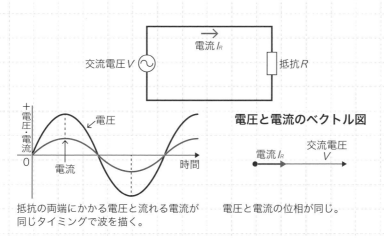

電圧と電流のベクトル図

抵抗の両端にかかる電圧と流れる電流が同じタイミングで波を描く。

電圧と電流の位相が同じ。

図8-1：抵抗のみの交流回路と電圧・電流の変化

➜ 「妨げる＋『溜めるor放出する』」だからズレるんだ！

交流回路において、抵抗器以外に**コイル**（針金状の金属をらせん状に巻きつけたもの）や**コンデンサ**（電気を蓄えたり放出したりするもの）も電気の流れを妨げるが、抵抗器と違い両者は電気エネルギーを内部にため込んだり放出したりする性質を有するため、これによって加えた電圧の変化に対して流れる電流の変化に時間的なずれ（位相差という）が生じるんだ。

微かな希望の灯を見つけて、全力で努力しよう！

位相の「進み」と「遅れ」については、多くの受験生が勘違いするところだから、こう覚えておくんだ！　つまり、0を基準として、
①波形が右もしくは下の場合は、遅れ
②波形が左もしくは上の場合は、進み

 冒頭の図で見ると、左のe_1は0点より下（右）なので遅れ、右のe_2は0点より上（左）なので進みということですね！

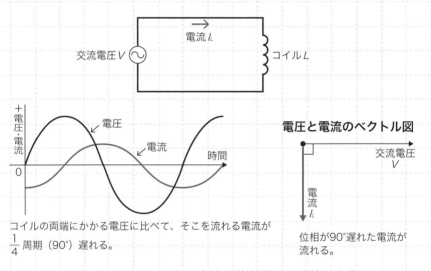

コイルの両端にかかる電圧に比べて、そこを流れる電流が$\frac{1}{4}$周期（90°）遅れる。

電圧と電流のベクトル図

位相が90°遅れた電流が流れる。

図8-2：コイルのみの交流回路と電圧・電流の変化

　交流回路に**コイルL**のみつなぐと、電圧より90度位相が遅れた電流が流れるんだ。コイルが電流を妨げる働きを**誘導性リアクタンス**といい、回路内を流れる電流はオームの法則で求められるぞ。なお、この電流は周波数が高くなると流れにくくなるんだ。つまり、周波数は電流に反比例し、**誘導性リアクタンス**に比例するんだ。リアクタンスは、抵抗「R」のことだ！

　交流回路に**コンデンサC**のみつなぐと、電圧より90度位相が進んだ電流が流れるんだ。コンデンサが電流を妨げる働きを**容量性リアクタンス**といい、回路内を流れる電流はオームの法則で求められるぞ。なお、この電流は周波数が低

くなると流れにくくなるんだ。つまり、周波数は電流に比例し、**容量性リアクタンス**に反比例するんだ。

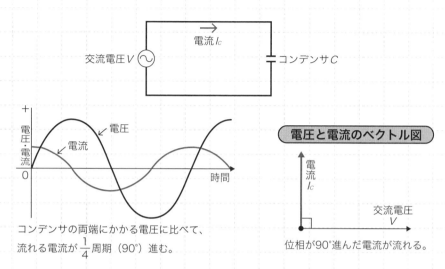

コンデンサの両端にかかる電圧に比べて、流れる電流が$\frac{1}{4}$周期（90°）進む。

位相が90°進んだ電流が流れる。

図8-3：コンデンサのみの交流回路と電圧・電流の変化

電圧値0点の電流がプラスだから、回転円が進んでいるんだ！
周波数に対する電流とリアクタンス（抵抗）の比例・反比例が逆の点に気を付けろ！

Step3 暗記　何度も読み返せ！

☐ 抵抗のみの回路では、電流と電圧の波形は［同相］である。しかし、コイルのみの回路では電流の位相が［90］度［遅れ］、コンデンサのみの回路では電流の位相が［90］度［進み］、位相差が生じる。

☐ コンデンサのみの回路において、周波数は［電流］に比例し、［容量性リアクタンス］に反比例する。

中学の復習！ 合成抵抗はピタゴラスの定理で計算せよ！

重要度：🔥🔥🔥

ここでは、これまで学習してきた「抵抗・コイル・コンデンサ」の3要素を含む直列交流回路における合成抵抗を求めるぞ。同じ抵抗器ではあるが全くの別物だから、計算にはピタゴラスの定理を使うんだ！ 考え方を理解したうえで、公式の展開（活用法）を身に付けるんだ！

Step1 図解 ▶ 目に焼き付けろ！

RLC直列交流回路（左）とその合成抵抗値計算の考え方（右）

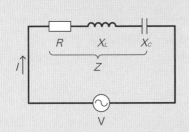
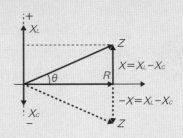

$$Z = \sqrt{R^2 + (X_L - X_C)^2}$$

テーマ03で学んだ合成抵抗は回路内に抵抗器のみの場合の値だったが、ここで学習するのは、成分の異なる2つのリアクタンスを含む場合の計算法だ。
少し算数をするが、考え方の理解に重きを置いて学習に取り組むんだ！

Step2 解説 爆裂に読み込め！

→ 合成抵抗は「$\sqrt{}$」で計算するんだ！

　右の図をみてくれ。このような直列交流回路に抵抗R、コイルL、コンデンサCを接続した場合、合成抵抗値はどう求めるのか？　ここでは、この計算法を見ていこう。この回路図は、それぞれを表すアルファベット記号の頭文字をとってRLC直列回路ともいわれるぞ。

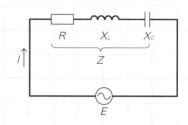

図9-1：RLC直列交流回路

　合成抵抗って、前に学習した直列は足し算、並列は和分母の積子って話ですよね？　この場合直列だから、3つの抵抗成分値を足し算すればいいのでは？

　誘導性リアクタンスと容量性リアクタンスは同じ抵抗器ではあるが、遅れや進みといった位相差を生じさせるため、「別物」として扱わないといけないんだ。単純な足し算ではなく、通分して値をそろえる必要があるんだ。そのための方法が、「ピタゴラスの定理（三平方の定理）」というわけだ。

　さあ、中学数学の復習だ！　右図のような直角三角形を想定しよう。このとき、直角（90°）の対角線上にある斜辺の2乗は、他の各辺の長さの2乗の和と一緒になるんだったな。

　つまり、$5^2＝3^2＋4^2＝25$となる。

　これと同じ考え方で、RLC直列回路における合成抵抗値Zは次のように考えることができるぞ（図9-3）。

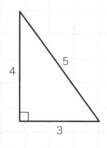

図9-2：3：4：5 の直角三角形

$$Z＝\sqrt{R^2＋(X_L－X_C)^2}$$

人生逃げ場なし、今が正念場だ！

$X=X_L-X_c$ は＋のときは**誘導性リアクタン**
ス、－のときは**容量性リアクタンス**となる
ぞ。なお、累乗計算では「－」同士を掛けれ
ば「＋」になるので、間違えないようにな！

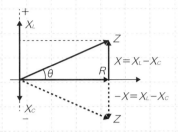

図9-3：合成抵抗Zの計算にお
ける考え方

ピタゴラスの定理が成立する三角形は、見た通りの綺麗な形をし
ていて、各辺の長さが一定の比となっているんだ。次の三角形の
比は参考までに覚えておくといいぞ。

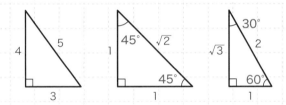

図9-4：覚えておきたい直角三角形の比と角度

➡ 合成抵抗Zにもオームの法則は成立するんだ！

このテーマの最後は、RLC直列回路の合成抵抗値（Z：**インピーダンス**とい
う）から電流と電圧の値を求める方法を学習するぞ。もうすでに学習済みだが、
オームの法則を使って図のように計算できるぞ。

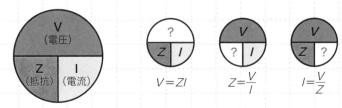

図9-5：オームの法則と合成抵抗値

【例題】
　右図の回路で合成抵抗値は10Ωであった。
以下の問に答えなさい。
①Xcの値はいくつになるか。
②この回路で200Vの交流電圧を印加したと
　き、回路内に流れる電流は何Aか。

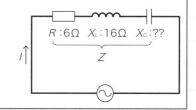

$R：6Ω　X_L：16Ω　X_C：??$

Z

【解答】
①RLC直列回路における合成抵抗Zの値は、次の式で求めるんだ。

$$Z=\sqrt{R^2+(X_L-X_C)^2}$$

必要な数値を拾い出すと以下の通りだ。

$Z：10Ω　　R：6Ω　　X_L：16Ω　　X_C：？$（「$X_L-X_C$」をXとする）

平方根（$\sqrt{\ \ }$ ルート）は、同じ数値を2つ掛けると$\sqrt{\ \ }$が外れるから、

$$10(Z)=\sqrt{10}\times\sqrt{10}=\sqrt{100}$$

以上より、公式に代入して計算をする。

$$10=\sqrt{100}=\sqrt{6^2+X^2}=\sqrt{36+X^2}$$

この時点で、どうやら$X^2=\sqrt{64}=8$ となるので、

$$X=8=X_L-X_C=16-X_C　　X_C=\underline{8[Ω]}$$

②回路内の電圧、合成抵抗がわかっているので、オームの法則で計算すると、

$$I=\frac{V}{Z}=\frac{200}{10}=\underline{20[A]}$$

Step3 暗記　何度も読み返せ！

□ 抵抗器のみの回路と異なり、[誘導性リアクタンス]と[容量性リアクタンス]を含む回路の合成抵抗値は、[ピタゴラス（三平方）]の定理を使って計算をする。求められた合成抵抗Z[インピーダンス]は、電流と電圧について、[オームの法則]が成立する。

重要度：🔥🔥🔥

「力率」がわかると電気のムダが見えてくる?!

このテーマでは、交流回路内における電気の仕事（電力）について学習するぞ。テーマ06で学習した直流回路内の電力に対して、交流は電流の波形にズレが生じることがあるから、その補正を目的に使うのが「力率」だ。

Step1 図解 → 目に焼き付けろ!

力率

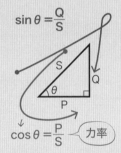

$$\sin\theta = \frac{Q}{S}$$

$$\cos\theta = \frac{P}{S} \quad \text{力率}$$

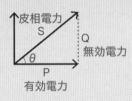

皮相電力 S
無効電力 Q
有効電力 P

直流回路における電力（皮相電力）

$$S = VI$$

交流回路における電力（有効電力）

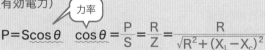

$$P = S\cos\theta \qquad \cos\theta = \frac{P}{S} = \frac{R}{Z} = \frac{R}{\sqrt{R^2 + (X_L - X_c)^2}}$$

テーマ06で学習した「VIP」の法則はそのままだが、区別するために理論上の電力値を皮相電力Sとして区別しているんだ。前テーマの合成抵抗（インピーダンス）と似ているから、復習と思って取り組むといいぞ！

Step2 解説 爆裂に読み込め！

➡ 直流と交流、「電力」の「違い」をチェックしよう!

　テーマ06で学習した電力は、直流回路についてのものだ。この場合、負荷に掛かる電圧は電源電圧と同じ、回路を流れる電流は波形にズレが生じないので一定値となるぞ。よって、電力値はシンプルに電圧と電流の積で表されるんだ。

　交流電力の場合は直流電力と異なり、2つの要素を考慮する必要があるぞ。

---

①「常に」変化しているので、電圧及び電流値は**実効値**を使って計算。

②電流と電圧の波形には**位相差**（波形のズレ）があるので、電力の消費割合（効率）を示す**力率**を計算に盛り込む。

　以上2点を踏まえて、実行電圧Vと実行電流Iにおける位相差を θ としたときの有効電力Pは、次の等式で表すことができるぞ。

$$P = S\cos\theta = VI\cos\theta$$

➡ 深追いするな、三角関数!

　「謎なアルファベットと記号が出てきた！」と感じたか？　高校の数学で学習した三角関数（三角形の辺の比率を表したもの）の話になるが、試験ではそこまで深追いしなくてもよいぞ。力率で覚えておきたいポイントは次の通り。

---

①直流と同じ、ロスのない電力を**皮相電力**（皮相：物事の上っ面、うわべの意）といい、直角三角形の90°の対辺に相当する。

②熱として消費した電力が有効電力Pで、効率を表す**力率**（$\cos\theta$）と**皮相電力**を乗じて計算する。

---

③皮相電力に対する有効電力（活用割合）が**力率**で、角度 θ を基準に、アルファベット「c」の形に割合計算をする。

力率　　$\cos\theta = \dfrac{P}{S}$　　P：有効電力[W]　　S：皮相電力[VA]　　$\cos\theta$：力率

④電力を消費するのは、**抵抗器**だけ。**コイル**や**コンデンサ**は位相差を生じさせるが、電力を熱消費しない（**無効電力**に相当）

 力率は、皮相電力のうちどれだけが有効電力として利用されたかの割合を示したものだ。つまり、位相差が小さいほど力率は大きな値（高効率）となるんだ。代表的な力率100%の家電は、トースターやドライヤーだ！

　力率は、皮相電力に対する有効電力の割合（活用度）だから、次の式で求めるんだ。なお、冒頭図でも記載したが、抵抗（インピーダンス）を用いた式への変換は、前テーマで学習したピタゴラスの定理と同じ考え方になるぞ。

$$\text{力率}\cos\theta = \frac{P}{VI} = \frac{\text{有効電力}}{\text{皮相電力}} = \frac{R}{Z} = \frac{R}{\sqrt{R^2 + (X_L - X_C)^2}}$$

Xは無効電力Qに相当

　公式を覚えることが試験の目的じゃないぞ、公式の類は、使い方を理解してナンボのものだから、例題をチェックするぞ。

【例題】
　図のような回路において、抵抗に流れる電流は6A、コイルに流れる電流は8Aである。この回路の力率は何%か。

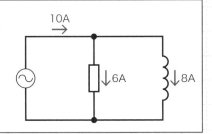

第1章 電気に関連する計算問題を学習しよう!!

【解答】

　電力を消費するのは、**抵抗器**だけで、**コイル**や**コンデンサ**は電気を消費しないぞ。よって、回路全体の電力（10A）に対する消費電力（6A）の割合なので、$\cos\theta = \dfrac{6}{10} = 0.6 = \underline{60\%}$

> 力率が悪い（低い）と電圧と電流の位相差が大きくなり、その結果流れる電流が無駄に大きくなってしまうんだ。これを改善する目的で用いられるのが**コンデンサ**で、負荷と**並列**に接続することで力率が高く（改善）なり、回路に流れる電流が**減少**するんだ。

Step3 暗記 何度も読み返せ！

☐ 力率とは、[皮相電力] に対する [有効電力] の割合で、この値が高いほど [電気] を [熱] として効率よく利用していることになる。

☐ 電気を消費するのは、主に [抵抗器] のみである。[コイル] と [コンデンサ] は電気を消費せず、[位相差] を生じさせるのみである。

業務用電力（三相）の2つの出題パターンとは!?

重要度：🔥🔥🔥

第1章の最後は、業務用電力で動くモータ（三相誘導電動機）について学習するぞ。細かい内容は出題されておらず、2つの出題パターンに絞って攻略しよう！

Step1 図解 目に焼き付けろ！

（三相誘導電動機）

①交流の周波数変化

	増加すると	減少すると
同期速度	up ⬆	down ⬇
力率	up ⬆	down ⬇
トルク	down ⬇	up ⬆

②相順切換法

回転方向を逆にするには、$\dfrac{2}{3}$本を入れ替え

三相は別名、動力ともいわれている電気方式だ。大きなビルや工場における電気料金の請求書に記載されているので確認してみよう！なお、家庭用の電気は電灯と言われているぞ。

Step2 解説 爆裂に読み込め！

→ 「単」じゃないぞ、「三」だ!

　一般家庭で使われているコンセントのような家庭用の電力は単相といい、工場やビルのエレベーターや空調機に用いられている業務用の電力は三相というんだ。比較表を見て、特徴の違いを把握してくれ。

表11-1：単相と三相の比較

	電圧	送電効率	安全性
単相	100/200V	低い	高い
三相	200V	高い	低い（危）

→ 三相誘導電動機の特徴を「2つ」押さえよ!

　工場のクレーンやエレベータ等に使用される三相誘導電動機（モータ）の特徴として、試験では2つの特徴が出題されているんだ。暗記すれば分かるかもだが、ここはたったの2つだから理解してしまおうじゃないか！！

◆①回転方向を逆にするには、$\frac{2}{3}$本を入れ替えよ!

　三相電源の機械は、3つの端子（R・S・T）で接続されているんだ。

　これが正規の位置で接続されている場合は時計回り（正相：正回転）をするが、3つの端子接続のうち、いずれか2つの接続を入れ替えると（電線配線の2本を入れ替える）と、その回転が反時計回り（逆相：逆回転）に変化するんだ。

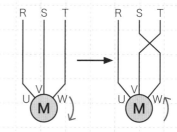

三相誘導電動機　三相誘導電動機
正回転　　　　　　逆回転

図11-1：三相誘導電動機

◆②周波数値が増減すると、何がどう変わるのか？

周波数が高く（低く）なると、三相誘導電動機はどうなるのか、その特性の違いを覚えておこう！

表11-2：周波数の変化による影響

	周波数50Hz→60Hz	周波数60Hz→50Hz
同期速度	1.2倍になる	約8割（20%減）になる
力率	良くなる	悪くなる
トルク（駆動力）	落ちる	増える

> 周波数が高くなると同期速度が速くなって、より電気エネルギーを効率よく使えるので力率は改善するぞ。なお、トルクは回転数の少ない（周波数が低い）ときほど、増大するんだ。車の低速ギアをイメージするといいぞ！

【例題】
図Oは三相誘導電動機に三相交流電源のRST相を接続して正回転させたものである。この電動機を逆回転させるときの接続法として、誤っているものはどれか。

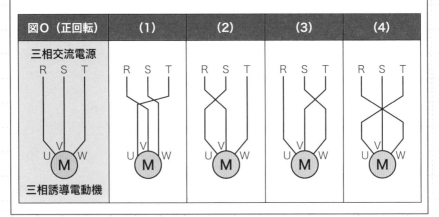

【解答】

　三相誘導電動機の正回転を逆回転にする場合は、3つの端子接続のうち、いずれか2本を入れ替えれば逆回転するんだ。

　（2）はR・S相の2本、（3）はS・T相の2本、（4）はR・T相の2本が入れ替わっているぞ。なお、（1）は3相とも入れ替わっているので、この場合逆回転はしないんだ。よって、(1)が正解だ。

RSTのうち、$\frac{2}{3}$本を入れ替えると逆回転、覚えておきます！

(問題 1)

以下の文章を読み、適切な選択肢を選びなさい。

🔥01 図の回路に流れる電流Iの値として、正しいものはどれか。

イ) 1.5A

ロ) 3.0A

ハ) 4.5A

ニ) 7.5A

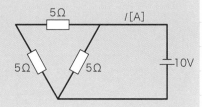

🔥02 A・B2本の同材質の銅線がある。Aは直径1.6mmで長さ40m、Bは直径3.2mmで長さ20mである。Aの抵抗はBの何倍か。

イ) 変わらない（1倍）　　ロ) 2倍　　ハ) 4倍　　ニ) 8倍

🔥03 図の回路における合成抵抗と回路内を流れる電流の値として、正しい組合せはどれか。

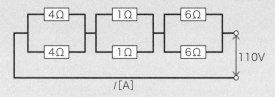

	合成抵抗	電流
イ)	5.0Ω	22A
ロ)	5.5Ω	22A
ハ)	5.5Ω	20A
ニ)	6.0Ω	20A

🔥04 図の回路におけるAB間の合成抵抗値として正しいものはどれか。

イ) 5.5Ω

ロ) 4.5Ω

ハ) 3.5Ω

ニ) 2.5Ω

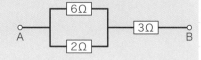

問題 1 解説

🔥 01　ロ）→No.1&3

問題の回路図を計算しやすいように変形すると図の通りになるぞ。

このうち、5Ωが2個直列になっている箇所は足し算で合成抵抗値を求められるので10Ωだ。この10Ωと残りの5Ωが並列接続となっているので、和分

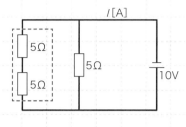

母の積子で計算すると次のようになるぞ。$R=\dfrac{10\times5}{10+5}=\dfrac{50}{15}=\dfrac{10}{3}$

オームの法則（RIV）より、回路内を流れる電流は、

$$I=\dfrac{V}{R}=10\div\dfrac{10}{3}=10\times\dfrac{3}{10}=3.0A$$

🔥 02　ニ）→No.2

導体の抵抗は、抵抗率と断面積と長さから$R=\rho\dfrac{\ell}{A}$で求めることができるぞ。本問では同材質の記載から、抵抗率は同じとして考えられるので、断面積と長さについて数値を検討するぞ。

	A	B
長さ	40m	20m
直径	1.6mm	3.2mm

長さはBの20mに対して40mの2倍となっていて、銅線の断面積は「半径×半径×3.14」で求められるが、本問の直径2倍は、半径2倍となるので、断面積は2倍×2倍＝4倍だ。

等式を見ると、長さに比例し、断面積に反比例とわかるので、長さ2倍はそのまま2倍、断面積は小さい方が大きな値（抵抗値）となるので、こちらも4倍となり、結果2×4＝8倍が正解だ。

🔥 03　ハ）→No.1&3

問題01と形は異なるが、計算法は同じだ。並列接続の3か所を和分母の積子で計算し、それぞれの値を足し算後、オームの法則（RIV）で電流値を計算するぞ。

$$R = \frac{4 \times 4}{4+4} + \frac{1 \times 1}{1+1} + \frac{6 \times 6}{6+6} = 2.0 + 0.5 + 3.0 = \mathbf{5.5\Omega}$$

$$I = \frac{V}{R} = \frac{110}{5.5} = \mathbf{20A} \qquad 正しい組合せは、ハとなるぞ。$$

🔥 **04** ロ) →No.3

並列部分を和分母の積子で計算し、この値と3Ωの直列（足し算）として計算すると答えが導けるぞ。

$$R = \frac{6 \times 2}{6+2} + 3 = \frac{12}{8} + 3 = 1.5 + 3.0 = \mathbf{4.5\Omega}$$

（問題2）

以下の文章を読み、適切な選択肢を選びなさい。

🔥 **05** 図の回路のAB間に144V電圧を印加した場合、スイッチを閉じた時の電流値は、スイッチを開いた時の何倍になるか。

イ) 1.5倍 　　　ロ) 3.0倍

ハ) 3.5倍 　　　ニ) 5.0倍

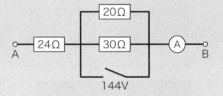

🔥 **06** 電線の接続不良により、接続点の接触抵抗が0.5Ωとなった。この電線に20Aの電流が流れるとき、接続点から1時間に発生する熱量は何kJか。

イ) 720kJ 　　　ロ) 72kJ 　　　ハ) 7.2kJ 　　　ニ) 7200kJ

🔥 **07** 実効値が210Vの正弦波交流電圧の最大値として最も近い値は何Vか。

イ) 186V 　　　ロ) 208V 　　　ハ) 252V 　　　ニ) 296V

🔥 **08** 図のように、コイルと棒磁石を使用して実験を行った。実験結果の説明として、次のうち正しいものはどれか。

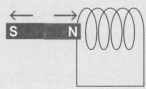

イ) 磁石をコイルの中に入れたときと出したときでは、検流計の針の振れが逆になった。

ロ）磁石をコイルに出し入れする速度を変えたとき、磁石をゆっくり動かす
　　ほど、検流計の針は大きく振れた。

ハ）磁石をコイル内で静止すると、検流計の値が一定値となった。

ニ）磁石を固定してコイルを動かしたが、検流計の針は振れなかった。

🔥09　図の正弦波交流回路に流れる電流値として、正しいものはどれか。

イ）35A

ロ）25A

ハ）15A

ニ）10A

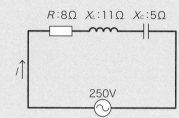

R:8Ω　X_L:11Ω　X_C:5Ω

250V

問題2解説

🔥05　イ）→No.1&3

本問のような比較問題は、条件が成立する時の回路図を描くことから始める。

①スイッチを閉じたとき

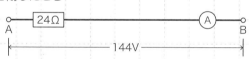

A　24Ω　　　　　　　　　A　B

←―――――― 144V ――――――→

②スイッチを開いたとき

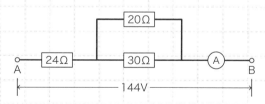

20Ω

A　24Ω　30Ω　A　B

←―――――― 144V ――――――→

①抵抗が短絡（ショート）して0になるぞ。よって、抵抗値は24Ωのみとな
　り、電流値は

$$I=\frac{144}{24}=\underline{6.0A}$$

②記載図通りの抵抗が発生するので、並列箇所は和分母の積子、直列部分は
　足し算で求めると、

$$I = \frac{20 \times 30}{20+30} + 24 = \frac{600}{50} + 24 = 36\Omega$$

$$電流値I = \frac{144}{36} = \underline{4.0A}$$

よって、①は②の1.5倍の電流が流れるぞ。

🔥 **06　イ）** →No.6

公式「Q＝Pt」を使うが、本問では電圧値の記載がないので、オームの法則から式を導いて以下の式（P＝VI＝RI^2）とする。

$$Q = RI^2 t = 0.5 \times 20 \times 20 \times 60 \times 60 = 200 \times 3600$$
$$= 720000J \quad 単位は「kJ（k=10^3）」から\textbf{720kJ}$$

🔥 **07　ニ）** →No.7

最大値E_m＝E（実効値）×$\sqrt{2}$　（$\sqrt{2} ≒ 1.41$）より、

$$210 \times 1.41 = 296.1 ≒ \textbf{296[V]}$$

🔥 **08　イ）** →No.5

ロ）磁石をコイルに出し入れする速度を変えたとき、磁石を**素早く動かす**ほど、検流計の針は大きく振れた。

ハ）磁石をコイル内で静止すると、検流計の値が**ゼロ**となった。

ニ）磁石を固定してコイルを動かしたが、検流計の針は**振れた**。

🔥 **09　ロ）** →テーマNo.1&9

手順としては、①合成抵抗（インピーダンス）を求め②オームの法則を用いるぞ。

①$Z = \sqrt{R^2 + (X_L - X_C)^2} = \sqrt{8^2 + (11-5)^2} = \sqrt{8^2 + 6^2} = \sqrt{100} = 10\Omega$

②オームの法則（V＝ZI）より、250＝10×I

　I＝**25A**

第 **2** 章

電気計測器の
基本を学習しよう!

本章では，電気の3要素（電流・電圧・抵抗）を測定する指示電気計器について学習するぞ。作動原理は語呂合わせで攻略しよう!

暗記が必要な部分もあるが，測定器の使い方等は第4科目（鑑別）に絡めた出題もあるので，写真やイラストをよーく見ておこう。「理解」を意識した学習に取り組むんだ!!

アクセスキー　**M**
（大文字のエム）

電流計・電圧計・電力計
3つの計器の接続法を学ぼう!

重要度：🔥🔥🔥

このテーマでは、電流・電圧・電力を測定する計器について学習するぞ。それぞれの図記号表記と回路内での接続法が出題されているが、電気が回路内でどういう流れになるかイメージしながら学習すれば、理解しやすくなるぞ！

Step1 図解 → 目に焼き付けろ!

電流計・電圧計の接続イメージ

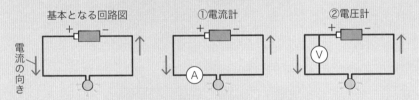

電流計、電圧計、電力計の基礎知識

	電流計	電圧計	電力計
図記号	Ⓐ (A：アンペア)	Ⓥ (V：ボルト)	Ⓦ (W：ワット)
回路内の接続法（対負荷）	直列に接続	並列に接続	電流コイルは直列、電圧コイルは並列に接続

電気は、乾電池のように電圧や電流の向きが常に一定の直流と、一般家庭に流れる電気のように電圧や電流の向きが周期的に変化する交流に分かれるぞ。

Step2 解説 ▶ 爆裂に読み込め！

➡ 抵抗以外の電気の要素を測定しよう！

　電流と電圧、電力の測定法は簡単！　回路内でどう接続するかだ。詳細は Step1図解の下段を見てくれ。電源の種類によって、図記号のアルファベットの下に次のような線が入っている場合もあるぞ。

直流用測定器：＝＝＝　　　　交流用測定器：〜

◆回路内での接続法は、電池を意識すれば理解できる！

　計器接続の原理を理解するため、Step1図解の上段にある電流計・電圧計の電池を用いた回路図で説明するぞ。**電池をポンプと思って見てくれよ！**

　電気は「＋」から「－」へと流れるもので、回路内を一直線上に流れる電気の量を測定するには、電流計を回路内で**直列接続（①）**すればよいんだ。一方、電圧の測定は電圧計を回路内で**並列接続（②）**する。電池は電気を送り出すポンプの役割を担うが、ポンプ圧は最初の出始めは大きいが戻ってくるときには降下する。そこで、圧力を回路内の負荷前後で平均して測定するために、並列接続するわけだ。

> 電力計の内部には電圧と電流の測定部分があって、並列・直列に接続することでそれぞれを測定できるぞ。

Step3 暗記 ▶ 何度も読み返せ！

□ 回路内で電流計は［直列］、電圧計は［並列］に接続する。
□ Ⓥ は、［交流回路］用の［電圧計］である。

接続が逆?! 測定値を拡大する計器を学ぼう!

このテーマでは、前テーマで学習した計器について目盛以上の値を測定する場合に、測定値を拡大する計器について見ていくぞ。接続が全て逆になるんだ、混同に要注意だぞ!

目に焼き付けろ!

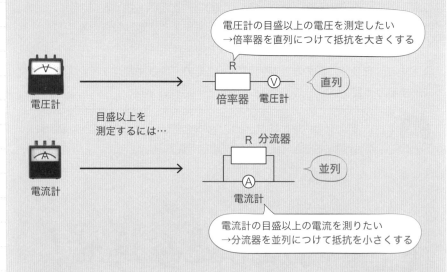

電圧計の目盛以上の電圧を測定したい
→倍率器を直列につけて抵抗を大きくする

電圧計 → 目盛以上を測定するには… → R 倍率器 ─Ⓥ─ 電圧計 〔直列〕

電流計 → R 分流器 Ⓐ 電流計 〔並列〕

電流計の目盛以上の電流を測りたい
→分流器を並列につけて抵抗を小さくする

分流器と倍率器の選択を混同しがちだが、機器の特徴と計算問題を見れば、理解できるはずだ!

**Step2
解説**
爆裂に読み込め!

➡ 拡大する計測器は、じゃじゃ馬のような存在!

目盛以上の値を計測するときに付加接続する計器について説明するぞ。電気工事の現場で、最大測定目盛に合わせて何種類も計器を用意するのは、ぶっちゃけ大変だと思わないか?　そこで、既存の計測器に付加的に接続することで目盛値以上の値を測定できるようにする技がある。

ここで登場する計測器は2つ、倍率器と分流器だ。まず基本事項を確認だ!

表13-1：計測器

機器	説明	内部抵抗値の計算
倍率器	電圧計と直列に接続して測定範囲を広げる抵抗器。	$R = r\ (n-1)$ [Ω]
分流器	電流計と並列に接続して測定範囲を広げる抵抗器。	$R = \dfrac{r}{(n-1)}$ [Ω]

◆倍率器の抵抗値は電圧計のそれよりも大きくなる!

文字式が謎過ぎて心が折れていないか?　ここは例題を解いて覚えろ!

【例題】
図の回路で、電圧計の定格電圧は100V、内部抵抗は10Ωである。この回路で300Vの電圧を測定したい場合、倍率器Rの抵抗は何Ωにすればよいか。

【解答】
いきなりお初の用語がサラッと出てきたから、説明するぞ。
- 定格電圧：電圧計の基本となる数値(許容できる最大電圧のこと)
- 内部抵抗：計測器そのものが持つ抵抗

回路内を流れる電圧は300Vで電圧計目盛は100Vだから、このままでは測定できない。そこで、接続する倍率器の抵抗を求めるというわけだ。抵抗は直列に接続すると大きな値（単純な足し算）となるので、ここでは回路全体の抵抗を（R＋10）として、比例計算を行うんだ。

測定電圧　　　　回路内の抵抗　　　　交差する者同士を掛け算して計算だ！
100Vで　　　　　　10Ω　　　　　　　100×(R＋10)＝10×300
300Vで　　　　(R＋10)Ω　　　　　　R＝20Ω

　算数的に計算すれば上記となるが、倍率器の内部抵抗を求める公式があるぞ。電圧計の内部抵抗がr[Ω]、最大目盛がn倍の電圧を測定するために必要な倍率器の内部抵抗Rは、次の式で求められる。

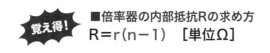

覚え得！ ■倍率器の内部抵抗Rの求め方
$$R＝r(n－1)　　[単位Ω]$$

◆分流器の内部抵抗は電流計のそれよりも小さくなる！

　今度は**分流器**だ。これも例題を解きながら説明しよう。

【例題】
図の回路で、電流計の定格電流は10A、内部抵抗は0.2Ωである。この回路で、30Aまで電流を拡大したい。分流器Rの抵抗値はいくらにすればよいか。

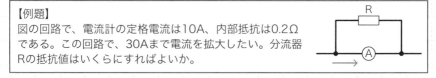

【解答】
　電流は回路内を一直線上に流れるが、並列に接続することで、電流計に流れる電気の量を分散できるんだ（電気の流れを<u>分</u>ける計測<u>器</u>で**分流器**だ）。
　さて、回路内を流れる電流は30Aで電流計の目盛は10Aだから、このままでは測定できない。そこで、30Aのうち20Aを分流器の方に分散させることで、30Aの電気が計測できるようにしようというわけだ。接続する分流器の抵抗を求めるが、まずは回路内の電圧を求めるぞ。並列接続の場合は印加電圧が同じになるので、オームの法則（電圧＝電流×抵抗）より、

電圧＝10［A］×0.2［Ω］＝2［V］

　分流器の抵抗をR、流れる電流を20［A］（30－10＝20）、並列接続なので印加電圧は同じ2Vで変わらないことを念頭に式を作るぞ。

　2［V］＝20［A］×R　　R＝<u>0.1Ω</u>

> 電流と抵抗の値は、一方が増えると他方が減る。シーソーみたいだろ？

　「各抵抗に流れる電流値は、各抵抗の逆数に比例する（**反比例**）」関係を、分流の法則という。<u>電圧は比例、電流は反比例</u>という原理を覚えておこう！

　電流計の内部抵抗r［Ω］で、最大目盛のn倍の電流を測定するために必要な分流器の内部抵抗R［Ω］は、次の式で求めることができるぞ。

覚え得！　　■分流器の内部抵抗Rの求め方

$$R = \frac{r}{(n-1)} \quad [単位Ω]$$

Step3 暗記　何度も読み返せ！

☐ 電圧計の目盛値以上の電圧を測定したい場合は、［倍率器］を電圧計と［直列］に接続する。このとき、電圧計の内部抵抗値は［倍率器］のそれよりも［小さい］値となる。

☐ 電流計の目盛値以上の電流を測定したい場合は、［分流器］を電流計と［並列］に接続する。接続する［分流器］の内部抵抗値は、電流計のそれよりも［小さい］値となる。

その他　現場で使われる計測器を学ぼう!

重要度：🔥🔥🔥

このテーマでは、これまで見てきた計測器以外の測定器を学習するぞ。試験で出題されているのは、抵抗を測定する2つの測定器とクランプ形電流計だ。測定器の使い方から、技術基準（測定値の適正値）などが出題されているぞ!

Step1 図解 ▶ 目に焼き付けろ!

測定することの目的も試験では重要なんだ。測定器の名称は漢字⇔カタカナの相互変換が頭の中で出来るようにしておくんだ!!

Step2 解説 爆裂に読み込め！

➡ 愛と安全は、正しい心（工事）で守り抜け!!

　下の図を見てみてほしい。左は接地工事をしているから人体に漏電流が流れていないが、右は接地工事をしていないので人体への感電（電撃）が発生しているんだ。漏電流が人体に流れると最悪は死に至ることもあるから、接地工事はとても重要なんだ！

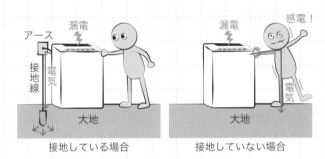

図14-1：接地工事の必要性

　平和な国（日本）では、水と安全はタダとよくいわれるよな。俺はこうも思うのだ、愛と安全は手間暇と正義の心で守り抜くものだと！ゴホン、では本題に戻ろう。電気機器類や設備などを、接地線（アース線ともいう）を用いて大地とつなぐことを「接地」というんだ。接地工事を行えば、漏れ出て電気機器類に帯電（漏電）した電気を大地に逃がすことができるんだ。接地工事の目的は「漏電による人体への感電や火災の発生を未然に防ぐこと」だ！　その手段として、「電気機器類・金属管等を大地と接地する」んだ。

　接地工事の重要性が分かった所で、試験で出題される接地工事の内容を以下2つ見ていくぞ。

◆接地抵抗値の違いから、工事は4種類に分類される！

　接地工事には、Ａ・Ｂ・Ｃ・Ｄの4種類あって、このうちＡ・Ｂ種は高圧部分を対象とし、Ｃ・Ｄ種は低圧部分を対象としているんだ。

表14-1：接地工事の種類

工事種別	電圧種別による機器	接地抵抗値
A種	高圧用または特別高圧用の機器の外箱または鉄台	10Ω
B種	高圧用または特別高圧と低圧を結合する変圧器の中性点の接地。ただし、低圧側が300V以下で中性点に施せない場合は、その一端子で接地	$\dfrac{150}{I}\Omega$ （Iは地絡電流）
C種	300Vを超える低圧用の機器の外箱または鉄台	10Ω (※)
D種	300V以下の低圧用の機器の外箱または鉄台	100Ω (※)

※地絡（漏電）を生じた場合に0.5秒以内に電路を自動的に遮断する装置を設けるときは500Ω以下。

 4つの区分の原則値と、C・D種は条件を満たすと共に500Ω以下。何か覚えやすい方法とかありませんか？

唱えろ！ゴロあわせ

■接地抵抗の基準値はサッカーのエース番号？

エース（ACE）　　で10番　　水は100度　　で沸騰
　　A C　　　　　　10Ω　　　　　100 D

$$B = \frac{150}{I}$$

 サッカーのエースナンバーは「10」だ！水は100℃で沸騰するよな！B種の値は、オームの法則のように覚えればいいんだ！併せて、C・D種の例外（※印のあるところ）も覚えておくんだ！！

◆**接地工事の手順、E→P→Cの順序と間隔が大事なんだ！**

　では、接地工事の手順を見ていくぞ。接地抵抗は、**接地抵抗計（アーステスター）** を次のように接続して測定するぞ。「E→P→C」の順に、一直線上に並べて測定するのがポイントだ！

①接地抵抗を測定する被測定接地極をE端子に接続する。

②一直線上になるように、被測定接地極から10m離れた位置に補助接地極P（電圧用）、さらに10m離れた位置に補助接地極C（電流用）を打ち込む。

③端子と接地極に対応する線を接続し、測定ボタンを押して測定する。

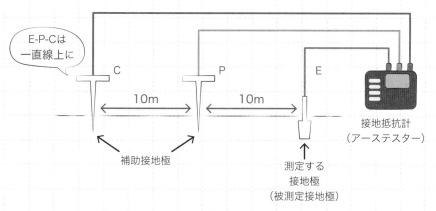

図14-2：接地抵抗の測定法

くどいようだが、接地工事は①漏電による火災防止、②人体への感電（危害）を防ぐ目的で行う重要な工事だ。工事の目的と、接地抵抗値の技術基準（適正値）がとても重要だから、頭に叩き込んでおくんだ！！

➡ 愛と安全は、優しい心（工事）で守り抜け!!

　続いて絶縁抵抗の測定について学習するぞ。我々の生活に欠かす事のできない電気製品。安全に使用していても、必ず古くなり、劣化・故障してしまうんだ。そうすると、前節の接地抵抗の箇所でも出てきたが、漏電流の発生によって火災事故や人身事故につながってしまうこともあるんだ。

こ、怖いですね。経年しても安全に使える気遣いが重要です！

　そこでだ！電気製品の中には、電路・電線のように電流を流したいところもあれば、電流を流したくないところもあるわけだ。前者は電気の**良導体物質**（例えば銅）などが用いられ、後者は不導体物質（ゴムやナイロン繊維など）が用いられているぞ。

　銅線を覆う絶縁被覆も電気製品と同様に年々劣化するんだ。劣化は、図にあるような様々な原因で発生するが、劣化が進むと絶縁被覆そのものがダメになってしまい、電気が外に漏れ出て危険な状態になってしまうんだ。

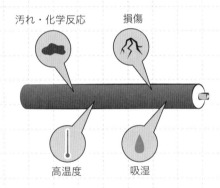

図14-3：絶縁抵抗の劣化要因例

　この絶縁物の劣化・損傷を未然に防ぐため、定期的に**絶縁抵抗**を測定して異常の有無を確認（傾向管理）するために行うのが、絶縁抵抗値の測定なんだ。

 予防的に行うのですね！試験ではどのように出題されていますか？

　以下、試験で出題される内容を2つ見ていくぞ。

◆絶縁抵抗測定の手順を覚えるんだ！！

　絶縁抵抗の測定には、**メガー**（絶縁抵抗計）が用いられ、これは$10^6\Omega$以上の高抵抗を測定することができるんだ（ちなみに、10Ω程度の低抵抗の場合には**回路計**を用いて測定するぞ）。

　測定方法は、本来電流の流れないものに意図的に高電圧をかけて、わずかに流れる電流を測定するんだ。（印加電圧と電流の値から、オームの法則で抵抗値を判定するというわけだ）。

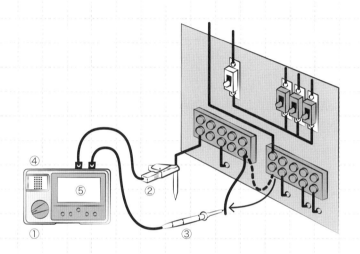

図14-4：絶縁抵抗値の測定手順及び測定法

　測定する回路において、電圧が落ちている（電源が入っていない）ことを確認してから、以下の手順で測定するぞ。

①ダイヤルスイッチを回して測定電圧を決定する。

②**ワニ口クリップ**の測定リード（黒色）を接地側に接続する。

③**赤色リード**を被測定物に接続する。

④スイッチボタンを押す。

⑤液晶画面に表示される数値が安定したら、その値を絶縁抵抗値とする。

第**2**章　電気計測器の基本を学習しよう！

◆絶縁抵抗値の技術基準

①測定した絶縁抵抗値が技術基準に適合しているか？

次の表が規格に適合する絶縁抵抗値だ。

表14-2：規格に適合する絶縁抵抗値

使用電圧の区分		絶縁抵抗値
300V以下	対地電圧150V以下	0.1MΩ以上
	その他の場合	0.2MΩ以上
300V超		0.4MΩ以上

家庭用電源
×2
業務用電源
×2

一般的な家庭用電力（電灯）は200Vであっても対地電圧は150V以下なので、絶縁抵抗値は0.1MΩ以上。工場等の三相電源（動力）は対地電圧200Vなので、絶縁抵抗値は0.2MΩ以上だ。

電圧区分が上がるごとに、絶縁抵抗値は2倍。覚えやすいです！

②測定が困難なときはクランプ形電流計で漏れ電流チェック！

絶縁抵抗の測定は停電による点検となるため営業中の建物などで実施が難しい場合には、**クランプ形電流計**を用いて漏えい電流が1mA以下であればよいとされているんだ。

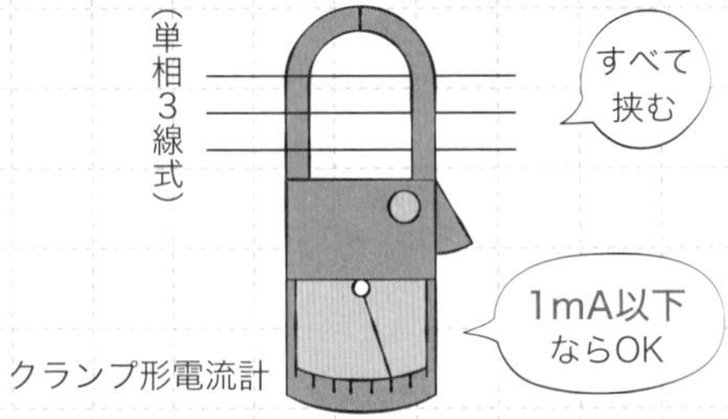

図14-5：漏れ電流の測定法

なぜ「1mA以下ならよい」とされるんですか？

オームの法則で計算できるぞ。前提として、M（メガ）は10^6、m（ミリ）は10^{-3}、電流 ＝ $\dfrac{電圧}{電気抵抗}$

の関係から、上記の単相3線式回路に100Vを印加して0.1MΩ以上の絶縁抵抗値（規定値）の場合、

$$電流 ＝ \frac{100V}{0.1MΩ} ＝ \frac{100V}{0.1×10^6} ＝ \frac{100V}{10^5Ω} ＝ \frac{1}{10^3} ＝ 10^{-3}A ＝ 1mA$$

となるんだ。

➡ クランプ形電流計の2つの使い方を覚えよう！

最後に、使い方まで出題されているクランプ形電流計について見ていくぞ。漏れ電流の測定も然りだが、クランプ形電流計は、負荷電流も測定できるんだ。

表14-3：配電方法別のクランプ形電流計の使い方

配電方式	負荷電流を測定する場合	漏れ電流を測定する場合
単相2線式	1本の電線をクランプする	2本の電線をクランプする
単相3線式	中性線 / 中性線以外の1本の電線をクランプする	中性線 / 3本の電線をクランプする
三相3線式	1本の電線をクランプする	3本の電線をクランプする

➡️ 電気抵抗を決める要因は、目に見えない自由電子の存在だ!

このテーマの最後として、2つの目に見えない世界を説明するぞ。

◆電気の正体が分かると、導体と不導体の違いも理解できるんだ!

電気を良く流す物質を**導体**、一方電気を流さない物質を**不導体**（絶縁体）というのだが、ここでは抵抗率の違いから分類を見ていくぞ。

その前に、そもそも何故導体と不導体の違いが発生するのか分かるかな?

 え、考えもしませんでした。

結論は、物質中に含まれる自由電子の数とその移動の難易にあるんだ。

まずは、図14-6を見てくれ。右側の導体中に含まれる自由電子は、物質内でゆるく点在していて、回路内を自由に動き回っている様子が分かるよな。ところが、左の半導体や絶縁体の場合は、導体と比べてその動きが少し鈍いのが分かるだろうか?

電子 —

半導体、絶縁体　　　　　　　導体

図14-6：自由電子の動きの違い

電子は−の電荷を帯びている事を既に学習したよな。つまり、電気の正体はこの自由電子で、その移動の難易こそが、導体・半導体・絶縁体を区別しているというわけなんだ。最後に主な物質の抵抗率の違いを順番で覚えておこう!

低い ←	抵抗率	→ 高い
電気を通しやすい		電気を通さない
導体	半導体	絶縁体

銀
胴
金
アルミ
タングステン
ニッケルクロム合金
ゲルマニウム
シリコン
ガラス
ゴム
プラスチック

図14-7：物質ごとの抵抗率の違い

第**2**章

電気計測器の基本を学習しよう！

Step3 暗記 何度も読み返せ！

☐ 接地抵抗の原則値はC種 [10] Ω以下、D種 [100] Ω以下である。
ただし、電路に [地絡]（漏電）が生じた時に [0.5] 秒以内に自動
的に動作する [漏電遮断器] を施設した場合、共に接地抵抗値は
[500] Ω以下となる。

☐ ①の器具は [絶縁抵抗計]、②の器
具は [クランプ形電流計] である。
②を使って漏れ電流を測定する場
合、電線が3本の場合は、[3本全
て] を挟み込んで測定する。

① ②

☐ 技術基準によれば、絶縁抵抗の適正値は使用電圧300V以下で家庭用
電力（電灯）の場合は [0.1MΩ] 以上、業務用電力（動力）の場合
は [0.2] MΩ以上である。

☐ 接地抵抗を測定するときは、被測定接地極 [E] から [一直線上に]
なるように、補助接地極 [P]、補助接地極 [C] を [10m] おきに
並べて地面に差込み、[アーステスター] と各接地極を線で接続して
測定する。

計器の動作原理と図記号を学ぼう!

このテーマでは、計器の動作原理とそれを表す図記号を学習するぞ! ①電気の種類(直流・交流)に対応した②計器の名称と作動原理、③図記号(置き方含)が頻出だ! 繰り返しチェックして確実に覚えておこう!

Step1 図解 ▶ 目に焼き付けろ!

計器の分類

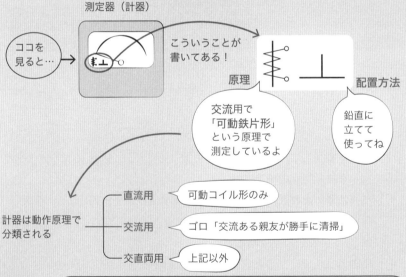

測定器(計器)

ココを見ると… → こういうことが書いてある!

原理 ─ 交流用で「可動鉄片形」という原理で測定しているよ

配置方法 ─ 鉛直に立てて使ってね

計器は動作原理で分類される
- 直流用 ─ 可動コイル形のみ
- 交流用 ─ ゴロ「交流ある親友が勝手に清掃」
- 交直両用 ─ 上記以外

直流専用は可動コイル形のみで、交流専用はゴロあわせの4種類、それ以外は交直両用なんだ! この区分で覚えれば、攻略間違いなし! 試験に出るのは直流用と交流用だぞ!

Step2 解説 爆裂に読み込め！

→ 指示電気計器って何だ?!

　正しく利活用すれば我々の生活を便利にする一方、誤った使い方や勘違い等によって火災や人体への感電といった危険な事故が発生することもあるから、「電気」の扱いは慎重でなければならないぞ。

　電気工事の現場で最も多いミスは、電流や電圧の数値間違いなんだ。例えば200V電圧のコンセントに100V専用の電子機器を接続すると、短絡して発火することさえあるんだ。だからこそ、電気工事に携わる人は、必ず使用する回路の電流・圧の値を測定して機器の設置が可能かを確認しなければならないんだ。これらの数値を測定する際に使用されるのが**指示電気計器**だ。

> 指示電気計器は、電源の種類によって3種類に分類されるぞ。頻出の直流専用と交流専用について、図解で記載したポイントをチェックしていくぞ。
> なお、交流専用と直流専用がわかれば、あとはその他のものが交直両用になるぞ！全部覚えようとせず、確実に合格ラインに乗るであろう7〜8割の理解を徹底しよう！

表15-1：指示電気計器

直/交流	種類	記号	作動原理
直流用	可動コイル形		永久磁石間に可動コイルを置いて直流電流を流し、発生する電磁力で可動コイルを駆動させる方式。 （用途：電圧計、電流計） フレミング左手の法則を用いている。

交流用	可動鉄片形		固定コイルに電流を流して磁界を発生させ、それによって可動鉄片と固定鉄片を磁化して両者の電磁力の反発により駆動させる方式。（用途：電圧計、電流計）	
	誘導形		交流の磁界中に円板を置いて、電磁力によって駆動する方式。（用途：電力量計、電圧計、電流計）	
	整流形		整流器で交流を直流に変換した後、可動コイル形計器で測定する。（用途：電圧計、電流計）	
	振動片形		交流電流と振動片の共振作用を利用したもの。（用途：周波数計）	

唱えろ！ ゴロあわせ

■交流専用の計器　〜おせっかい焼きの親友〜

交流	ある	親	友	が	勝手	に	清掃
交流用		振動片	誘導		可動鉄片		整流

→ 測定器の種類（電気方式）と置き方の図記号をチェックだ！

このテーマの最後は、指示電気計器の図記号をチェックするぞ。

表15-2：測定器目盛盤に表示されている記号とその意味

測定器の種類	直流/交流	記号	配置方法	記号	配置方法
	直流	---		⊓	水平に置いて使用する
	交流	∼		⊥	鉛直に立てて使用する
	直流および交流	≈		∠	傾斜配置

傾斜角度を記載

ここまでの知識を、過去問を少し改訂した例題でチェックしよう。

【例題】
電気計器の目盛板に図のような表示記号があった。この計器の動作原理を示す種類と測定できる回路で正しいものはどれか。

イ　誘導形で交流回路に用いる。
ロ　電流力計形で交流回路に用いる。
ハ　整流形で直流回路に用いる。
ニ　熱電形で直流回路に用いる。

【解答】
　この図記号は「誘導形」計器を表すものだ。ゴロあわせ「交流ある親友〜」を見ると、誘導形は交流専用の指示電気計器とわかるから、正解は**イ**となるぞ。

第**2**章　電気計測器の基本を学習しよう！

Step3 暗記　何度も読み返せ！

□ 指示電気計器のうち、直流専用のものは［可動コイル形］のみである。なお、交流専用のものは、［可動鉄片形］、［整流形］、［誘導形］、［振動片形］の4種類ある。

□ 指示電気計器の名称に合う図記号を①〜⑤から選びなさい。

① ② ③ ④ ⑤

名称	可動鉄片形	整流形	誘導形	可動コイル形
記号	［⑤］	［③］	［①］	［②］

No. 16 /64 電圧を変える仕組み（変圧器）を学ぼう！

このテーマでは、テーマ05で学習した電磁誘導を利用して電圧値を調整する器械（変圧器）について学習するぞ。簡単な計算問題、比例・反比例の関係を問う問題が出題されているぞ！！

Step1 図解 目に焼き付けろ！

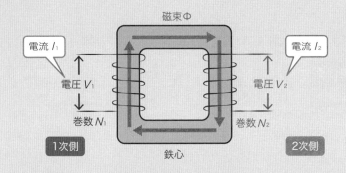

磁束Φ

電流 I_1

電圧 V_1

巻数 N_1

1次側

電流 I_2

電圧 V_2

巻数 N_2

2次側

鉄心

電圧・巻数・電流の関係

$$\frac{V_1}{V_2} = \frac{N_1}{N_2} = \frac{I_2}{I_1}$$

変圧器で重要なのは、上記の原理図と変圧比（電圧・巻数・電流）の関係性だ。構造図そのものが試験に出ることはないが、頭の中で構造図をイメージできると変圧比を理解しやすくなるはずだ！！

Step2 解説 爆裂に読み込め！

➡ なぜ変圧器が必要なのか？

「人はなぜ山に登るのか？」「そこに山とロマンがあるからだ！」
ではないが、変圧器というものがなぜあるのか。考えたことはあるか？

> な、ないです…。家の中でも100Vと200Vの電気製品がありますから、それに対応させるため…、でしょうか？

うむ、概ね正解という感じだな。**変圧器**はトランスフォーマー（略して**トランス**）と呼ばれ、電圧値を変換（高⇔低）するものなんだ。

例えば、100V電圧対応の電気製品を電圧の高い海外（例えば240Vの国）でそのまま電気コンセントに接続して使用すると、電気製品が破損（ショート）してしまう恐れがあるんだ。電気製品の破損を防ぎ、支障なく使用するには、電気コンセントからの電圧を電気製品に合った電圧に変換しなければならず、この為に変圧器が必要となるんだ。

そんな変圧器の原理はというと、電磁誘導を利用して電圧値を調整するんだ。その構造は、鉄心の一次側と二次側にそれぞれコイルを巻きつけた冒頭図のようになっていて、変圧の原理は以下の通りだ。

---

①一次側（巻線）に交流電圧を印加すると鉄心に磁束が発生して二次側へ
②交流による磁束は、周期的に変化することで二次側に起電力が発生

➡ 変圧器で押さえておきたい2つのポイントとは？

変圧器に関連する問題を解く上で重要な2つのポイントを見ていくぞ。

◆コイルの巻数と〇〇は比例、□□は反比例だ！

一次側の巻数をN_1、二次側の巻線をN_2としたときの比率（巻線比）は、一次

巻線の電圧E_1と二次巻線の起電力E_2の比に等しくなるんだ。この比を**変圧比**といって、さらに、一次巻線側の電流I_1と二次側巻線の電流I_2との比は、変圧比の逆数（**反比例**）になるぞ。

$$変圧器\ \alpha = \frac{E_1}{E_2} = \frac{N_1}{N_2} = \frac{I_2}{I_1} \quad \frac{I}{\alpha} = \frac{I_1}{I_2} = \frac{E_2}{E_1} = \frac{N_2}{N_1}$$

◆変圧器も100%じゃない！ロスを考えるんだ！

　このテーマの最後は、変圧器のロスについて学習するぞ。テーマ10で力率を学習したから分かると思うが、電気機器（変圧器含む）は機器そのもので消費される電力もあるので、損失（ロス）を考慮しなければならないんだ。一次側（入力値）よりも、二次側（出力値）の方が小さくなるんだ。この損失（ロス）を与える要因は、以下の3種類あるぞ。

- **鉄損**：鉄心の磁化に伴い発生する損失
- **銅損**：巻線抵抗からの発熱（ジュール熱RI^2t）によって発生（消費）する損失
- **漂遊負荷損**：漏れ磁束によって、鉄心や周辺金属に発生するうず電流による損失

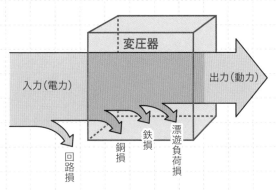

図16-1：「入力→出力」変圧器に生じるロス

　変圧器の入電力に対する出電力の割合を、変圧器の**効率**といい、以下の式で求めることができるぞ。

- 変圧器効率 η（イータ）$= \dfrac{出力}{入力} \times 100$

$$= \dfrac{出力}{出力＋鉄損＋銅損＋漂遊負荷損} \times 100$$

Step3 暗記 何度も読み返せ！

- □ ［電磁誘導］の原理を利用して、電圧値を変換する器械を変圧器（別名：［トランス］）という。
- □ 一次側巻数をN_1、二次側の巻数をN_2としたときの比率を［巻線比］といい、これは、［起電力］の比に等しくなる。これを［変圧比］といい、電流値との比では［反比例］する。
- □ 変圧器は、機器そのものが電力消費されるので、一次側出力値よりも二次側出力値の方が［小さくなる］。この原因は、変圧器における［鉄損］、［銅損］、［漂遊負荷損］である。

No. 17 /64 化学発展の歴史！電池を学ぼう!!

このテーマでは、電池について学習するぞ。金属のイオンへのなりやすさ（イオン化傾向）を理解することが最初の一歩だ！電池の原理は、昔の偉大なる化学者の軌跡を学ぶ、奇跡の学問！歴史ミステリーだ！！

Step1 図解 目に焼き付けろ！

イオン化列

イオンの
なりやすさ

大 ←　　　　　　　　　　　　　　　　　　　　→ 小

金属

K	Ca	Na	Mg	Al	Zn	Fe	Ni	Sn	Pb	(H₂)	Cu	Hg	Ag	Pt	Au
カリウム	カルシウム	ナトリウム	マグネシウム	アルミニウム	亜鉛	鉄	ニッケル	すず	鉛	水素	銅	水銀	銀	白金	金

イオン化傾向の大小（反応性）を利用した身近なものが、メッキ（防食）や電池なんだ。身近な生活の中に、イオン化傾向はあるんだ！

Step2 解説 爆裂に読み込め！

→ イオン化傾向が分かると、化学が面白くなる!?

　世の中の勉強というものが退屈でつまらないという話の原因は、自分の身の回りには関連のないものと思い込んでいたり、実例を交えた身近な話ではないことが原因だと俺は思うんだ。だからこそ、身近なものを例に分かりやすく教える、俺の様な熱血漢が今の世の中には必要なんだ！！　よし、本題だ！

◆金属のイオン化傾向

　金属原子の多くが酸に溶けて、水溶液中では陽イオンの状態で存在しているが、この陽イオンへのなりやすさを**イオン化傾向**というんだ。イオン化傾向の順番に金属を並べたものを**イオン化列**というぞ（Step1の図を参照）！

唱えろ！ゴロあわせ

■借りたものは必ず返そうね！

貸そう　　か　　な
K　　　　Ca　　Na

ま　あ　当　て　に　すん　な
Mg　Al　Zn　Fe　Ni　Sn　Pb

ひ　ど　す　ぎる　借　金
H₂　Cu　Hg　Ag　Pt　Au

借金

　この語呂合わせを覚えるんですね。何かこう、身近なものに置き換えて話を聞きたいです！！

　そうだな、試験で出題される身近な例として電池を見ていくぞ！

◆イオン化傾向の差異を利用して電気を得る、それが電池だ！！

　身の回りにある、あらゆるものに電池が使用されているよな。その電池も、イオン化傾向の差異を利用しているんだ。

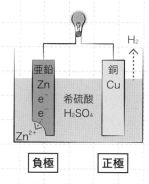

図17-1：電池のおこり「ボルタの電池」

　図のように、希硫酸（H_2SO_4）の入った容器に亜鉛板（Zn）と銅板（Cu）を浸して電球をつなぐと、イオン化傾向の大きな亜鉛板から亜鉛イオンが希硫酸中に溶け出して亜鉛板に電子が残るんだ。この電子が電線中を通って銅板側に移動し、希硫酸中の水素イオンと結合して水素（H_2）となるんだ。

　この図の原理で発生する電池（イオン化傾向の大きい金属を**負極**に、小さい金属を**正極**にする）を**ボルタの電池**といい、電池の元祖といわれるものなんだ。

　少し脱線すると、このボルタの電池は使い始めこそ問題ないが、使用を続けると正極に発生した水素が正極付近に溜まって、以降の水素化（電子との結合）が阻害されて起電力が低下し、安定的な電力供給が不可能だったため、実用化されなかったんだ。

化学の進歩の途上、人類発展の歴史ですね！

　このボルタの電池や市販のアルカリ電池のように一度使用したら再利用できない電池を**一次電池**といい、充電することで繰り返し使用できる電池を**二次電池**というんだ。

　一次電池の次は、繰り返し使える二次電池の原理だ！これは、車のバッテリー等に使用される鉛蓄電池を例に見ていくぞ。

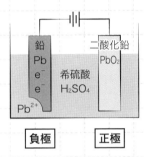

図17-2：充電して何度でも使える鉛蓄電池

　電解液に希硫酸（H_2SO_4）、負極に鉛（Pb）、正極に二酸化鉛（PbO_2）を用いたものだ。電池を使用（放電）すると、負極の鉛が溶けだして鉛イオンと希硫酸が反応して電極表面が硫酸鉛（$PbSO_4$）となり、正極は希硫酸由来の水素イオンと二酸化鉛と自由電子が反応して、水と硫酸鉛（$PbSO_4$）になるんだ。なお、鉛蓄電池は二次電池なので、放電とは逆反応の充電をすることで、再度反応前と同じ状態（再利用できる状態）に戻るぞ。

図17-3：鉛蓄電池における放電と充電の反応

　このほか、蓄電池について知っておくべき内容は以下の通りだ。
①蓄電池の容量は、アンペア時［Ah］で表す。

②蓄電池は使用せずに保存しておくだけで、残存容量が低下してくる（いわゆるバッテリー上がり）。

- [ ] イオン化傾向の差異を利用して、電気を取り出す装置を［電池］といい、一度使用した後に再利用できるものを特に［二次電池］という。
- [ ] 電気の流れは［＋］から［－］に流れると定義されるが、自由電子の流れは［－］から［＋］となる。

燃えろ！ 演習問題

問題1

次の文章の正誤を答えよ。

🔥 **01** 電圧計は回路内で負荷と直列に、測定値を拡大する倍率器は電圧計と並列に接続する。

🔥 **02** 可動鉄片形測定器は、直流と交流の測定に適している。

🔥 **03** 電流力計形測定器は、直流と交流の測定に適している。

🔥 **04** 交流の電力計に、誘導形測定器を使用した。

🔥 **05** イオン化傾向が最も小さい金属は銀である。

🔥 **06** 電気の流れは＋から－と定義されているが、電子の流れは、－から＋である。

🔥 **07** 硫酸等の電解溶液中に2種の異なる金属を入れて起電力を得る仕組みを電池といい、放電と逆の反応を起こす事で再利用できるものを二次電池という。

🔥 **08** クランプ形電流計を用いて電流を測定する場合、漏れ電流は回路内の線のうち1本、負過電流は回路内の線全てを挟み込んで測定する。

解答1

🔥 **01** ✕ →No.11&12

回路内での電圧・電流計の接続と、倍率器・分流器の接続は逆になるので間違えないようにしよう。本問の場合、電圧計は負荷に対して**並列**、倍率器は電圧計に**直列**に接続するぞ。

🔥 **02** ✕ →No.15

ゴロ合わせ「交流ある親友が〜」より、可動鉄片形測定器は**交流専用**だと分かるぞ。

🔥 **03** ◯ →No.15

🔥 **04** ◯ →No.15

🔥 **05** ✕ →No.17

ゴロ合わせを見れば、最小は金（Au）と分かるはずだ。

🔥 06 ○ →No.1＆17

基本といえば基本だが、改めて電気の流れと電子の流れが逆になっていることをここで確認しておくんだ！

🔥 07 ○ →No.17

🔥 08 ✕ →No.14

記載は説明が逆になっているぞ。漏れ電流は回路内の全ての線を、負荷電流は回路内の線1本（中性線除く）を挟み込んで測定するんだ。

(問題2)

次の問いの答えを述べよ。

🔥 09　直読式接地抵抗計を用いて接地抵抗を測定する場合、被測定接地極Eに対する補助接地極P（電圧用）及びC（電流用）の配置として、適切なものはどれか。

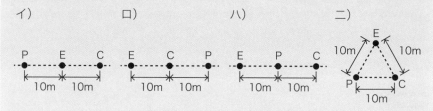

🔥 10　3つの異なる電圧回路を有する工場で絶縁抵抗を測定した。その結果を記録した以下の表の中から、絶縁不良が発見された箇所はどれか。

	150V回路	200V回路	400V回路
イ)	0.2MΩ	0.5MΩ	0.5MΩ
ロ)	0.4MΩ	0.2MΩ	0.3MΩ
ハ)	0.3MΩ	0.3MΩ	0.5MΩ
ニ)	0.1MΩ	0.3MΩ	0.4MΩ

🔥11　低圧回路における絶縁抵抗の測定が困難な場所では、使用電圧が加わった状態で漏れ電流を測定する方法により絶縁性能を確認することができる。電気設備技術基準によれば、絶縁性能を有していると判断できる漏えい電流の最大値［mA］はいくつか？

　　　イ）0.1　　ロ）1.0　　ハ）0.2　　ニ）2.0

🔥12　単相3線式回路の負荷電流の有無をクランプ形電流計を用いて測定する場合の方法として、正しいものはどれか。なお、▨▨▨▨▨ は中性線を示す。

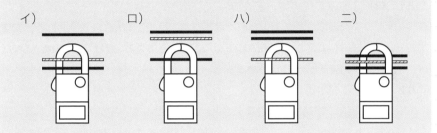

　　　イ）　　　　　　　　ロ）　　　　　　　　ハ）　　　　　　　　ニ）

🔥13　電気計器の目盛板に「ᵡ ⊥」の記号があった。この記号の意味として、正しいものはどれか。

　　　イ）誘導形で、目盛板を水平に置いて使用する。
　　　ロ）可動鉄片形で、目盛板を鉛直に立てて使用する。
　　　ハ）可動鉄片形で、目盛板を水平に置いて使用する。
　　　ニ）可動コイル形で、目盛板を鉛直に立てて使用する。

解答 2

🔥09　ハ）→No.14

被測定接地極Eから10m離れた位置に補助接地極Pを、更に10m離れた位置に補助接地極Cを配置するが、これらは**一直線上に並べる必要がある**ので、正解は「ハ」になるぞ。

並び順が「E→P→C」となる点にも注意しよう！！

🔥 **10** ロ）→No.14

少し難易度の高い本試験レベルの問題だ。

絶縁抵抗の適正値は、電圧区分に応じて**倍々**に増えていく事を見てきたが、本問の場合、150V回路は300V以下で対地電圧150V以下の区分（**0.1MΩ以上**）、200Vの場合は300V以下のその他の区分（**0.2MΩ以上**）、400Vは300V超の区分（**0.4MΩ以上**）になるので、この数値区分を下回る（ロ）の400V回路が絶縁不良だと分かるぞ。

🔥 **11** ロ）→No.14

クランプ形電流計を用いた漏れ電流測定で、値が**1mA以下**であれば、絶縁性能を有していると判断できるんだ。どうして漏れ電流が1.0mAだとOKなのか、再度チェックしておこう！

🔥 **12** ロ）→No.14

漏れ電流の測定は、中性線を含めた**1回路内のすべての線**をクランプ（挟む）して測定するんだ。なお、正解の「ロ」のように**中性線以外の1本**を挟んで測定すると、**負過電流**を測定できるぞ。

この問題は、（8）とほぼ同じで、出題形式を図を交えたものとしたんだ。間違えないようにな！！

🔥 **13** ロ）→No.15

図記号は「**可動鉄片形**」を表し、右の図記号は目盛盤を**鉛直**に立てて使用することを表すぞ。よって、正解はロだ。

問題 3

次の問いの答えを述べよ。

⚡14 指示電気計器の測定範囲を拡大する場合の方法として、次の文中の（　）にあてはまる語句の組み合わせとして、正しいものはどれか。

「電圧計の測定範囲を拡大するには（a）を電圧計と（b）に接続すればよく、電流計の測定範囲を拡大する場合には、（c）を電流計と（d）に接続すればよい。」

	a	b	c	d
イ）	倍率器	並列	分流器	直列
ロ）	分流器	直列	倍率器	並列
ハ）	倍率器	直列	分流器	並列
ニ）	分流器	並列	倍率器	直列

⚡15 鉛蓄電池に用いられる正極・負極・電解液の組み合わせとして、正しいものはどれか。

	正　極	電解液	負　極
イ）	二酸化鉛	蒸留水	鉛
ロ）	二酸化マンガン	蒸留水	亜鉛
ハ）	二酸化鉛	希硫酸	亜鉛
ニ）	二酸化鉛	希硫酸	鉛

解答3

🔥**14** ハ) →No.13

正解の語句を入れた正しい文章は以下の通りだ。

「電圧計の測定範囲を拡大するには（a：倍率器）を電圧計と（b：直列）に接続すればよく、電流計の測定範囲を拡大する場合には、（c：分流器）を電流計と（d：並列）に接続すればよい。」

指示電気計器の接続は、普通に測定する場合と、測定範囲拡大の場合で方法が逆になる点は要注意だ！

🔥**15** ニ) →No.17

自動車等に利用される鉛蓄電池は、正極に**二酸化鉛**（PbO_2）、電解液に**希硫酸**（H_2SO_4）、負極に**鉛**（Pb）が用いられた二次電池だ。電池の原理は、イオン化傾向の大きい金属を負極に、小さい方の金属を正極に接続し、電解液に酸（希硫酸など）を使用することで、起電力を得られる仕組みなんだ。

第 3 章

物理・計算　強化合宿

No.18　物理・計算　強化合宿

消防4類の試験は、テキストを読んだだけでは合格できない。テキストの知識をもとに、問題を解く力を養成する必要があるぞ。そこで、変則的だが本章は試験で問われやすい計算問題だけを集中して取り組むぞ。解き方のプロセスを丁寧に解説しているから、公式の展開や解法の導き方など、「理解」に重きを置いて、本章に取り組むんだ！

物理・計算 強化合宿

重要度：🔥🔥🔥

問題文には、計算問題を解くうえで必要な情報が詰まっているんだ。それらに必要な数値をピックアップして、何を求めるのか・どの公式を使うか見極めるんだ！最初はニガテに感じるかもしれないが、ひとつひとつを着実にこなしていけば、きっと攻略できるぞ！！繰り返し解いて、自信を身に付けろ！！

トレーニング1

01 図の回路におけるAB間の合成抵抗値として、正しいものはどれか。

イ）2.5Ω 　　ロ）5.5Ω

ハ）10Ω 　　ニ）15Ω

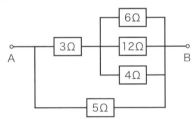

02 図のような回路におけるA－B間の合成抵抗〔Ω〕は。

イ）2.4 　　ロ）2.8

ハ）3.2 　　ニ）3.4

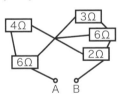

03 図のAB間におけるコンデンサの合成静電容量として、正しいものはどれか。

イ）9.5μF 　　ロ）6μF

ハ）5.5μF 　　ニ）4μF

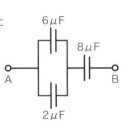

04 20Ωの回路に3Aの電流を1時間流したときに発生する熱量［KJ］の値
として、正しいものはどれか。

イ）288kJ　　ロ）324kJ

ハ）648kJ　　ニ）1296kJ

トレーニング1 解説

01 **イ）** →No.1＆3

複雑に見える回路図だが、①～③の手順で解いていくぞ。

①3抵抗が並列の箇所の合成抵抗を求める（ ）。

$$R=\frac{6\times12}{6+12}=\frac{72}{18}=4$$

$$\frac{4\times4}{4+4}=\frac{16}{8}=2Ω$$

②①と3Ωの直列合成抵抗（ 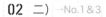 ）を
求めると、

2＋3＝5Ω

③②と5Ωの並列合成抵抗（ 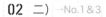 ）を求めると、

$$\frac{5\times5}{5+5}=\frac{25}{10}=2.5Ω$$

02 **ニ）** →No.1＆3

計算しやすい形にすると右図の通りだ。抵抗2つと3つの並列部分を求め
て、直列部は足せばOKだ。

左：$\frac{4\times6}{4+6}=\frac{24}{10}=\underline{2.4}$

右：$\frac{3\times6}{3+6}=\frac{18}{9}=2.0$

$\frac{2\times2}{2+2}=\frac{4}{4}=\underline{1.0}$

以上より、1.0＋2.4＝**3.4Ω**

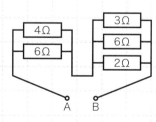

03 ニ） →No.4

これまでの合成抵抗とは逆に、合成静電容量の計算は、並列部は足し算で直列部は和分母の積子で計算するぞ。

よって、[並列部]＝6＋2＝8μF　　[合成静電容量]＝$\frac{8×8}{8+8}=\frac{64}{16}=$**4μF**

04 ハ） →No.6

テーマ06で学習したジュール熱Q＝VItで求めることができるぞ。本問では、問題文中の抵抗と電流の値から電圧Vに変換する過程が重要なんだ。

以上より、Q＝VIt＝RI^{2}t＝20×3×3×3,600＝648,000＝**648kJ**

トレーニング2

05 A、B2本の同材質の銅線がある。Aは直径1.6mm、長さ20m、Bは直径3.2mm、長さ40mである。Aの抵抗はBの抵抗の何倍か。

イ）2倍　　ロ）3倍

ハ）4倍　　ニ）5倍

06 図のような回路で、電流計Aの値が10Aを示した。このときの抵抗r〔Ω〕は。

イ）2　　ロ）4

ハ）6　　ニ）8

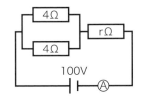

07 消費電力500Wの電熱器を1時間30分使用したときの発熱量〔kJ〕は。

イ）450　　ロ）750

ハ）1800　　ニ）2700

08 図のような交流回路で、リアクタンス8Ωの両端の電圧は何Vか。

イ）60V

ロ）70V

ハ）80V

ニ）100V

09 実効値電圧が150Vの正弦波交流の最大電圧値として、最も近い値は次のうちどれか。

　イ）135V　　ロ）192V　　ハ）212V　　ニ）215V

トレーニング2 解説

05 イ） →No.2

長さを比べると、銅線Aは20m、銅線Bは40mである。抵抗は**長さに比例**するので、この場合、AはBの0.5倍（$\frac{1}{2}$倍）になるぞ。次に、銅線の直径だが、Aは1.6mm、Bは3.2mmだ。抵抗は**断面積に反比例**するので、この場合Bの抵抗はAに対して$\frac{1}{4}$倍だ。

つまり、Aの抵抗はBに対して4倍になるんだ。

以上より、銅線Aの抵抗は、$\frac{1}{2}×4＝2倍$　となる。

06 ニ） →No.1&3

① 回路全体の合成抵抗を求める。

$$R＝\frac{4×4}{4＋4}＋r＝\frac{16}{8}＋r＝2＋r$$

② 電圧100V、電流10Aからオームの法則を組立てる。

$$100＝（2＋r）×10　⇒10＝2＋r　r＝8〔Ω〕$$

07 ニ） →テーマNo.6

発熱量（Q）＝Ptだが、時間は秒換算なので注意。

$$Q＝500×90×60＝2700000J＝\textbf{2700kJ}　kは10^3だ。$$

08 ハ） →No.1&9

本問は合成インピーダンスの値からオームの法則で回路内を流れる電流値を求め、これをコイルの抵抗値と掛けることで該当箇所の電圧値を計算するぞ。

第3章　物理・計算　強化合宿

$$Z=\sqrt{6^2+8^2}=\sqrt{100}=10Ω \quad I=\frac{100}{10}=10A$$

以上より、V＝8×10＝**80V**

09 ハ）→No.7

正弦波交流における電圧の最大値E_mと実効値Eとの間には以下の関係が成立するぞ。$E_m＝\sqrt{2}E$　（$\sqrt{2}$はおよそ1.41）

よって、求める$E_m＝\sqrt{2}×150＝150×1.41≒210$

トレーニング3

10 消費電力900Wの電動機を単相交流100V電源で運転したところ、10A
の電流が流れた。電動機の力率はいくつになるか。

イ）95%　　　ロ）90%　　　ハ）80%　　　ニ）75%

11 図のような回路における力率〔%〕は。

イ）45　　ロ）55

ハ）60　　ニ）65

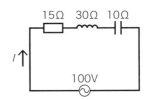

12 最大目盛5V、内部抵抗15kΩの直流電圧計を最大40Vまで測定できる
ようにするために、接続する倍率器の抵抗値〔Ω〕は。

イ）90　　ロ）105

ハ）120　　ニ）135

13 図のような正弦波交流回路に流れ
る電流I〔A〕は。

イ）25　　ロ）20

ハ）15　　ニ）7.5

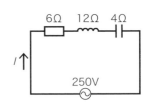

14 図のような交流回路の力率〔％〕は。

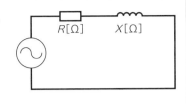

イ）$\dfrac{100RX}{R^2+X^2}$　　ロ）$\dfrac{100R}{\sqrt{R^2+X^2}}$

ハ）$\dfrac{100X}{\sqrt{R^2+X^2}}$　　ニ）$\dfrac{100R}{R+X}$

15 図の交流回路で、電源電圧が204V、抵抗の両端電圧が180V、リアクタンスの両端電圧が96Vであるとき、負荷の力率〔％〕は。

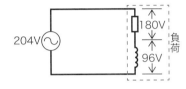

イ）66　　ロ）70　　ハ）77　　ニ）88

16 三相誘導電動機の電源周波数が60Hzから50Hzに変わった場合の回転数（速度）はどうなるか。

イ）10％遅くなる。　　　ロ）10％速くなる。

ハ）0.83倍になる。　　　ニ）1.2倍になる。

17 図のような正弦波交流の電源電圧vに対する電流iの波形として、正しいものは。

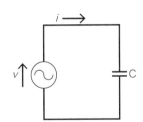

イ）
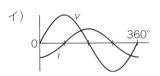

ロ）
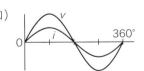

ハ）
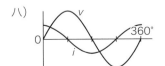

ニ）
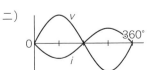

第**3**章

物理・計算　強化合宿

18 図のような交流回路で、負荷に対して並列にコンデンサを設置して、力率を100％に改善した。電流計Ⓐの指示値は、力率改善前と比べて、どうなるか。

イ）0になる　　ロ）増加する
ハ）変わらない　ニ）減少する

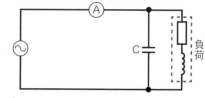

負荷

C

10 ロ）→No.10

問題文中の「消費電力」は「**有効電力（P）**」として問題を解くぞ。

$$P = VI\cos\theta \Rightarrow \cos\theta = \frac{P}{VI} = \frac{900}{100 \times 10} = \frac{900}{1000} = 0.9 = 90\%$$

11 ハ）→No.9&10

力率$\cos\theta = \dfrac{P}{VI} = \dfrac{R}{Z}$ より、必要な値を求める。

①　$Z = \sqrt{R^2 + (X_L - X_c)^2} = \sqrt{15^2 + (30-10)^2}$
　　$= \sqrt{15^2 + 20^2} = \sqrt{625} = \underline{25\Omega}$

②　$R = \underline{15\Omega}$　以上より、

　　$\cos\theta = \dfrac{R}{Z} = \dfrac{15}{25} = \dfrac{3}{5} = 0.6 = 60\%$

12 ロ）→No.13

公式R＝r（n－1）で解けるが、発想を変え回路図のように考えよう。倍率器RΩと15kΩの電圧計で回路電圧40V、電圧計のみで5V。この関係を比例計算すると、

　　R+15：15＝40：5

比例は「内×内＝外×外」より、

　　15×40＝5（R+15）

　　5R＝600－75＝525　R＝105Ω

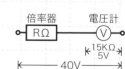

倍率器　　　電圧計

RΩ

15KΩ
5V

40V

13 イ）→No.09

複数の抵抗（コイル・コンデンサ等）がある場合は、合成抵抗（インピーダンス）を求めて、オームの法則だ！

$$Z=\sqrt{R^2+(X_L-X_c)^2}=\sqrt{6^2+(12-4)^2}=\sqrt{6^2+8^2}=\sqrt{100}=\underline{10\Omega}$$

オームの法則より、$I=\dfrac{V}{R}=\dfrac{250}{10}=$**25A**

14 ロ）→No.10

力率$\cos\theta=\dfrac{P}{VI}=\dfrac{R}{Z}$　より、Zを求めると

$$Z=\sqrt{R^2+(X_L-X_c)^2}=\sqrt{R^2+X^2}$$

以上より、$\cos\theta=\dfrac{R}{Z}=\dfrac{R}{\sqrt{R^2+X^2}}\times100=\dfrac{100R}{\sqrt{R^2+X^2}}$

〔％〕なので、<u>×100を忘れるなよ！</u>　文字式になった途端、苦手意識を持つ人は多いが、公式の展開という基本は一緒だ！

15 ニ）→No.10

力率「$\cos\theta=\dfrac{R}{Z}$」は、$\dfrac{横}{斜辺}$より、$\cos\theta=\dfrac{180}{204}≒$**88%**

力率の解法は、P＝VIcosθ のほか、インピーダンスを用いた展開の両方を使えるようになっておくんだ！

16 ハ）→No.08

周波数の数値変化によって、誘導性リアクタンスと容量性リアクタンスがどう変わるのか。そこも覚えておきたい所だ。本問は基本となる周波数変化に伴う回転数の変化を問うたものだ。

回転速度（**同期速度**という）は、1分間当たりの回転数で表し、以下の式で求めるんだ。

$$N_S=\dfrac{120f}{P}〔min^{-1}〕\quad \text{(P：極数、f：周波数)}$$

以上より、回転速度は周波数に**比例**して、極数に**反比例**するぞ。本問の場合、60Hz⇒50Hzと減っているので、

$\dfrac{50}{60} ≒ 0.833$ となり、**0.83倍**になるんだ。

本問とは逆で、周波数が50Hz⇒60Hzの場合は、

$\dfrac{60}{50} = 1.2$ **1.2倍**になるぞ！

17 ハ）→No.08

計算問題ではないが、波形の形を問う問題の「**進み**」と「**遅れ**」は、勘違いしている人も多い。知識としては、コイルに流れる電流は、電圧よりも90°位相が**遅れ**、コンデンサに流れる電流は、電圧よりも90°位相が**進み**だ。基準としては、電圧の波形が0点（XY軸の交点）の時の電流の波形が**＋**なら進み、**－**なら遅れだ。本問でイの波形は**－**となるので、コイルによる誘導性リアクタンス（遅れ）になるぞ。ハの波形は**＋**となるので、コンデンサによる容量性リアクタンス（進み）だ。

18 ニ）→No.10&11

「**力率が悪い**」ということは、熱や動力に変わるエネルギー（有効電力）をリアクタンスによって減らしていることを意味するんだ。コンデンサを並列に接続することでこれを改善して力率100％となると、進みと遅れが打ち消しあって位相差が0になるんだ。そうすると、電流計に流れる電流は抵抗成分の電流のみになるので、電流計の指示値は**減少**するんだ。なお、電圧に関しては、抵抗の電圧降下が小さくなって、値は**高く**なるんだ！逆になるので要注意！

第2科目

消防関係法令

※乙種第4類受験者が乙種6類を持っている場合や、甲種第4類受験者が他の甲種を持っている場合、第4、5章の内容は申請により科目免除になるぞ！

枯樹生華

分からないことにぶつかると、人は「壁にぶつかった」と思い悩むもの。
でも、「壁」というのは、それを乗り越えられる人の前にだけ、現れるんだ。
その壁を乗り越えた先に、きっといままで見たことのない世界が広がっているはず。
さあ、やる気・元気を漲らせて、立ち向かえ!!

第**4**章

法の基本!
意義・法体系を学ぼう!

本章では、消防設備士全般に必要な知識のうち、基本となる法体系を学習するぞ。消防法が適用される建物の基準や、各種届出等の基本を中心に見ていくぞ。多様なゴロあわせで覚えやすさ重視にまとめているから、一緒に頑張るぞ!

アクセスキー　**W**
小文字のダブリュー

消防法は何のためにあるんだ!?

このテーマでは、今後の学習の土台となる用語の定義と消防法の基本を学習するぞ！ このテーマの内容（文言）がそのまま出題されることもあるから、油断せずに取り組むんだ！

Step1 図解 ▶ 目に焼き付けろ！

防火対象物と消防対象物

消防対象物

防火対象物

山林	舟車	船きょ もしくは ふ頭に繋留された船舶	物件
建築物	工作物		

「関係者」

所有者　管理者　占有者

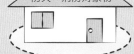

防火・消防対象物

関係のある場所

次のポイントに注意して見ていくぞ。詳細はこのあとに続く各テーマで学習するが、まずは全体像をざっくりとつかむことに注力するんだ！
① 防火対象物と消防対象物の違い
② 関係者に該当する3者とは？
③ その他

Step2 解説 爆裂に読み込め！

→ 火災の脅威から、人命や財産を守るための法律だ!!

泥棒は金目のものを目当てに空き巣をしたりするかもしれないが、火事は泥棒が盗ろうとしない思い出の写真や家電製品、そしてゴミ箱のゴミまで、ありとあらゆるものを燃やし尽くし、果ては尊い人命までも奪ってしまう、本当に怖い災害なんだ。そんな火災の脅威から人命や財産を守るために、この消防法という法律があるんだ！

◆言葉の定義は、違いを押さえよ！

まずは言葉の定義から見ていこう。火災から守る対象を**防火対象物**というが、これは「山林又は舟車、船きょ若しくはふ頭に繋留された船舶、建築物その他の工作物、若しくはこれらに属する物」を総称したものだ（詳細は次のテーマ20で見ていくぞ！）。

表19-1：防火対象物に関する用語

防火対象物	内容
舟車 (しゅうしゃ)	舟および車両のこと
船きょ (せん)	船の建造・修理のために構築された設備のこと（別名：ドック）
工作物	人為的に作られた建造物以外の人工物（例：橋、トンネルなど）

一方、「山林又は舟車、船きょ若しくはふ頭に繋留された船舶や建築物その他の工作物又は**物件**」のことを**消防対象物**というんだ。

「防火対象物＋物件＝消防対象物」ってことですね。

第4章 法の基本！意義・法体系を学ぼう！

その通りだ！　読んで字の如く、「防火」は、火災を防ぐことをメインにして
いるが、「消防」は、消火と防火の両方の意味を持つんだ。

　防火対象物または消防対象物の所有者・管理者・占有者のことを、総称して
関係者といい、これらの施設がある場所は、関係のある場所というんだ。

◆危険物の定義は、分類と性質だけ覚えておこう！

　危険物とは、消防法別表第1の品名欄に掲げる物品で、同表に定める区分に
従い同表の性質欄に掲げる性状を有する物をいうんだ。消防法では、表19-2に
あるように、危険物を性質別に第1類から第6類に分類している。「第1類は酸化
性の固体」「第4類は引火性液体」という具合に、分類と性質だけは確実に覚え
るんだ！

表19-2：危険物の分類

分類	性質	主な物品
第1類	酸化性固体	塩素酸塩類、過塩素酸塩類、無機過酸化物、亜塩素酸塩類など
第2類	可燃性固体	硫化りん、赤りん、硫黄、鉄粉、金属粉、マグネシウムなど
第3類	自然発火性物質および禁水性物質	カリウム、ナトリウム、アルキルアルミニウム、黄りんなど
第4類	引火性液体	ガソリン、アルコール類、灯油、軽油、重油、動植物油類など
第5類	自己反応性物質	有機過酸化物、硝酸エステル類、ニトロ化合物など
第6類	酸化性液体	過塩素酸、過酸化水素、硝酸など

◆文言に騙されるな！「無窓階」とは！？

　総務省令で定める避難上または消火活動上有効な開口部を有しない階のこと
を無窓階というぞ。ポイントは、たとえその階に窓がついていたとしても、そ
れがネズミサイズの小さな窓なら、「無窓階」とされることだ。

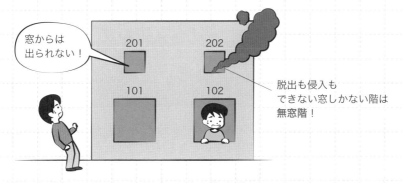

図19-1：無窓階

➡ 条文の内容を噛み砕いた、以下の内容を頭に叩き込め!

　最後に、ざっくりとしたイメージをつかむため、消防法における消防設備の規制の基本として次の3項目を見てほしいぞ。

①政令で定める防火対象物の関係者（所有者・管理者・占有者）は、

②政令で定める技術上の基準に従い、

③政令で定める消防用設備等を設置し、及び維持しなければならない。

　波線の「政令で定める防火対象物」（詳細は次テーマ参照）を見るとわかるが、消防用設備等を設置・維持しなければならない防火対象物から、**戸建て一般住宅は除外されている**！　ただし、住宅用途として用いられる防火対象物でも、基準に従い、**住宅用防災機器**（住宅における火災予防に資する機械器具又は設備で政令で定めるもの）を設置・維持しなければならないことに注意だ。

Step3 暗記　何度も読み返せ！

☐ 防火対象物の所有者・管理者・[占有者] を [関係者] という。
☐ 山林又は舟車、船きょ若しくはふ頭に繋留された船舶や建築物その他の工作物、そしてこれらに属するものを [防火対象物] といい、これに [物件] を加えたものを消防対象物という。

119

重要度： 🔥🔥🔥

「特定と非特定」の違いが大事だ!

このテーマでは、「特定」防火対象物か否かの判断基準や、複数管理者がいる場合の取扱を学ぶぞ。ひっかけ問題が多いところだが、どういう理由で「特定」か否かの判断をするかが分かれば、すんなり理解できるようになるぞ!

Step1 図解 ➤ 目に焼き付けろ!

特定防火対象物と非特定防火対象物の見極め

ポイント1 不特定多数の人が出入りし、かつお金のやりとりがある場所が**「特定」**

旅館、ホテル
宿泊所など   寄宿舎、事務所、芸術施設など

ポイント2 逃げ遅れの懸念のある人がいる場所が**「特定」**

幼稚園、
特別支援学校、
地下街など   小・中学校・高校・大学など

 たくさんの人&お金のやりとりがあったり、逃げ遅れ懸念が高い危険な施設が特定防火対象物ということだな! じゃあ、非特定との違いはどうなのか? そんなところに注目して学習しようじゃないか!

Step2 解説 爆裂に読み込め！

→ 防火対象物を分類せよ!

　法令で最初の難所。それが、防火対象物の分類（特定か非特定か）だ。次の表（消防法第17条第1項）がそれだが、この内容を一言一句全部覚える必要はないぞ。「特定」と「非特定」の違いが区別できることが重要だ。なお、今後テキスト文中に「（施行）令別表第1」と記載がある箇所は、すべてこの表のことだから、その都度確認してほしいぞ！

　それでは表を見てくれ！　ピンク色の背景が「特定」防火対象物、無色の背景が「非特定」防火対象物だ！

表20-1：防火対象物の分類（施行令別表第1）

(1)	イ	劇場、映画館、演芸場又は観覧場
	ロ	公会堂又は集会場
(2)	イ	キャバレー、カフェー、ナイトクラブ等
	ロ	遊技場又はダンスホール
	ハ	風俗店等
	ニ	カラオケボックス、インターネットカフェ、漫画喫茶など
(3)	イ	待合、料理店等
	ロ	飲食店
(4)		百貨店、マーケットその他の物品販売業を営む店舗又は展示場
(5)	イ	旅館、ホテル、宿泊所等
	ロ	寄宿舎、下宿又は共同住宅
(6)	イ	病院、診察所、助産所 入院・入所施設を有しない診療所・助産所（クリニック等）
	ロ	養護老人ホーム、有料老人ホーム、救護施設等
	ハ	老人デイサービスセンター、保育所、児童及び障碍者関連施設等

苦難こそが、人生の肥やしになる。

(6)	ニ	幼稚園又は特別支援学校
(7)		小学校、中学校、高等学校、中等教育学校、高等専門学校、大学、専修学校、各種学校等
(8)		図書館、博物館、美術館等
(9)	イ	公衆浴場のうち、蒸気浴場、熱気浴場等
	ロ	イに掲げる公衆浴場以外の公衆浴場
(10)		車両の停車場又は船舶若しくは航空機の発着場（旅客の乗降または待合いの用に供する建築物に限る）
(11)		神社、寺院、教会等
(12)	イ	工場又は作業場
	ロ	映画スタジオ又はテレビスタジオ
(13)	イ	自動車車庫、駐車場
	ロ	飛行機又はヘリコプターの格納庫
(14)		倉庫
(15)		（1）～（14）に該当しない事業場（事務所、銀行、郵便局等）
(16)	イ	複合用途防火対象物（特定用途部を含むもの）
	ロ	イに掲げる複合用途防火対象物以外の複合用途防火対象物
(16の2)		地下街
(16の3)		準地下街
(17)		重要文化財等の建造物
(18)		延長50m以上のアーケード
(19)		市町村長の指定する山林
(20)		総務省令で定める舟車

表の内容が複雑で似通ってますね。特定と非特定の違いって、どこにあるんですか？

「特定」と「非特定」の見極めの勘所は、次の2点に注目してほしいぞ！

◆見極めポイント①不特定多数の人が出入りし、かつ、お金のやりとりがある場所

表20-2：「特定」と「非特定」の見極めの勘所①

特定防火対象物に該当	防火対象物（特定ではない）に該当
旅館、ホテル、宿泊所その他これらに類するもの	寄宿舎、下宿または共同住宅
	事務所、事務所からなる高層ビル、官公庁
	図書館、博物館、美術館ほか

事務所と芸術施設（博物館や図書館）が除外されているのがポイントですね！

◆見極めポイント②逃げ遅れの懸念のある人がいる場所

表20-3：「特定」と「非特定」の見極めの勘所②

特定防火対象物に該当	防火対象物（特定ではない）に該当
幼稚園または特別支援学校	小・中学校、高等学校、大学ほか
地下街、準地下街	

自力避難が難しい幼児や障碍者のいる施設、地下は要注意ということですね！

➡一つの敷地内に複数の建物がある場合は!?

同一敷地内に管理について権原を有する者が同一である施行令別表第1に掲げる防火対象物が2つ以上あるとき、それらの防火対象物は、防火管理者の選

任等の規定適用については、別個ではなく、1つの防火対象物とみなして扱うんだ！なお、防火管理者の専任等については、テーマ29で学習するぞ。

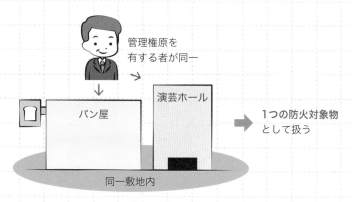

管理権原を
有する者が同一
→

パン屋

演芸ホール

→ 1つの防火対象物
として扱う

同一敷地内

図20-1：同一敷地内にある複数の防火対象物

「同一敷地内で権原者が一緒なら、それぞれをバラバラに扱うのではなく、1つの防火対象物として扱えよ！」ってことですね！

➡ 鉄壁で隔てられていたら、それぞれを別個の防火対象物として扱え!

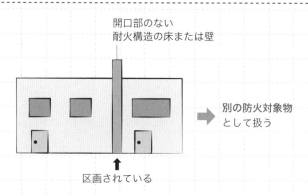

開口部のない
耐火構造の床または壁

→ 別の防火対象物
として扱う

区画されている

図20-2：区画された防火対象物

上図のように、防火対象物を開口部のない耐火構造の床または壁で区画した

場合、区画されたそれぞれの部分について、消防用設備等の設置・維持の技術上の基準については、それぞれを別の防火対象物とみなして適用するんだ。

 鉄壁で完全に分けられていたら、それぞれ別個の防火対象物なんですね！　この他に注意することはありますか？

次の2つは、逆に一つの「もの」として扱うから注意するんだ。

---

(1) 複合用途防火対象物の部分で施行令別表第1（1）〜（15）のいずれかに該当する用途として供されているものは、消防用設備等の設置・維持の技術上の基準の規定適用について、その管理者や階に関係なく、同一用途に供される部分を一の防火対象物とみなす。

(2) 特定防火対象物の地階で、地下街と一体をなすものとして消防長又は消防署長の指定したものについては、下記について、地下街の一部であるものとみなして基準を適用する。
・スプリンクラー設備に関する基準
・自動火災報知設備、ガス漏れ火災警報設備に関する基準
・非常警報器具又は非常警報設備に関する基準（それぞれ一部）

第 **4** 章

法の基本！　意義・法体系を学ぼう！

Step3 暗記 何度も読み返せ！

□ 旅館とホテルは［特定防火対象物］で、寄宿舎と下宿は［非特定防火対象物］である。事務所や図書館は［非特定］防火対象物である。

□ 同一敷地内で管理権原者が同一の建物が複数ある場合、［防火管理者の選任］については、1つの防火対象物とみなして扱う。また、開口部のない耐火構造の床又は壁で区画されたそれぞれの部分は、［別の防火対象物］とみなす。

重要度：🔥🔥🔥

消防用設備等は
3種類に分けられるぞ！

このテーマでは、消防法上の消防用設備について学習するぞ。大きなくくりで3分類、その中でさらに分類されるわけだが、ゴロあわせを使ってイメージをつかむことを意識しよう！

Step1 図解 目に焼き付けろ！

消防用設備等

○ 消防の用に供する設備

○ 消火活動上
　必要な施設

○ 消防用水

消火設備	・消火器、簡易消火用具 ・屋内消火栓設備　等	
警報設備	・自動火災報知設備 ・ガス漏れ火災警報設備　等	
避難設備	・すべり台 ・誘導灯　等	

大きなくくりの3分類を中心に、その中に何が含まれているかを「ざっくり」とつかむことが重要だ！「消防の用に供する設備」とは、つまり「消防のために用いる設備」といった意味だ。

Step2 解説 爆裂に読み込め！

→ 3つに分かれる、「用に供する設備」

　一度で覚えることはなかなか難しい、だから繰り返し特訓するわけだ。政令で定める①消防の用に供する設備、②消防用水、③消火活動上必要な施設をまとめて、消防用設備等というんだ。このうち、消防の用に供する設備は、避難設備・警報設備・消火設備の3つから構成されるぞ。

第4章 法の基本！意義・法体系を学ぼう！

唱えろ！ ゴロあわせ

■消防の用に供する設備〜設備を扱うときは真剣に！〜

陽	気	な
用に	供する	
ひ	け	し
避難	警報	消火

　まずは細かく分類を見ていこう。その上で全体をもう一度見ると、理解が深まるはずだ！

◆避難設備は脱出に使う身近なものばかり！

　火災が発生した場合に、避難をするために用いられる機械器具または設備で、次に掲げるものを避難設備というんだ。

---

(1) すべり台、避難はしご、救助袋、緩降機、避難橋その他の避難器具
(2) 誘導灯及び誘導標識

◆爆音鳴らして火災を知らせる警報設備

聞けば「火事だ！」と分かる、あの甲高い警報音。火災の発生を報知する機械器具または設備で、次に掲げるものを警報設備というんだ。

> (1) 自動火災報知設備
> (1の2) ガス漏れ火災警報設備
> (2) 漏電火災警報器
> (3) 消防機関へ通報する火災報知設備
> (4) 警鐘、携帯用拡声器、手動式サイレンその他の非常警報器具及び
> 　　次に掲げる警報設備
> 　　　・非常ベル　　　・自動式サイレン　　　・放送設備

唱えろ！ ゴロあわせ

■警報設備～警報の裏にドラマあり～

じ　　ろうが　　計　　画
自火報　漏電・ガス　警鐘　拡声

非情な　　2（ツー）報
非常ベル　　通報 放送

じろう

全マイ任せろ…
私が犯人だと
通報するんだ…

> 火災の発生を音で知らせる設備が警報設備なんですね！

◆火消しに必要な消火設備！

水その他の消火剤を用いて消火を行う機械器具または設備で次に掲げるものを消火設備というんだ。

> (1) 消火器及び次に掲げる簡易消火用具
> 　　　・水バケツ　　　・水槽　　　・乾燥砂　　　・膨張ひる石又は膨張真珠岩
> (2) 屋内・屋外消火栓設備
> (3) スプリンクラー設備
> (4) 水噴霧消火設備
> (5) 泡消火設備
> (6) 不活性ガス消火設備
> (7) ハロゲン化物消火設備
> (8) 粉末消火設備
> (9) 動力消防ポンプ設備

◆その他、消火活動上必要な施設を覚えておこう！

　防火水槽またはこれに代わる貯水池その他の用水を消防用水というぞ。これはサラッと見ておけばOK。火災発生時に消防隊員が消火活動する上で必要となる排煙設備、連結散水設備、連結送水管、非常コンセント設備および無線通信補助設備を消火活動上必要な施設というぞ。

唱えろ！ **ゴロあわせ**

■消火活動上必要な施設〜消火活動上必要な連絡なんだろうね〜

ハ　　レンチ　2人が
排煙　　　　連結×2

無線で　コンタクト
無線　　　コンセント

ムフフ　ウフフ

第
4
章

法の基本！　意義・法体系を学ぼう！

Step3
暗記
何度も読み返せ！

□ 消防の用に供する設備は、［警報設備］、避難設備、［消火設備］である。

□ 排煙設備は［消火活動上必要な施設］、放送設備は［警報設備］、すべり台および誘導灯は［避難設備］である。

法令変更と用途変更のときの規定への対応

ここでは法令変更時の消防用設備等の更新・交換を見ていくぞ！　原則は法令が
変わっても従前規定を適用するが、試験に出るのは例外だ！　この原則と例外が
分かれば、防火対象物の用途が変わったときの規定への適用も、覚えやすいぞ。

Step1 図解 目に焼き付けろ！

法令変更時の規定への対応

5つの例外

原則：従前規定を適用 ↔ 例外：新規定を適用

初期消火に必要な消用設備等 ゴロ　勇敢な初老の 　　　ひじけが	一定規模以上の増改築 ①面積1,000m²以上 ②面積が着工時の$\frac{1}{2}$以上

以前から違反状態	特定防火対象物	元から新基準に適合

「従前規定を適用」とは、そのままでOKということだ。ただ遮二無二暗記するのではなく、なぜこのようなルールなのか、どういう理由でそうなっているかを理解することに重きを置こう！

Step2 解説 ▶ 爆裂に読み込め！

➡ 負担軽減が目的で従前規定を適用する！～原則～

法律は国会という場所で作られるのだが、お上の都合で変わった法律に合わせて、その都度消防用設備等を更新・交換するとしたらお金がいくらあっても足りないよな。そこで、法改正等で消防用設備等の技術上の基準が変わった後でも、現に存する（既存の）消防用設備等については、「原則、従前規定をそのまま適用しましょう」としているんだ。

> 法改正という不可抗力によるルール変更の場合、原則はそのままでOK（従前規定を適用）ということなんですね！

➡ 従前規定が適用されない（新規定にせよ！）～例外～

ここまで原則（法改正があっても従前規定を適用する）を見てきたが、試験に出題されるのは例外だ！ 次の5つのパターンを見ていこう！

◆その1 常に最新にアップデートする消防用設備等はこれだ！

次に掲げる初期消火に必要な消防用設備等は、消防用設備等の技術上の基準について従前規定を適用しないんだ。つまり、法改正があれば常に新基準が適用されるぞ！

（1）消火器 　　　（2）避難器具 　　　（3）簡易消火用具
（4）自動火災報知設備 　　　（5）ガス漏れ火災警報設備
（6）漏電火災警報器 　　　（7）非常警報器具及び非常警報設備
（8）誘導灯及び誘導標識
（9）必要とされる防火安全性能を有する消防の用に供する設備等であって消防庁長官が定めるもの
　※（4）と（5）は特定防火対象物に設けるものに限る

第4章 法の基本！ 意義・法体系を学ぼう！

今日、どれだけ自分の勉強に時間を割いたか考えよう。

唱えろ！ゴロあわせ

■常に新基準が適用される消防用設備等　〜ケガに要注意〜

勇	敢	な	初	老	の
誘導	簡易		消火	漏電	

ひ	じ	け	が
避難	自火報	警報	ガス漏れ

火災の初期消火に必要な消防用設備等は、法改正に合わせて最新のものにアップデート（更新）するってことですね！

◆その2　違反を是正するんだから、新基準にせよ！

　原則は従前規定のまま、例外として新基準が適用される消防用設備等（ソフト）があることを見てきたが、ここからは建物構造や用途、増改築等のハードについて見ていくぞ。

　消防用設備等の技術上の基準に関する政令などの従前規定に対して、もともと消防用設備が**違反**しているときは、従前規定は適用されないぞ！

守るべきルールを守っていないから、従前規定ではなく、新規定に適合させるってことですね！

◆その3　一定規模以上の増改築等したら新基準！

　消防用設備等の技術上の基準に関する政令などの改正後に次の①、②の工事を行った場合は、従前規定ではなく新基準が適用されるぞ！

①増改築にかかる当該防火対象物の部分の床面積合計が1,000m²以上
②増改築にかかる当該防火対象物の部分の床面積合計が、工事着工時における
　当該防火対象物の延床面積の2分の1以上

132

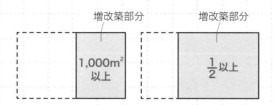

図22-1：新基準が適用される増改築の規模

試験では、この数値（1,000m²以上と2分の1以上）を組み合わせて、新基準適用の対象か否かを問う問題が頻出だ！

◆その4　特定防火対象物は「常に」最新であれ！！

　特定防火対象物における消防用設備等であるとき、もしくは新規定を施行または適用する際に新築・増改築・移転、修繕もしくは模様替え工事中の特定防火対象物にかかる消防用設備等については、新基準が適用されるぞ！

　要は特定防火対象物については、技術上の基準が改正されるごとに新基準を適用せいということだ。工事の途上で設計変更されるなどしてでも、消防用設備等は新基準に適合させよってことだ！

　関係者の負担軽減を目的に「原則は従前規定を適用する」と言ったが、不特定多数の者が出入りする特定防火対象物については、火災発生時の甚大な被害発生を防止するために法改正があった場合には、その都度新基準が適用されることになっているんだ。

◆その5　元から新基準に適合しているなら、そのまま守れ！

　既存の消防用設備等が、改正後の新基準に元から適合しているときは、そのまま新基準が適用されるぞ。既に新基準に適合しているなら、従前規定ではなく、以後も新基準に従って消防用設備等を設置・維持しなさいってことだ！

違反は是正し、特定防火対象物は常に最新、一定の増改築や大規模修繕・模様替え、法改正後も新基準に適合ならそのまま、といった具合ですね！

→ 用途変更後の消防用設備等も同じだ！

　既存防火対象物が用途変更されたことによって、用途変更後の防火対象物における消防用設備等が技術上の基準に関する規定を充足（適合）しない場合、原則、**用途変更後の消防用設備等**には、従前規定を適用するんだ。

「劇場」用途としての
消防用設備等が基準に適合

変更前の「劇場」用途としての
消防用設備等の基準を適用したままでOK

図22-2：用途の変更と通用する規定

 前提として、用途によって、消防用設備等の設置基準は違うんだ。「用途」とは、表20-1の「施行令別表第1」にある、「劇場」や「図書館」などの対象物が使われる用途のことを指すぞ。

　従前規定が適用されない例外は、前項目とほとんど同じ内容だぞ。

例外①　以前から違反状態のとき
例外②　一定規模以上の増改築等（床面積1,000m²以上、もしくは床面積が着工時の2分の1以上）をするとき
例外③　以前から新基準に適合していたとき
例外④　変更後の用途が特定防火対象物のとき

Step3 暗記 何度も読み返せ！

□ 消防用設備等の技術上の基準に関する政令が変わったとしても、原則は［従前規定］を適用する。ただし、以下の場合は例外として［新基準］に適合するように措置しなければならない。

□ (1) 元から［違反状態］のとき。［特定防火対象物］の場合は常に。

□ (2) 増改築の床面積が［1,000］m²以上、又は床面積合計が工事着工時における延床面積の［2分の1］以上。

□ (3) ［新基準］に元から適合している場合。

□ (4) 一定の消防用設備等 （ゴロ：［勇敢な初老のひじけが］）

次の場合、消防用設備等について新基準に適合したものを設置する。

□ 変更後の用途が［特定防火対象物］のとき

□ ［違反状態］を是正するとき、増改築面積［1,000］m²以上または増改築にかかる面積が着工時の延床面積の［2分の1］以上のとき

定期点検と報告は対象延床面積と頻度が大事!

このテーマでは、消防用設備等の定期点検対象となる面積要件と報告頻度について学習するぞ! 数値のほかにも、後述する消防設備士の資格制度について少し触れておくぞ。テーマ26を学習したら、プレイバックだ!

Step1 図解 ▶ 目に焼き付けろ!

定期点検義務のある防火対象物

特定防火対象物	非特定防火対象物	特定一階段等(いちかいだんとう)防火対象物
↓	↓	↓
延床面積 1,000m²以上	延床面積 1,000m²以上	すべて!

かつ

消防長または
消防署長が指定
したもの

有資格者による点検が義務付けられている面積は上記の通りだが、それに満たない防火対象物は、防火対象物の関係者が点検を行うんだ!!

Step2 解説 爆裂に読み込め！

→ 必ずやるんだ！定期点検、その面積要件

「コンプライアンス」という言葉の通り、法律は必ず守らなければならないルールだ。消防法の中で特に重要なのが、本テーマで学習する**定期点検**だ。人命や財産を守る消防用設備等が適切に管理されていないと、肝心なときに使えないという笑えない話になってしまうんだ。

防火対象物の関係者（政令で定めるものを除く）は、当該防火対象物における消防用設備等または特殊消防用設備等について、総務省令で定めるところにより、定期に**点検**し、その結果を消防長または消防署長に**報告**する義務があるんだ。ここで重要なのは、次の2点だ。

◆報告義務があるのは、防火対象物の関係者だ！

過去の試験では、「消防点検を行う請負会社」「消防設備士」「有資格者」とする出題があったがすべて×だ。報告義務があるのは、あくまで**防火対象物の関係者**だということに注意しよう！

◆点検を要さない唯一の防火対象物と、有資格者が点検を行う面積要件

点検を要さない防火対象物は、施行令別表第1（表20-1）の（20）に掲げる舟車のみだ！

この他、次の表に示した、防火対象物のうち政令で定めるものは、**消防設備士または消防設備点検資格者**がこれを点検しなければならないんだ。

表23-1：点検を要する防火対象物

特定防火対象物	延床面積1,000m²以上
非特定防火対象物	延床面積1,000m²以上で、かつ、消防長または消防署長が指定したもの
特定一階段等防火対象物	すべて

ここで消防法における資格制度について簡単に説明するぞ。消防設備士とは、消防設備士国家試験に合格して免状の交付を受けた者のことだ。

　一方、消防設備点検資格者とは、消防用設備等または特殊消防用設備等の工事または整備について5年以上の実務経験を有する者等で、消防用設備等または特殊消防用設備等の点検に関し必要な知識および技能を習得することができる講習であって、登録講習機関の行うものの課程を修了し、登録講習機関が発行する免状の交付を受けている者のことだ。

 長々とした文章ですね…。要は一生懸命勉強しなくても講習受けて免状をもらえるのが消防設備点検資格者ってことですか！？

　その通りだ。講習を受けてそのとき行われる簡易な試験にパスすれば、消防設備点検資格者になれるということだ。この制度は、消防業界における人手不足の解消を目的としたもので、1種、2種、特種に分けられるんだ。

◆毎回出てくる難解な言葉「特定一階段等防火対象物」とは？

　さあ、話を進めるぞ。表23-1で、有資格者が点検を行う防火対象物を見てきたが、基本は1,000m²以上というラインがあることが分かるはずだ。

　また、「すべて」の点検が必要なのは、特定一階段等防火対象物といって、「地階若しくは三階以上の部分に特定用途部分があり、かつ、避難に使用する階段が屋内に1つしかない防火対象物」のことを言うんだ。まだ分かりづらいだと！？

　よし、図（幼稚園を特定用途部として扱う）で説明するぞ。

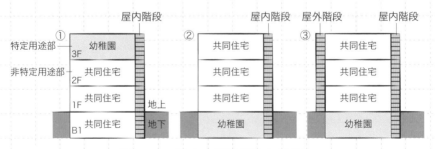

図23-1：特定一階段等防火対象物

①避難階（1、2階）以外の階に特定用途部があり、かつ屋内階段が1つ

②地下に特定用途部があり、かつ、屋内階段が1つ

③屋内階段と屋外階段がそれぞれ設けられているが、特定用途部のある地階に
通じるのは屋内階段のみで屋外階段は通じていない（①と同じ）

> 避難に使う階段が1つだと、避難する人が集中して危ないから、
> このような措置を取っているんだな！　2階からの飛び降りは何と
> かなるかもだが、3階以上だと怖いからな！

→ 定期点検したものは、定期に報告せよ!!

　消防用設備等は、外観目視による機器点検を6か月（半年）に1回、実際に設
備を稼働させて作動試験を行う総合点検を1年に1回行うことになっているん
だ。防火対象物の関係者は、点検結果を維持台帳に記録し、次の各号に掲げる
区分に従って、一定期間ごとに消防長または消防署長に報告する義務があるぞ。

・特定防火対象物：1年に1回

・特定防火対象物以外の防火対象物：3年に1回

Step3 暗記　**何度も読み返せ！**

□　延床面積［1,000］㎡以上の特定防火対象物の点検は有資格者が行う。

□　点検は、半年に1回行う［機器点検］と［1年］に1回行う総合点検
がある。なお、報告については、特定防火対象物は［毎年］、それ以
外の防火対象物は［3年ごと］に報告を行う義務がある。

後出しNG!工事開始「前」に出せ!!

このテーマでは、工事着工届について学習するぞ！！「誰」が、「いつまで」に、「どうするか」が出題ポイントだ。テーマ25で学習する工事完了後の設置届の期間と混同しないように！！

Step1 図解 ▶ 目に焼き付けろ！

消防用設備等の工事着工までの流れ

甲種消防設備士

着工10日前までに着工届を提出

消防長または消防署長

届出後に工事開始

ポイントは、この3点だ。
①甲種消防設備士が、
②工事着工の10日前までに、
③消防長または消防署長に着工届を提出する！

Step2 解説 爆裂に読み込め！

→ 工事の着工届は、後出しNGだ!

　甲種消防設備士は、消防法第17条の5（詳細はテーマ26にて）の規定に基づく工事をしようとするときは、その工事に着手しようとする日の10日前までに、総務省令で定めるところにより、着工届を消防長または消防署長に届け出なければならないぞ。その内容は次のとおりだ。

【着工届の内容】
・工事整備対象設備等の種類
・工事の場所
・その他必要な事項

　この着工届で出題される重要ポイント3点を押さえておこう！

【着工届で出題される重要ポイント】
①10日前までに着工届を提出
②届出権者は甲種消防設備士のみ
③「設置届」との混同に注意！（消防用設備等の関係者は、消防用設備等を設置したときに、設置工事完了後4日以内に消防長または消防署長に届け出る。テーマ25参照）

Step3 暗記 何度も読み返せ！

- [ ] 消防法第17条の5に規定する工事を行うとき、[甲種消防設備士]は当該工事に[着手しようとする日の10日前までに]、着工届を[消防長または消防署長]に提出すること。
- [ ] 着工届は事前に届け出るものであり、[後出し]はNGである。

第4章 法の基本！意義・法体系を学ぼう！

要注意！必要な
届出を怠ると…

重要度： 🔥🔥🔥

このテーマでは、工事完了後の設置届とペナルティについて学習するぞ。これまで学習してきた着工届や定期点検との違いに注意しながら見ていくぞ！ ペナルティは、中身よりも量刑の差異が生じる理由を意識して学習しよう！

Step1 図解 ▶ 目に焼き付けろ！

届出と検査が必要な防火対象物

特定防火対象物　　　　　非特定防火対象物　　　カラオケ、旅館、ホテル、
　　　↓　　　　　　　　　　　↓　　　　　　　　病院、診療所、養護老人ホーム、
　　　　　　　　　　　　　　　　　　　　　　　　地下街、準地下街、
延床面積　　　　　　　　延床面積　　　　　　　特定一階段等防火対象物
300m²以上　　　　　　　300m²以上　　　　　　　　　　↓
　　　　　　　　　　　　　　かつ

消防長または
消防署長が指定
したもの

すべて！

次の4点がひっかけ問題で出題されているぞ、要注意だ！

[着工届との比較]
・届出権者は？
・届出期間は？

[定期点検との比較]
・届出延床面積は？
・届出防火対象物は？

Step2 解説 爆裂に読み込め！

➡ 工事完了後に、設置届をしよう！

　特定防火対象物その他政令で定めるものの関係者は、技術上の基準または設備等設置維持計画に従って設置しなければならない消防用設備等または特殊消防用設備等（政令で定めるものを除く）を設置したときは、その旨を消防長または消防署長に届け出て、検査を受けなければならないんだ。これを、「設置届」というぞ。

設置
消防用設備等　関係者
設置届
設置しました
消防長または
消防署長
よし！
検査

図25-1：設置届

　ちゃんと適法に工事されているかをチェックするためですね！

　その通りだ。なお、設置届は工事完了後4日以内に消防長または消防署長に届け出るんだ。前テーマで学習した着工届と混同しないように注意するんだ。

➡ 届出＆検査が必要な防火対象物はコレだ！

　消防用設備等を設置して、届出＆検査を受けなければならない防火対象物は以下の表の通りだ。ただし、簡易消火用具と非常警報器具については、設置しても届出と検査を受ける必要がないぞ！（※頻出だ、覚えておくんだ！）

第4章 法の基本！意義・法体系を学ぼう！

143

表25-1：届出＆検査が必要な防火対象物

特定防火対象物	延床面積300m²以上
非特定防火対象物	延床面積300m²以上で、かつ、消防長又は消防署長が指定したもの
カラオケボックス、旅館・ホテル、病院・診療所、養護老人ホーム、特定一階段等防火対象物、地下街及び準地下街	すべて

唱えろ！**ゴロあわせ**

■届出＆検査が必要な防火対象物　〜老人の名推理！？〜

ホテル　の　カラオケ　と
旅館・ホテル　　　　　カラオケ

病院　で
病院

老人　が　地下　と　特定
老人施設　　　地下　　　特定一階段

➡ 命令を受けるのは、カネの出せる決済権者だ！

　消防長または消防署長は、消防法第17条1項の防火対象物における消防用設備等が設備等設置基準に従って設置・維持されていないとき、当該防火対象物の関係者で権原を有する者に対し、設備を技術上の基準に従って設置すべきこと（設置命令）、維持のために必要な措置を講じること（維持命令）ができるぞ。

「関係者で権原を有する者＝関係者でカネの出せる決済権者」ってことだ！

　設置命令や維持命令に違反すると罰則があるが、その中身は問われないぞ。量刑の重さに差異が生じる理由と、3つ目の両罰規定を押さえておこう。

表25-2：違反と量刑

違反内容	量刑
消防用設備等を設置しなかった者 （設置命令違反）	1年以下の懲役又は100万円以下の罰金
消防用設備等の維持のために必要な措置を講じなかった者 （維持命令違反）	30万円以下の罰金
上記違反者が所属する法人 （両罰規定）	3,000万円以下の罰金

設備を設置していない（根本的に×）場合の方が罰則は重いんですね。

　両罰規定は、違反者個人だけでなく、その者が所属する法人に対しても罰則があるということだ。コンプライアンスを促す目的だ！

Step3 暗記 何度も読み返せ！

- □ 延床面積［300］m²以上の非特定防火対象物で［消防長または消防署長］が指定したものは、工事完了後4日以内に［設置届］を提出して検査を受ける。
- □ 命令は消防長又は消防署長から、防火対象物の［関係者で権原を有する者］に対し出される。

問題1

次の文章の正誤、または問いの答えを述べよ。

🔥 **01** 戸建て一般住宅についても、消防用設備等の設置義務はある。

🔥 **02** 山林又は舟車、船きょ若しくはふ頭に繋留された船舶、建築物その他の工作物又は物件を防火対象物という。

🔥 **03** 防火対象物の所有者・管理者・占有者を関係者という。

🔥 **04** 旅館や病院、寄宿舎のように不特定多数者が出入りする防火対象物を、特定防火対象物という。

🔥 **05** 無窓階についての説明文のうち、法令上正しいものはどれか。

　　　イ）廊下に面する部分に有効な開口部がない階

　　　ロ）排煙上有効な開口部が一定基準に達しない階

　　　ハ）避難上又は消火活動上有効な開口部が一定基準に達しない階

　　　ニ）窓を有しない階

🔥 **06** 消防法令上、特定防火対象物に該当するものをすべて選べ。

> ①幼稚園、②共同住宅、③図書館、④映画館、⑤カラオケボックス、⑥小学校又は中学校、⑦重要文化財、⑧工場、⑨地下街

🔥 **07** 消防法令上、特定防火対象物に該当しないものをすべて選べ。

> ①博物館、②飲食店、③舟車、④養護老人ホーム、⑤神社、⑥旅館・ホテル、⑦準地下街、⑧駐車場

🔥 **08** 防火対象物が開口部のない耐火構造の床又は壁で区画されているときは、それぞれを別の防火対象物とみなす。

🔥 **09** 同一敷地内に2以上の防火対象物がある場合、原則として、一の防火対象物とみなす。

以下、「消防の用に供する設備」についての問いに答えなさい。

🔥 **10** 動力消防ポンプ設備は、消防の用に供する設備に含まれる。

🔥 **11** 放送設備は、誘導灯と同じく避難設備に含まれる。

🔥 **12** ガス漏れ火災警報設備は、非常警報器具と同じ警報設備である。

🔥13　水バケツと水槽は、消防用水の一つである。

🔥14　無線通信補助設備は、警報設備である。

🔥15　連結送水管は、消火活動上必要な施設に分類される。

解説1

🔥01　✕ →No.19

戸建て一般住宅については、消防用設備等の設置義務はない。

🔥02　✕ →No.19

記載の内容は**消防対象物**だ。「防火対象物＋物件＝消防対象物」となることを念頭に置くんだ！

🔥03　◯ →No.19

🔥04　✕ →No.20

特定防火対象物か否かでよく問われるものの一つが、寄宿舎は非特定防火対象物ということだ。間違えないようにしよう。

🔥05　ハ）→No.19

読めば分かることも、意外と問題にして似たものを並べると「？」となることがある。その最たるものが、無窓階の定義だ。確実に頭に入れておくんだ！！

🔥06　①、④、⑤、⑨ →No.20

防火対象物の特定か否かの判断するポイントは、

・**不特定多数の者**が出入りする

・**金のやりとり**がある

・**逃げ遅れ懸念**のある人が常在する

上記勘所を踏まえて、例外として扱う施設を覚えるようにしよう。

🔥07　①、③、⑤、⑧ →No.20

問06の解説を参照

🔥08　◯ →No.20

🔥09　✕ →No.20

「管理について権原を有する者が同一の者である場合」は、本問の通りだが、単に同一敷地内というだけでは、別の防火対象物だ。ひっかけ問題なので、要注意だ！

🔥10　◯ →No.21

🔥11 ✕ →No.21

放送設備は、火災を知らせるものだから、警報設備に含まれるぞ。

🔥12 〇 →No.21

🔥13 ✕ →No.21

消火設備の中の簡易消火用具に含まれるぞ。

🔥14 ✕ →No.21

無線通信補助設備は、消火活動上必要な施設に分類されるぞ。

🔥15 〇 →No.21

(問題2)

次の文章の正誤、または問いの答えを述べよ。

🔥16 消防用設備等の設置・維持命令は、防火対象物の関係者で権原を有する者に対して発せられる。

🔥17 次のうち、消防用設備等の技術上の基準に基づく政令又はこれに基づく命令の規定が改正されたとき、改正後の規定に適合させなければならない消防用設備をすべて選べ。

①消火器、②スプリンクラー設備、③誘導灯、④漏電火災警報器、⑤避難器具]
a

🔥18 既存防火対象物における消防用設備等は、技術上の基準が改正されても原則として改正前の基準に適合していればよいと規定されているが、一定の「増改築」が行われた場合は、この規定が適用されずに改正後の基準に適合させなければならない。この一定の「増改築」に該当しないものはどれか。

イ）延床面積の$\dfrac{3}{5}$で900m²の増改築

ロ）延床面積の$\dfrac{3}{7}$で900m²の増改築

ハ）延床面積の$\dfrac{1}{3}$で1,200m²の増改築

ニ）延床面積の$\dfrac{4}{5}$で1,500m²の増改築

🔥19 消防用設備等の技術上の基準が改正された場合、特定防火対象物はその面

🔥20 用途変更前に設置してある消防用設備等が基準に違反している場合、用途変更後の基準に適合する消防用設備等を設置する。

🔥21 用途変更後に不要となった消防用設備等については、撤去するなどして確実に機能を停止させなくてはならない。

🔥22 原則、用途変更前に設置された消防用設備等には従前規定を適用するが、その後一定規模以上の増改築工事を行う場合は、変更後の用途区分に適合する消防用設備等を設置しなければならない。

🔥23 総合点検は年1回、機器点検は2年に1回行えばよい。

🔥24 特定防火対象物は毎年、それ以外は3年ごとに消防長又は消防署長に定期点検の結果を報告しなければならない。

🔥25 定期点検の報告は、消防設備士の義務である。

🔥26 300m²以上の特定防火対象物は有資格者が定期点検を行う。

🔥27 延床面積1,000m²以上の特定一階段等防火対象物は定期点検を行わなければならない。

🔥28 着工届は、消防設備有資格者が工事開始後速やかに届け出る。

🔥29 設置届は、防火対象物の関係者が都道府県知事に対して工事完了後4日以内に届け出る。

🔥30 非特定防火対象物で延床面積300m²以上のものは、すべて設置届を提出しなければならない。

🔥31 設置命令・維持命令の違反で量刑が重いのは、設置命令である。

解説 2

🔥16 ○ →No.25

🔥17 ①、③、④、⑤ →No.22

ゴロあわせ「勇敢な初老のひじけが」で解けるぞ。

🔥18 ロ）→No.22

本問は例外となる一定の「増改築」の定義を問う問題で、2つの要件のうちどちらかに該当すれば、改正後の基準に適合させなければならない。

> （Ⅰ）増改築にかかる当該防火対象物の部分の床面積合計が1,000m²以上
> （Ⅱ）増改築にかかる当該防火対象物の部分の床面積合計が、工事着工時における当該防火対象物の延床面積の2分の1以上

以上より、イ）は（Ⅱ）、ハ）は（Ⅰ）、ニ）は（Ⅰ）と（Ⅱ）を満たしているので、改正後の新基準に適合させなければならないぞ。

🔥 **19** ⭕ →No.22

🔥 **20** ⭕ →No.22

🔥 **21** ❌ →No.22

不要な消防用設備等については、消防法上特に規定されていないぞ（そのままでもOKだ）。ただし、廃棄する場合は他の法令（廃棄物処理法など）の適用を受けるから注意しよう！

🔥 **22** ⭕ →No.22

🔥 **23** ❌ →No.23

機器点検は半年に1回、総合点検は年1回実施するんだ。

🔥 **24** ⭕ →No.23

🔥 **25** ❌ →No.23

報告義務があるのは、防火対象物の関係者だ！

🔥 **26** ❌ →No.23

特定防火対象物の定期点検の要件は1,000m^{2}以上だ。

🔥 **27** ❌ →No.23

特定一階段等防火対象物は延床面積に関係なく定期点検を行う。

🔥 **28** ❌ →No.24

着工届は、**甲種消防設備士が工事着手日の10日前までに届け出るぞ！**

🔥 **29** ❌ →No.25

消防長または消防署長に対して、工事完了後4日以内に届け出るぞ。

🔥 **30** ❌ →No.25

300m^{2}以上で消防長または消防署長の指定があるものに限られるぞ！

🔥 **31** ⭕ →No.25

第 **5** 章

資格者をはじめとした制度を学ぼう!

本章では、①消防設備士をはじめとする資格制度と、②消防設備の検定制度を学習するぞ。①は独占業務と免状の種類及びその更新サイクルについて、②は検定の流れと登場人物に注意して学習に取り組むとよいぞ!

アクセスキー **k**

(小文字のケイ)

消防用設備の扱いを許されし者とは?

このテーマでは、消防用設備等を扱うことができる資格者の制度(消防設備士の独占業務)について学習するぞ。資格制度は原則と例外、共に頻出なので、漏れなくチェックするんだ!

重要度: 🔥🔥🔥

Step1 図解 目に焼き付けろ!

消防設備士の資格制度

区分

特類
第1類
第2類
第3類
第4類
第5類
第6類
第7類

乙種 甲種

乙種
第1〜7類の消防用設備等の整備(点検)のみ行える

甲種
特類、第1〜5類の消防用設備等の工事・整備が行える

基本は免状記載の区分に従い、工事または整備が可能だ。なお、無資格者でも行える次の整備の内容は押さえておこう! ①電源、②水源および配管、③軽微な整備で規則に定めるもの、の3つだ。

Step2 解説 爆裂に読み込め！

➡ 選ばれし者でも、取扱には制限がある！

運転免許を取ると車を運転できるのと同じで、消防設備士の免状交付を受けた者は、消防用設備等または特殊消防用設備等の工事（設置にかかるものに限る）または整備ができるぞ。どんな仕事ができるか、次の表を見てくれ！

表26-1：免状の区分と行うことができる工事・整備

区分	工事整備対象設備等の種類 （Pa：パッケージ型消火設備、パッケージ型自動消火設備）		甲種消防設備士	乙種消防設備士
特類	特殊消防用設備等		工事 or 整備	
第1類	屋内・屋外消火栓設備、水噴霧消火設備、スプリンクラー設備、Pa			整備
第2類	泡消火設備、Pa			
第3類	ハロゲン化物消火設備、粉末消火設備、不活性ガス消火設備、Pa			
第4類	自動火災報知設備、消防機関へ通報する火災報知設備、ガス漏れ火災警報設備			
第5類	金属製避難はしご、救助袋、緩降機			
第6類	消火器	第7類	漏電火災警報器	

免状があれば何でもOKではなく、表26-1に記載されている通り、甲または乙の各類に該当する工事、整備のみを取扱うことができるんだ。

> ①甲種消防設備士：免状記載の特類、第1類〜第5類の工事と整備
> ②乙種消防設備士：免状記載の第1類〜第7類の整備のみ

➡ 甲種の特類とは何だ？乙種に第6、7類があるのはなぜだ？

消防設備士免状は甲種、乙種の2種類。両者の最大の違いは、甲種は工事および整備（点検）の両方を行えるのに対して、乙種が行えるのは整備（点検）のみで、工事ができないということだ。

そういう違いがあるんですね。それと…甲種は特類というのが
あって、乙種にはないですよね。逆に第6、7類が乙種にしかない
のはなぜですか？

　いい気づきだ！　従来ある消防用設備等に代わり、「総務大臣が当該消防用設
備等と同等以上の性能があると認定した設備等」が特類消防設備というものな
んだ。簡単にいえば、システム系の制御回路や色々な機能と組み合わせた消防
設備が該当するんだ。
　もうひとつの「第6、7類が乙種にしかない理由」だが、これは消火器と漏電
火災警報器というメーカーの既成商品で、工事というよりは、設置（消火器な
ら置くだけ）するだけだからなんだ。完成した商品を取り付けて終わりだから、
工事には該当しない（整備のみ）ので、甲種にはないんだ。

◆甲種消防設備士が行える工事と整備

　もっと詳しく甲種消防設備士だけが行える工事整備区分を見ていくぞ。工事
と整備のはっきりとした区分もそうだが、要注意なのは、撤去だ。ただ取り外
すだけなので、工事でも整備でもないぞ。

表26-2：甲種だけが行える消防用設備等工事、整備の内容

	内容	区分
新設	防火対象物（新築を含む）に従前設けられていない消防用設備等を新たに設置すること	工事
増設	構成機器および装置等の一部を追加すること	
移設	構成機器および装置等の全部または一部の設置位置の変更	
取替え	構成機器および装置等の一部を既設のものと同等の種類・機能・性能等を有するものに交換すること	
改造	構成機器および装置等の一部を付加もしくは交換し、または取り外して消防用設備の構成・機能・性能等を変えることをいい、「取替え」に該当するものを除く	
補修	変形・損傷・故障箇所などを元の状態またはこれと同等の構成・機能・性能を有する状態に修復すること	整備
撤去	全部を当該防火対象物から取り外すこと	

➡ 無資格者でも、この3つは行えるぞ!

選ばれし者（消防設備士の有資格者）じゃないと、現場では役に立たないのは分かったはずだ。とはいえ、以下に掲げる消防用設備等の**軽微な整備**（ほぼ雑用）は、無資格者でも行えるぞ。

①屋内消火栓設備の表示灯の交換
②屋内・屋外消火栓設備のホースまたはノズル、ヒューズ類やねじ類等の部品交換
③屋内・屋外消火栓設備の消火栓箱、ホース格納箱等の補修その他類する行為

➡ 法律より厳しくするのはOKだけど、緩くするのはNGって?

消防法は日本全国で一律に適用されるものだ。しかし、北は北海道から南は沖縄まで、季節ごとの温度や環境も全く異なる地域を、同じ法律ひとつで規制するのは、無理があると思わないか？

そこで、「地元のことは地元で決めよう」となるんだ。市町村は、その地方の気候風土の特殊性により、法の基準では防火上の目的を達成するのが難しい場合、条例で、法の規定と異なる基準（厳しい内容）を定めることができるんだ。逆に、法の規定よりも緩和（緩く）するのはNGだ。法律は「これだけは守ろう」という最低限のルールだから、それよりも緩くするわけにはいかないからだ！

第**5**章 資格者をはじめとした制度を学ぼう！

Step3 暗記 何度も読み返せ!

- ☐ 甲種消防設備士は、免状記載類の［工事または整備］、乙種消防設備士は、免状記載類の［整備のみ］行うことができる。
- ☐ 消防設備士の無資格者でも3つの［軽微な整備］を行える。
- ☐ ［市町村］は、法の定める基準では防火上の目的を達成するのが困難な場合、［条例］で、付加規定を定めることができる。なお、条例は法よりも［厳しい］内容でなければならない。

重要度：🔥🔥🔥

資格免状の取扱は
ココに気をつけろ!!

このテーマでは、消防設備士免状の取扱について学習するぞ！　「誰が」交付するのか？　免状の記載事項は？　「書換えと再交付の違いは？」に気をつけて見ていくぞ！

Step1 図解 目に焼き付けろ！

免状の記載事項

氏名・生年月日

免状の種類
交付年月日
交付番号
交付知事

消防設備士免状

氏名　国松　英雄

生年月日　○○年○月○日　本籍 東京都

写真の書換えは
　○○年
　○月○日まで

東京都知事

写真

写真は
10年経過で
書換え

本籍地の都道府県
（住所地ではない！）

免状記載事項で気をつけるべきは、住所地ではなく本籍地という点だ！　また、書換えと再交付で申請先がやや異なるので注意が必要だが、違いの生じる理由が分かると覚えやすくなるぞ！

Step2 解説 爆裂に読み込め！

➡ 免状の交付資格と記載事項（住所地じゃないぞ、本籍地だ!)

消防設備士免状の交付は、**都道府県知事**が試験合格者に対して行うんだ。といっても、試験に合格したら誰でも免状がもらえるわけではないぞ。火災予防という重責を担う国家資格だから、過去の一定期間内に悪いことをした人には付与されないぞ。

> 火災による甚大な被害から人命と建物を守るためですから、当然ですね！

具体的には、次の各号のどちらかに該当する者には、消防設備士免状の交付を行わないことができるぞ。

【免状を交付しないケース】
(1) 消防設備士免状の返納を命じられ、その日から起算して1年を経過しない者
(2) この法律またはこの法律に基づく命令の規定に違反して罰金以上の刑に処せられた者で、その執行を終わり、または執行を受けることがなくなった日から起算して2年を経過しない者

このほか、免状を交付した後に違反行為をした者に対して、**消防設備士免状を交付した都道府県知事**は、当該消防設備士に対して**免状の返納**を命ずることができるぞ。返納命令は、免状を交付した知事が行うことに気をつけるんだ！

> 免状にふさわしくない者からは、免状を返してもらうんですね。そして、交付した知事が返納を命じる、と。

なお、消防設備士免状の記載事項は次の通りだ。「本籍地」を「住所地」にしたひっかけ問題が出題されたことがあるから、要注意だぞ！

第**5**章 資格者をはじめとした制度を学ぼう！

人生は三切る（踏み切る・割り切る・思い切る）だ！

①免状の交付年月日および交付番号
②氏名および生年月日
③本籍地の属する都道府県（「住所地」ではないから、要注意！）
④免状の種類
⑤過去10年以内に撮影した写真（10年で更新だ！）

➡ 違いの分かる人が、受かるんだ!!

　最後に、消防設備士免状の「書換え」と「再交付」を見ていくぞ。まずは違いの分かる人になってほしいから、比較して見ていこう。

表27-1：免状の書換えと再交付

	書換え（義務）	再交付（任意）
どういうときに	・記載事項に変更が生じたとき ・写真撮影から10年経過	・亡失、滅失、汚損、破損した場合
申請先	・交付した ・居住地の ・勤務地の ⎫ 都道府県知事	・交付した ・書換えをした ⎫ 都道府県知事

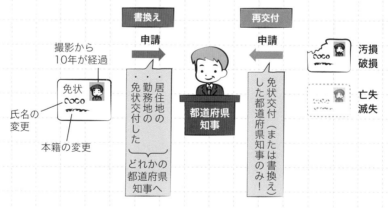

図27-1：免状の書換えと再交付

　書換えは、免状記載事項の変更（例：結婚で苗字が変わった）と写真撮影か

ら10年経過という不可抗力（しかたない事情）によって発生するから、免状所持者の負担にならないように配慮するため、手広く申請先を設けているんだ（義務だぞ！）。

　一方の再交付は、本来管理に気を遣うべき免状なのに、自分の過失でなくしたり破損したわけだから、書換えほどには手厚い規定にはなっていないんだ。

不可抗力だから手広く、自業自得だから手狭に。法律の文言には理由があるんですね！

この他、書換えは義務（「～しなければならない」）だが、再交付は任意（「～することができる」）だから、その辺も気をつけたいところだ！

再交付は任意ですけど、免状がないと消防設備を扱えないですからね…。

第5章　資格者をはじめとした制度を学ぼう！

Step3 暗記 何度も読み返せ！

- □ 消防設備士免状は［都道府県知事］が、試験合格者に交付する。
- □ 免状には、氏名と生年月日、免状の種類、交付年月日のほか［本籍地］の属する都道府県が記載される。
- □ 免状の写真撮影から［10年］が経過したら、［書換え］をしなければならない。

重要度：🔥🔥🔥

No. 28 /64 資格取得後の講習受講サイクルはパターンだ!

消防設備士の資格制度もこれで最後だ！ このテーマでは、資格取得後に義務付けられている講習の受講サイクルと資格者としての心構え（責務）を見ていくぞ！ 責務は常識的な内容ばかりだから、受講サイクルを要チェックだ！

Step1 図解 目に焼き付けろ!

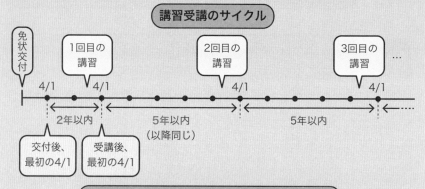

講習受講のサイクル

免状交付 → 1回目の講習 → 2回目の講習 → 3回目の講習 …

4/1 4/1（2年以内）／ 5年以内（以降同じ）／ 5年以内 4/1

交付後、最初の4/1

受講後、最初の4/1

消防設備士と危険物取扱者の講習に関する比較

	消防設備士の講習	危険物取扱者の講習（参考）
受講義務者	消防設備士免状を保有する者は全員	現に危険物の取扱作業に従事する者のみ
受講期間（サイクル）	交付後最初の4月1日から2年以内、以後5年以内	・基本は3年以内に1回 ・新たに従事する日から1年以内

講習の受講サイクルは、危険物取扱者の場合と比較して、その違いを意識するといいぞ！

Step2 解説 爆裂に読み込め！

➡ 講習の受講サイクルは「最初2年、あとは5年ごと」だ！

　消防設備士の免状保有者は、総務省令で定めるところにより、都道府県知事が行う工事整備対象設備等の工事または整備に関する講習（消防設備士の講習）を受講しなければならないんだ。

　危険物取扱者は現に従事していない場合は受講義務がなかったから、それと混同する受験生が多いみたいだな！　気をつけよう！

　さて、講習の受講サイクルを説明するから、Step1の図解を見てくれ。

　受講すべき最初の講習は、免状の交付を受けた日以後における最初の4月1日から2年以内とされている。その後は、講習受講後の最初の4月1日から5年以内に再び講習を受講する必要があるんだ。それ以後は、ずーっと5年に1回のサイクルで講習受講義務があるぞ。

➡ 資格者としての心構えを持て！

　消防法に規定されている消防設備士としての義務は次の4つだ。

①消防設備士講習を受講すること
②誠実に業務を行うこと
③業務従事中は、免状を携行すること
④甲種消防設備士は、着工届を工事しようとする日の10日前までに提出すること

Step3 暗記 何度も読み返せ！

☐ 消防設備士の講習は、危険物取扱者と異なり、免状を保有していて現に作業に［従事していない］者にも受講義務がある。
☐ 消防設備士免状は、作業に従事する際は常に［携行］すること。

防火管理者って？

このテーマでは、防火管理者について学習するぞ！　一定規模の防火対象物に選任が必要だが、近年は一つの敷地内に複数の（異なる）所有権者の建物が建っている場合の統括防火管理者の選任要件の出題実績があるから、両方をチェックだ！

Step1 図解 目に焼き付けろ！

防火管理者と統括防火管理者の選任要件

防火管理者

↑選任

①避難困難者のいる施設
　（収容人員10人以上）
②特定防火対象物
　（収容人員30人以上）
③非特定防火対象物
　（収容人員50人以上）
④その他

統括防火管理者

↑選任

一つの敷地内に
複数の所有者

①高さ31m超の高層建築物
②準地下街
③地下街（指定されたもの）
④特定防火対象物で地上3階
　・人員30人以上
⑤複合用途防火対象物
　（地上5階・人員50人以上）

これまで学習してきたテーマの中では出題例が最も少なく、統括防火管理者の選任要件がたまに出題されている程度だ！　そちらもゴロあわせで覚えよう！

Step2 解説　爆裂に読み込め！

→ 防火管理者を定める建物は、コレだ!!

　「令別表第1（テーマ20を参照）に掲げる防火対象物の管理」について権原を有する者は、政令で定める資格を有する者の中から**防火管理者**を定め、消防計画の作成等の業務を行わせなければならないんだ。なお、防火管理者になるための資格は、防火管理に関する講習の課程を修了した者のことだ。

> 講習を受ければ、防火管理者になれるんですね！

　細かい選任要件の出題はないから、最低限、次の内容だけ覚えておこう。

```
【防火管理者の選任が必要な防火対象物】
①避難困難者のいる施設（養護老人ホームや障碍者施設）で収容人員10人以上の
　もの
②特定防火対象物（①除く）で収容人員30人以上のもの
③非特定防火対象物で収容人員50人以上のもの
④複合用途防火対象物でかつ、用途が令別表第1の（1）～（15）のもの
```

> 試験では④の点を、反対の視点から問われることもあるんだ
> （「防火管理者不要の防火対象物は？」など）。次の4つについて
> は、防火管理者は不要になるぞ！

```
【防火管理者の選任が不要な防火対象物】
・準地下街　　・延長50m以上のアーケード
・市町村長の指定する山林　　・総務省令で定める舟車
```

一流になるには、超一流に触れるのが最短経路だ！

➡ 防火管理者の業務は、火災予防に必要なことだけ!

防火管理者の業務は次の通りだ。防火管理者を定めて業務を行わせる義務があるのは、当該防火対象物の管理について権原を有する者だから要注意!

> ①消防計画の作成と消防機関への届出
> ②消防計画に基づく消火、通報および避難訓練の実施
> ③火気の使用または取扱に関する監督
> ④消防用設備等または特殊消防用設備等の点検・整備
> ⑤避難または防火上必要な構造および設備の維持管理、収容人員の整理
> ⑥その他防火管理上必要な業務

➡ 統括防火管理者の選任建物は、コレだ!!

1つの敷地内に所有権者の異なる複数の建物が建っている場合、火災予防についてバラバラに管理するのではなく、ひとまとめに統括して見る必要がある。そのような場合に選任されるのが、統括防火管理者で、次の施設で必要だ(地下街のみ、消防長または消防署長の指定が必要な点は要注意だ!)。

> 【統括防火管理者の選任が必要な防火対象物】
> ①高さ31m超の高層建築物
> ②準地下街
> ③地下街(※消防長または消防署長が指定したものに限る)
> ④(②③を除く)特定防火対象物で地階を除く地上3階以上で収容人員30人以上のもの
> ⑤特定用途部を含まない複合用途防火対象物で、地階を除く地上5階以上で収容人員50人以上のもの

唱えろ！ゴロあわせ

■統括防火管理者の選任が必要な施設 〜動物使いのジュンさん？〜

地　　底にいる
地下街→指定

サイ　と　ゴリラ
31m超　　　5と50

統括するのは　ジュン　さん
統括防火管理者　　　　準地下街　3と30

ジュンさん

第

5

章

資格者をはじめとした制度を学ぼう！

Step3 暗記 何度も読み返せ！

- □ 避難困難者のいる収容人員［10］人以上の施設のほか、収容人員が特定防火対象物で［30］人以上、非特定防火対象物で［50］人以上の場合、防火管理者の選任が必要となる。
- □ ［消防長または消防署長］の指定した地下街は、統括防火管理者の選任が必要である。

良くなると信じて行動しよう。そうすれば必ず良くなる！

No. 30 /64 消防同意と検定制度

消防法の基本法令もこのテーマで最後だ！　このテーマでは、世の中で建築される建物と流通している消防用設備等がどのような手続きを経て世に出されているかを見ていくぞ！

Step1 図解 目に焼き付けろ！

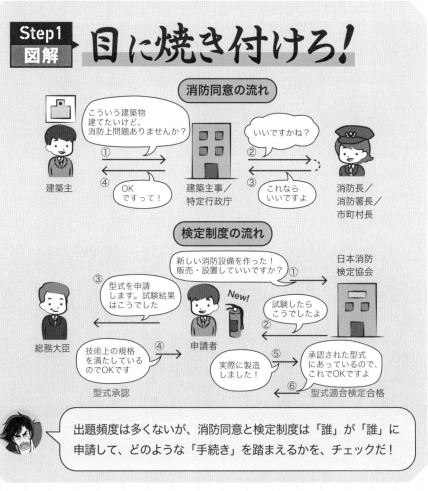

消防同意の流れ

建築主：「こういう建築物建てたいけど、消防上問題ありませんか？」①

建築主事／特定行政庁

②「いいですかね？」

③「これならいいですよ」

消防長／消防署長／市町村長

④「OKですって！」

検定制度の流れ

①「新しい消防設備を作った！販売・設置していいですか？」

日本消防検定協会

②「試験したらこうでしたよ」

③「型式を申請します。試験結果はこうでした」

New! 申請者

総務大臣

④「技術上の規格を満たしているのでOKです」

型式承認

⑤「実際に製造しました！」

⑥「承認された型式にあっているので、これでOKですよ」

型式適合検定合格

出題頻度は多くないが、消防同意と検定制度は「誰」が「誰」に申請して、どのような「手続き」を踏まえるかを、チェックだ！

![Step2 解説] 爆裂に読み込め!

→ 消防同意なく、建物は建てられない!

　建築のプロである建築士は、建築基準法に則った建物を設計するが、消防法に明るい（詳しい）とは限らないよな。そこで、建築物の安全確保のため、建築確認を必要とする建物については、消防機関が建築計画の消防法上の問題点を事前に確認しなければならない。つまり、消防設備や建築物の防火に関する諸法令に問題がないかを確認しないと、建物を建築できないようにしているんだ。それが、消防同意だ。

　消防同意がないと建築確認は下りない、つまり、建物は建てられないってことですね!

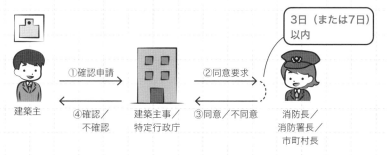

図30-1：消防同意の流れ

　消防同意の流れは図の通りだ。次の赤字箇所に注意して見ていこう。

①建築主は、建築主事に建築確認の申請を行う。
②①を受けて、建築主事は消防長（消防本部を置かない場合は市町村長）または消防署長に同意するかを求める。
③②を受けて、一般建築物は3日以内、その他は7日以内に同意または不同意を建築主事に通知する。
④③を受けて、確認するか否かを通知する。

消防同意をするのは、消防長または消防署長ってところが重要ですね！

➡ 検定合格した機械器具しか、販売・設置できない！

　消防用設備というのは、イザというときに初期消火をしたり、避難に使うものだから、安全に使えることが重要だな。その安全を担保するために、消防用設備の機械器具等については、一定の形状・構造・材質・成分および性能（略して「形状等」という）を有している必要があるんだ。

基準が各社各様だと不安だから、国として統一規格を用意してるんですね！

　そうだ。あらかじめ検定を行って、火災予防もしくは警戒、消火または人命の救助をしたいときに、機械器具等に重大な支障が生じないようにするために、**検定制度**が設けられているぞ。まずは、検定の対象となる機械器具等を見ていこう。
　次に記載した消防用設備等が、検定の必要な機械器具だ。数は多いが、どれも火災が発生したときに人命救助に必要なものばかりだから、「イメージ」で理解することを意識してほしいぞ！

【検定が必要な機械器具（検定対象機械器具等）の一覧】
①消火器
②消火器用消火薬剤（二酸化炭素を除く）
③泡消火薬剤（水溶性液体用のものを除く）
④火災報知設備の感知器または発信機
⑤火災報知設備またはガス漏れ火災警報設備に使用する受信機と中継器
⑥住宅用防災警報器
⑦閉鎖型スプリンクラーヘッド
⑧スプリンクラー設備、水噴霧消火設備または泡消火設備に使用する流水検知装置
⑨スプリンクラー設備等に使用する一斉開放弁
⑩金属製避難はしご
⑪緩降機

◆検定制度の流れは、「承認→適合検定」だ！

　検定制度の対象となる消防用設備等を見てきたが、いよいよ検定制度そのものを見ていくぞ。検定は、「型式承認→型式適合検定」の順で行われるんだ。

表30-1：2段階の検定

型式承認	検定対象機械器具等の型式にかかる形状等が総務省令で定める検定対象機械器具等にかかる技術上の規格（規格省令）に適合している旨の承認のこと（承認するのは、総務大臣）
型式適合検定	検定対象機械器具等の形状等が型式承認を受けた検定対象機械器具等の型式にかかる形状に適合しているかどうかについて、日本消防検定協会等が総務省令で定める方法により行う。 →合格すると検定合格証が付与される。これがないと市場に流通できない！

図30-2：検定の流れ

　検定の流れは図の通りだ。詳しく説明しよう。

【検定の流れ】
①申請者（消防用設備等を製造するメーカー）は、日本消防検定協会または登録を受けた検定機関（以下「登録検定機関」という）に対し、規格適合について事前試験の申請を行う。
②①の結果は、申請者を介して総務大臣に送付される。
③型式承認の申請と先の結果を受けて審査を行う。
④規格適合している場合は当該型式について型式承認を行う。
⑤型式適合検定を日本消防検定協会または登録検定機関に申請する。
⑥⑤を受けて、型式適合検定に合格したら、検定合格証を付すことで、販売および販売目的で陳列することができるようになる。

第 **5** 章　資格者をはじめとした制度を学ぼう！

◆検定制度の例外

検定制度には例外もある。検定対象機械器具等のすべてが検定対象とは言い切れない。検定は国内で流通する消防用設備等を対象としたものだから、外国に輸出するものは対象外なんだ。しかし、外国から輸入されるものは、国内で流通するものだから検定対象だ！

◆検定合格証マーク

検定に合格すると、検定合格証のマークがつけられる。検定合格証のマークは、「表示に対して、どれが対応する検定対象機械器具等のマークか」という問われ方で出題されている。

表30-2：検定対象機械器具等と検定合格表示

消防機器の種別	表示の様式	消防機器の種別	表示の様式
・消火器 ・感知器 ・発信機または中継器、受信機 ・金属製避難はしご	国家検定之証 検 合格之証 ←10mm→	・消火器用消火薬剤 ・泡消火薬剤	国家検定之印 検 合格之印 ←15mm→
		・閉鎖型スプリンクラーヘッド	検 ←3mm→
緩降機	国家検定之印 検 合格之印 ←12mm→	・流水検知装置 ・一斉開放弁 ・住宅用防災警報器	検 ←8mm→

出典：消防法施行規則 別表第三

「合格之印」「合格之証」の違いに気をつけろ！　消火薬剤を使うものが「印」の方だ。

唱えろ！ゴロあわせ

■合格之印　〜インドの薬屋さん！？〜

インド　の　薬剤
合格之「印」　　　消火薬剤

Step3 暗記 何度も読み返せ！

- [ ] 消防同意を要求するのは［建築主事］、与えるのは［消防長または消防署長］である。
- [ ] 検定合格証は消火器は合格之［証］、消火薬剤は合格之［印］である。

今がその時だ！今すぐにやろう！　　171

演習問題

問題 1

次の文章の正誤、または問いの答えを述べよ。

🔥**01** 工事整備対象設備等の工事または整備に関する講習は、消防長または消防署長が実施する。

🔥**02** 消防設備士の講習は、免状を保有していて現に作業に従事していない者にも受講義務がある。

🔥**03** 消防設備士でなくても扱うことができると定められている消防用設備等を、以下からすべて選べ。

> ①粉末消火設備、②消火器、③泡消火設備、④すべり台
> ⑤屋内消火栓設備、⑥漏電火災警報器、⑦放送設備
> ⑧動力消防ポンプ設備、⑨不活性ガス消火設備

🔥**04** 乙種第4類消防設備士は、自動火災報知設備の整備のみ行うことができる。

🔥**05** 乙種第5類消防設備士は、金属製避難はしごの設置工事を行うことができる。

🔥**06** 乙種第6類消防設備士は、消火器の整備を行うことができる。

🔥**07** 甲種第1類消防設備士は、漏電火災報知器の整備を行うことができる。

🔥**08** 消防設備士免状の記載事項として、該当しないものを次から選べ。

> ①氏名および生年月日、②免状の交付年月日、③住所地、④本籍地、⑤写真

🔥**09** 消防設備士免状を汚損・破損した者は、免状交付した都道府県知事に免状の再交付を申請しなければならない。

🔥**10** 消防設備士免状の返納を命じられた日から1年経過しない者については、新たに試験に合格しても免状交付がされないことがある。

🔥**11** 免状の写真撮影から5年を経過したときは、書換えをしなければならない。

🔥12 消防設備士が受講しなければならない講習について、以下文中の（　）に入る語句の組み合わせとして、正しいものはどれか。

『消防設備士は、（ア）日以降における最初の（イ）から（ウ）以内に講習を受講し、以後は講習受講後最初の（イ）から（エ）以内ごとに講習を受講しなければならない。』

	ア	イ	ウ	エ
①	消防設備士の業務に従事することになった	4月1日	5年	2年
②	消防設備士の業務に従事することになった	10月1日	2年	5年
③	免状の交付を受けた	4月1日	2年	3年
④	免状の交付を受けた	4月1日	2年	5年

解説 1

🔥01 ✕ →No.28
　　講習の実施者は、都道府県知事だ！間違えないように！

🔥02 ◯ →No.28

🔥03 ④、⑦、⑧ →No.26
　　消防設備士でなければ工事または整備を行うことができない消防用設備等は、資格区分ごとに定められている。そこに記載のないものを選べばよいぞ。気をつけたいのは、資格区分に記載のない消防の用に供する設備（すべり台、放送設備、動力消防ポンプ設備）だ。これらは、それぞれ、避難設備、警報設備、消火設備に該当するぞ。

🔥04 ◯ →No.26
　　乙種第4類消防設備士は整備のみだが、甲種第4類消防設備士は、自動火災報知設備の工事または整備を行うことができるぞ。

🔥05 ✕ →No.26
　　乙種第5類消防設備士は、金属製避難はしごの整備のみ行うことができるぞ。設置工事を行うことができるのは、甲種第5類だ。

🔥06 ◯ →No.26

🔥07 ✕ →No.26
　　甲種第1類消防設備士は、水系消火設備（屋内・屋外消火栓設備、水噴霧

消火設備、スプリンクラー設備）の工事または整備を行うことができるぞ。
なお、漏電火災報知器は、第7類だ。

🔥 08 ③ →No.27
個人情報保護の観点もあるが、多くの受験生が本籍地と混同しているよう
だ。間違えないようにな！

🔥 09 ✕ →No.27
免状の再交付は任意（〜することができる）だ。免状がないと、仕事がで
きないわけだから、汚損・破損のほか、滅失・亡失した資格者は、慌てて
申請するというわけだな。

🔥 10 ◯ →No.27

🔥 11 ✕ →No.27
5年ではなく、10年で書換えだ。

🔥 12 ④ →No.28

問題2

次の文章の正誤、または問いの答えを述べよ。

🔥 13 避難困難者のいる施設で収容人員が10人以上、非特定防火対象物で収容人
員が50人以上の施設には、防火管理者を選任する。

🔥 14 地下街で消防長または消防署長が指定したものには統括防火管理者が必要
だが、準地下街は指定不要で統括防火管理者が必要である。

🔥 15 検定対象機械器具等は、型式承認を受けたもので、かつ、性能評価を受け
たものでなければ、販売目的で陳列することができない。

解説2

🔥 13 ◯ →No.29

🔥 14 ◯ →No.29
統括防火管理者については、地下街は消防長または消防署長の指定した
ものに限るが、準地下街は指定不要だ。間違えないようにしよう！

🔥 15 ✕ →No.30
「型式承認→型式適合検定」の後、型式適合検定に合格したものである旨
の表示（検定合格証）が必要だ。

第6章

第4類に固有の法令を学ぼう!

本章では、第4類に固有の法令を学習するぞ。自動火災報知設備の分類とこれを必要とする防火対象物の区別、毎度おなじみの「原則と例外」といった、細かい内容が出題されているぞ。面積の違いなどは、俺が考案した語呂合わせを繰り返し唱えれば確実に理解できるはずだ！
第4、5章の延長に6章があるんだ！

自動火災報知設備を必要とする防火対象物はコレだ!!

このテーマでは、自動火災報知設備を必要とする防火対象物（4区分）について学習するぞ。試験では毎回1問出題されていて、面積区分の数値違いと、「原則と例外」について、注意して見ていくぞ！！

Step1 図解 目に焼き付けろ！

自動火災報知設備を必要とする防火対象物

①原則：延床面積による設置基準
（特定：300m² ・非特定：500m²）

②の「例外」については表31-3を見てね。

② ①の例外となる延床面積

③階数による分類

3階以上
無窓階
地階

④その他の要件（危険物・指定可燃物）

特に頻出なのは①と②だ！面積の数値を間違える受験生が多いようだが、俺が用意した語呂合わせを使って、イメージしながら覚えるんだ！！

Step2 解説 爆裂に読み込め！

➡ 自動火災報知設備：「名は体を表す」なんだ!!

「一殻学」

君の名前は実に素晴らしい！人はとかく派手で華やかな世界に憧れるものだが、本当に大切なものは「地味」なんだ！一から学ぶ、いい名前じゃないか！

> あ、ありがとうございます！

これから学習する「自動火災報知設備」も同じで、読んで字のごとく、「火災を自動で知らせる（報知する）設備」なんだ。

法令的な文章で説明すると、「火災の発生に伴い発生する煙や熱を感知器が早期に自動感知して、警報ベルなどで建物内にいる人に報せる設備」のことだ。この第6章では、概要を説明するが（第7章以降で個別の規格や基準を学ぶぞ）、自動火災報知設備は、以下の機器で構成されていて、複数の機械が同時に連携しているんだ。

図31-1：自動火災報知設備を構成する機器一覧

各機器の概要は、以下の通りだ。

第6章 第4類に固有の法令を学ぼう！

177

表31-1：自動火災報知設備の各機器

受信機	発信機や感知器からの火災信号（火災が発生した旨の信号のこと）を受信して以下のように作動する。 ①赤色の火災表示灯が点灯 ②主音響装置が鳴動 ③地区表示灯が点灯して、火災の発生区域を表示 ④地区音響装置（ベル）が鳴り、周囲の人に火災の発生を知らせる
発信機	人が火災を発見したときに、ボタンを押して火災信号を受信機に送る。
感知器	火災の発生に伴い発生する煙や熱を感知して、火災信号を受信機に送る。
中継器	発信機や感知器からの火災信号を中継して、受信機に送る。

「機」と「器」の2種類の「き」がありますが、違いは何ですか？

いい気付きだ！見ただけではサラッと流す所だが、第10章（鑑別）の記述問題で筆記する際に間違えないように触れておこう！
自動火災報知設備の心臓部に当たる、受信機と発信機は機械の「機」だ。それ以外は器の「器」になるぞ。

➡ 自動火災報知設備を設置しなければならない4つの「分類」はこれだ！

　では本題だ！自動火災報知設備を設置しなければならない場所の判断は、法令により建物用途や延床面積、階数ごとに細かく規定されているうえ、例外も多くあってかなり複雑なんだ。個別に覚えることも重要だが、ここではざっくりとしたイメージをつかむようにしてほしいぞ！

イメージ…とは？

先ほども説明したが、「自動火災報知設備」は、火災の発生を周囲にいる人達に報せて避難を促すためのものだ。つまり、面積要件にしても、逃げ遅れの発生確率が高い場所（病院や地下街）、消失したら取り返しのつかない場所（重要文化財）等については、面積要件を厳しくしているというわけなんだ。

> 人の多い場所や、高齢者施設、重要文化財。こういった施設ほど、要件が厳しいんですね！

その通りだ。そのイメージを頭に入れておきながら、見ていくぞ！！

①原則（特定防火対象物と非特定防火対象物）の数値は2種類だ！

表31-2：自動火災報知設備設置の面積要件（原則）

特定防火対象物	延床面積300m²以上
非特定防火対象物※	延床面積500m²以上

※：アーケード、山林、舟車を除く

> 非特定防火対象物（500m²以上）の例外として、アーケード、山林、舟車は除かれることに気を付けるんだ！！

② ①の例外は、数値区分に気を付けろ！！

「原則ある所に例外あり！」

これから先、折に触れて伝えていくが試験に出るのは、原則よりも例外だ。この後触れる階数による分類（面積＋階数）も一部混じっているが、まずは次の表を見てくれ！

表31-3：自動火災報知設備の設置（例外）

延べ床面積の要件	防火対象物の種類
全て設置 面積不問	カラオケボックス、マンガ喫茶、旅館・ホテル等、自力避難困難者入所施設、病院・有床診療所、宿泊施設のある社会福祉施設、格納庫、重要文化財
100m²以上	地階又は無窓階にある以下の施設（※） ⇒風俗店、キャバレー、遊技場、料理店
200m²以上	● 蒸気浴場、熱気浴場 ● 地階又は2階以上にある車庫、駐車場（※）
300m²以上	● 地階、無窓階、3階以上10階以下（※） ● 特定用途部を含む複合用途防火対象物
400m²以上	防火対象物内にある通路（屋上は600m²以上で設置）
500m²以上	● 通信機器室 ● 準地下街（特定用途部が300m²以上の場合）
1000m²以上	教会や神社、事務所

※：③の階数による分類でも出てくる（階数+延床面積の両要件のパターン）。

う〜、区分の数値も多いし対象となる防火対象物も細かいな…。

原則+例外（面積不問、200m²以上、300m²以上、500m²以上、1000m²以上）が特に頻出だ。上記5区分を優先して覚えるようにしよう！！なお、下記の語呂合わせで楽々攻略しようじゃないか！！

唱えろ！ゴロあわせ

■自動火災報知設備の設置要件　その1＆2

特 **に** **むっ** **ちりな** **服** **着た女性に、**
特防　　　無窓階　地階　　　複合

父 **さん** **右往** **左往**
10階　3階以上　　　300m²以上
以下

フロ **に** **じ** **じ** **い** **が** **1000人**
蒸気・熱気　200m²　神社　事務所　　　1000m²以上
浴場　　　以上

③階数による分類

　建物の地下や高層階のように、出口が限られている建物ほど逃げ遅れによる重大事故へとつながるから、特に注意を要するんだ。階数＋面積（前項）もあるので、併せて確認しておくんだ！

表31-4：自動火災報知設備の設置（階数による分類）

階数基準の要件	防火対象物の種類
11階以上	すべての建築物（床面積関係なく）
地階、無窓階、3階以上10階以下	階の延床面積300m²以上の階
地階、無窓階	100m²以上のキャバレー、料理店、風俗店、遊技場
2階以上又は地階	200m²以上の駐車場、車庫
特定一階段等防火対象物	該当する場合は、各階に設置

④その他の要件（危険物と指定可燃物）

　最後の要件は、貯蔵又は取扱う危険物・指定可燃物の数量による分類だ。

第6章　第4類に固有の法令を学ぼう！

181

表31-5：自動火災報知設備の設置（その他の要件）

対象となる施設と規制区分
● 指定数量の10倍以上を貯蔵・取扱う危険物施設には、以下の警報設備（5種類のうち1つ）の設置義務が発生する。 ①自動火災報知設備　②消防機関に報知できる電話 ③非常ベル装置　④拡声装置　⑤警鐘 ● 指定可燃物を危険物の規制に関する政令別表第4で定める数量の500倍以上を貯蔵・取扱う建築物

政令別表第4の内容が試験に出ることはないので、ここでは危険物は指定数量の10倍、指定可燃物は定める数量の500倍以上になる時に設置義務があることを覚えておくんだ！！

→ 究極の例外!?設置そのものを省略できる場合とは!?

　このテーマの最後は、最初から設置が免除される場合について見ていくぞ。火災の発生をいち早く知らせるために、設置が厳格な自動火災報知設備だが、建築物であれば何でもかんでも設置しろとなると、建物オーナーのお金がいくらあっても足らなくなってしまう。

　そこでだ！ここでは、自動火災報知設備に代わる設備が建物内に設置されている場合には、その設備によって自動火災報知設備の設置が免除（省略）となる場合を見ていくぞ。
　'非'特定防火対象物の有効範囲内に限り、以下に掲げる設備を技術上の基準に従って設置したとき、自動火災報知設備の設置を省略することができるぞ。

● スプリンクラー設備（閉鎖型スプリンクラーヘッドを用いたもの）
● 泡消火設備
● 水噴霧消火設備

ここで注意すべき点は、以下の2点だ！！

①これは、'非'特定防火対象物を対象とした緩和措置だ！よって、特定防火対象物の場合には、このような緩和措置はないぞ！！

②煙感知器の設置義務のある場所（テーマ33で学ぶぞ）では、問答無用で設置が必要になるぞ！（省略不可だ！）

Step3 暗記 何度も読み返せ！

自動火災報知設備の設置が必要となる防火対象物（延床面積）

☐ 延床面積200m²以上：[蒸気] 浴場、[熱気] 浴場、[地階] 又は [2階] 以上にある車庫又は駐車場

☐ 延床面積 [300] m²以上：特定防火対象物、地階、[無窓階]、[3階] 以上 [10階] 以下の建物

☐ 延床面積500m²以上：[非特定防火対象物]、[通信機器室]

☐ 延床面積1000m²以上：[神社]、[事務所]

☐ 延床面積 [不問]：カラオケボックス、旅館、重要文化財、格納庫など

自動火災報知設備の設置が必要となる防火対象物（その他）

☐ [危険物] を指定数量の [10] 倍以上貯蔵・取扱う施設、[指定可燃物] を政令別表第4で定める数量の [500] 倍以上貯蔵・取扱う施設

☐ [非特定防火対象物] の有効範囲内の部分に限り、スプリンクラー設備をはじめとする [水系消火設備] を技術上の基準に従って設置したときは、自動火災報知設備の設置を省略することができる。

第6章 第4類に固有の法令を学ぼう！

183

No. 32 /64

「原則と例外」が大事！警戒区域を学ぼう！

このテーマでは、自動火災報知設備の警戒区域について学習するぞ！定義そのものが問われることもあるので、油断せずにしっかり取り組むんだ！なお、似た言葉で「感知区域」というのがあるが、別物だぞ！

Step1 図解 目に焼き付けろ！

自動火災報知設備の警戒区域の規定

[原則]

- 2以上の階にわたらない（1フロア）
- 延床面積600m²以下で1辺は50m以下

[例外]

- 2の階にわたってもよい場合
- 1000m²以下でもOKの場合
- 1辺100mでもOKの場合
- 煙感知器の場合

これらの場合に例外がある！

試験に出るのは、原則と例外。いつの時代も、試験問題はこの関係性なんだ！なお、例外についてはイラストを見てイメージをつかむんだ！！

Step2 解説 爆裂に読み込め！

➡ 警戒区域と感知区域、その違いに要注意だ!!

　自動火災報知設備の役割は、火災の発生を周囲にいる人に報せることだが、どのエリア（場所）で火災が発生したのかを設備が正しく識別して表示ができないと、特に大きな施設では初期対応に遅れを来してしまうよな。

> 何事も最初が肝心、初動対応の遅れはよくありませんね！

　そこで設定されるのが、**警戒区域**というわけだ。これは、「**火災の発生した区域を他の区域と区別して識別することができる最小単位の区域**」のことで、自動火災報知設備では、この警戒区域ごとに感知器の回路を引くことになっているんだ。こうすることで、火災表示信号を受信機が受信したときに、どの回線から発信されたかを調べれば、どの警戒区域で火災発生したのか分かるという仕組みなんだ。

　なお、似た言葉で、多くの受験生が混同するのが「警戒区域」と「感知区域」だ。両方の言葉の意味を以下に記すから、間違えないようにな！！

警戒区域：他の区域と対象となる区域を区別するために設けるもの
感知区域：感知器が有効に感知すると思われる範囲を区切るために設けるもの

> 似ているけど、読むと全く別物ですね！定義そのものが問われるとのことなので、気を付けて覚えておきます！！

➡ 警戒区域の設定は、原則と例外をビジュアルで覚えろ!!

　このテーマのメインである警戒区域について学習するぞ！定義そのものを問う問題も出題されているので、上記で確認しておくんだ！

第
6
章

第4類に固有の法令を学ぼう！

では、以降原則と例外について、分けて見ていくぞ！！

◆警戒区域の原則は2要件だ！！

【原則】
①防火対象物の2以上の階にわたらないこと（1フロアで1警戒区域）
②1つの警戒区域の面積は600m²以下で、一辺の長さは50m以下であること

①原則、防火対象物については2以上の階にわたって警戒区域を設定しない。

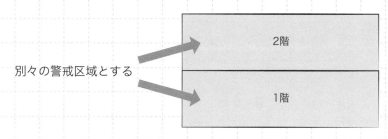

図32-1：警戒区域の原則①

②一の警戒区域の面積は600m²以下で、一辺の長さは50m以下とする。

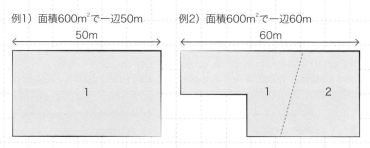

図32-2：警戒区域の原則②

図32-2を見ると、例1は一辺の長さ50m以下で面積600m²以下なので1つの警戒区域となっていますね！

その通りだ。一方、例2は、一辺の長さが60mとなっているので、原則の要件を満たしていない。一辺の長さが50m以下となるように警戒区域を設定する必要があるので、この場合警戒区域は2区域となるんだ。

◆警戒区域の例外：4要件はビジュアルで覚えるんだ！！

【例外】
①2以上の階にわたる場合でも、その合計面積が500m²以下の場合は、複数のフロアを1つの警戒区域とすることができる
②たて穴区画に設ける場合　〈パターン多く頻出だ！！〉
③主要な出入り口から中を見通せる場合、延床面積を1000m²以下とすることができる。
④光電式分離型感知器を設置する場合は、一辺の長さは100m以下とすることができる。

 原則規定①の例外規定が、例外の①と②になるんだ。言葉で読むよりも、実際にイラストでイメージをつかむようにするんだ！！

①2つ以上の階にわたってその床面積合計が500m²以下の場合、警戒区域を2つの階にわたって設定することができる！

 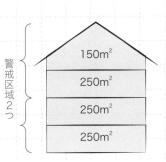

合計面積が500m²以下なので一の警戒区域とする

2階　250m²
1階　250m²

警戒区域2つ
150m²
250m²
250m²
250m²

図32-3：警戒区域の例外1

 図32-3の左の場合、1階と2階を1つの警戒区域とすることができるんですね！

第6章　第4類に固有の法令を学ぼう！

もう1つの例外として、図32-3の右のような屋根裏部屋がある場合には、その直下階と一体のものとして警戒区域を設定することができるぞ。

　図を見ると、3階の上にある150m^{2}の屋根裏部屋は、直下階である250m^{2}の3階と同じ警戒区域に設定されているのが分かるはずだ。

 警戒区域の設定に当たっては、階下から階上へ、最後にたて穴区画（後述するぞ）の順に番号を振るぞ！これは製図（第11章）で必要な知識になるから、甲種を受験する人は必ず覚えておくようにな！！

②パターンの多いたて穴区画は高さと地下に要注意だ！

　まずは言葉の定義に触れておくぞ。読んで字の通り、縦方向に造られている区画部分を**たて穴区画**といい、主なものとして、階段や傾斜路、エレベーターの昇降路、リネンシュートやパイプダクト等のほか、これらに類するものが該当するんだ。

 たて穴区画の例外要件は主なものとして以下の4パターンある。一度で覚えようとせず、少しずつ覚えていこう！なお、以下出題頻度の高い順に紹介しているぞ。

（1）階段やエレベーターの場合は、例外として1つの警戒区域に設定するぞ。

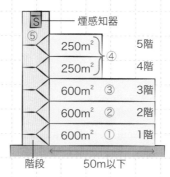

図32-4：たて穴区画の例外要件1

図32-4から分かるように、階段は下から上までの全てで一警戒区域としているぞ。各フロアについては、これまで見てきた原則規定と例外規定に基づいて、警戒区域を設定しているのが分かるはずだ！

　階下から階上へ、最後にたて穴区画に番号を振るんだ。赤字の〇数字が警戒区域だぞ！

(2) 階段については、地下1階までは地上階部分と同じ警戒区域に設定することができるぞ（図32-5）。ただし、地階が2以上となる場合（図32-6）は、地上部分と地階部分を別の警戒区域に設定するんだ！！

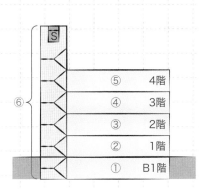

図32-5：たて穴区画の例外要件2　　図32-6：たて穴区画の例外要件3

(3) 階数の多い高層建築物では、地上からの高さを45mごとに区切って警戒区域を設定するぞ。

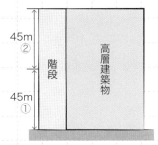

図32-7：たて穴区画の例外要件4

第6章 第4類に固有の法令を学ぼう！

（4）水平距離で50m以下の範囲内に
　　ある複数の階段やエレベーター昇
　　降路などは、これらをまとめて一
　　つの警戒区域に設定するぞ。

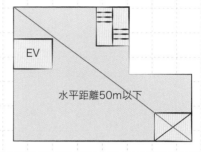

図32-8：たて穴区画の例外要件5

　（4）で「水平距離」というのが出てきたが、距離には、「歩行距離」と「水
平距離」があるんだ。「**歩行距離**」とは、障害物を考慮した実際の距離（徒歩距
離ともいう）のことだ。

「駅徒歩○分」というやつも、確か徒歩距離でしたよね？

　その通りだ。一方、「**水平距離**」
とは、障害物などを一切考慮しない
理論上の最短距離（円でいえば半径
に相当）のことだ。

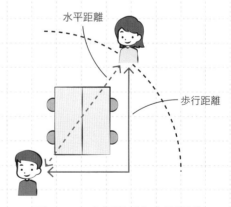

図32-9：歩行距離と水平距離

➡ 警戒区域設定についての注意事項

　このテーマの最後は、警戒区域の面積算出及び区域設定に当たっての基準を
見ていくぞ。以下の通り3つあるんだ。

- 面積の算出は、感知器設置が免除される場所（便所、浴室及びシャワー室）も含めて算出すること。
- 開放された階段や廊下、ベランダ部分は床面積に算定されないので、警戒区域の面積に含めない。
- 警戒区域を設定したら、これまでの図で示したように①、②、③、…と番号を振っていく。原則階下から階上へ、また受信機に近い箇所から遠くへと順に付していくこと。先ずは各部屋（階）ごとに振り、最後にたて穴区画とすること。

製図問題の出題がある甲種受験者は、警戒区域の設定及び面積算定の知識は問題を解く上で必須となるから、必ず覚えておくんだ！なお、乙種受験者は製図がないので知識として押さえればOK、サラッとチェックだ！

Step3 暗記　何度も読み返せ！

☐ [感知区域]：感知器が有効に感知すると思われる範囲を区切るために設ける

☐ [警戒区域]：火災の発生した区域を他の区域と区別して識別することができる最小単位の区域

☐ 警戒区域を設定する場合、原則と例外は以下の通りである。

原則	例外
[2] 以上の階にわたらないこと	合計延床面積が [500] m² 以下の場合、2以上の階にわたって設定可能
延床面積 [600] m² 以下であること	主要な出入口から中を見通せる場合は、延床面積 [1000] m² 以下
一辺の長さは [50] m 以下であること	[光電式分離型感知器] を設置する場合、一辺の長さは [100] m 以下

第6章　第4類に固有の法令を学ぼう！

感知器の分類と設置基準を学ぼう！

このテーマでは、自動火災報知設備の感知器について学習するぞ！機器の特徴や分類は第7章以降で詳しく学習するから、ここでは法令的な視点での出題項目（高さによる分類、設置の可否など）をチェックしていくぞ！

Step1 図解 ▶ 目に焼き付けろ！

（感知器の種別）

感知器
├─ 熱感知器
├─ 煙感知器
└─ 炎感知器

（設置基準）

- 設置場所に関する基準（取付面の高さ）
- その他の基準
  ① 煙感知器が必須の場所
  ② 炎感知器しか取り付けられない場所

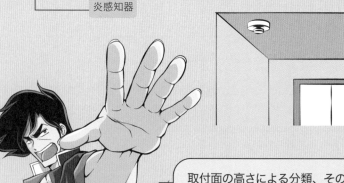

取付面の高さによる分類、その他の基準2項目ともに、俺が用意した語呂合わせで確実にクリアーできるぞ！繰り返し呪文のように唱えるんだ！！

Step2 解説 爆裂に読み込め！

→ 火災の発生を機械が報せてくれる！それが感知器だ!!

君が火事を見かけたら大声で助けを呼ぶだろ。だが、人がいない場所で火事が起きたらどうなる？それを知らせてくれる機械があればいいと思わないか？

その役割を担うのが、**感知器**なんだ！法的にいうと、「火災に伴い生ずる熱や煙、又は炎を利用して自動的に火災の発生を感知し、**火災信号又は火災情報信号**（火災の程度を報せる信号）を受信機若しくは中継器又は消火設備等に発信するもの」を言うんだ。

感知器は、感知するもの（熱・煙・炎）で以下3種類に分類されるぞ。

表33-1：感知器

区分（感知するもの）	種類	
熱感知器	● 差動式スポット型（1種・2種） ● 差動式分布型（1種・2種・3種） ● 定温式（特種・1種・2種） ● 補償式（1種・2種） ● 熱複合式 ● 熱アナログ式	● 空気管式 ● 熱電対式 ● 熱半導体式
煙感知器	● イオン型式スポット型（1種・2種・3種） ● 光電式スポット型（1種・2種・3種） ● 光電式分離型（1種・2種） ● 煙複合式スポット型 ● イオン化アナログ式スポット型 ● 光電アナログ式（スポット型・分離型）	
炎感知器	● 紫外線式スポット型 ● 赤外線式スポット型	

明日の夢、叶えるのは今日の自分！

（1） 感度の違いで、ワン・ツー・スリー！！

　感知器は、反応感度（どれだけ繊細に火災を感知するのか？）の違いで、特種・1種・2種・3種といった形で分類されるんだ。感知器の種類によって特種〜2種のもの、1種〜2種あるいは3種のものと分かれているぞ。感度の良い順に、特種＞1種＞2種＞3種になっているぞ。

（2） 定義の読み違えに注意！差動式と定温式

　熱感知器は、差動式と定温式の2種類に分かれるが、これを混同する受験生がかなりいるから要注意だ！差動式は、周囲の温度上昇率が一定値以上（例：30℃以上上昇したら）になると作動する感知器だ。一方の定温式は、周囲温度があらかじめ設定した値以上（例：70℃）になると作動する感知器なんだ。

（3） 一局所を感知するか、広範囲を感知するか

　読んで字のごとく、感知器を取り付けた周囲の一局所だけを感知するのがスポット型、広範囲を感知するのが分布型だ。建物内の天井でよく見かけるのは、スポット型だ！君の周りにもあるはずだ、探してみよう。

　試験では、法令の文言（定義）を示して、どの感知器かを問う問題も出題されているから、上記定義を必ず覚えておくんだ！！

　差動式：温度上昇率（温度変化）を感知、定温式：設定した温度（一定温度）を感知、ですね！！

➡ 感知器：取付不要＆取付義務アリの場所の「違い」を極めよ!!

　詳細は次章で見ていくが、感知器の設置場所については、感知器及び場所ごとに細かく規定されているんだ。法令の部分では、ざっくりとした要点をつかむことを重視するため、設置しなくてもよい場所と設置が限定されるものを中心に見ていくぞ！

（1）頻出！炎感知器しか設置できない場所は、この2箇所だ！！

　炎感知器しか取り付けることができない限定的な場所が以下2箇所だ。これは、必ず覚えておくんだ！！

- 感知器の取付面高さが20m以上の場合（その他の感知器は設置不可）
- 上屋その他外部の気流が流通する場所（立体駐車場など）で、感知器によっては火災の発生を有効に感知することができない場所

（2）感知器の設置が免除されるのは、この3箇所だ！！

　感知器の取付が免除（不要）となる場所は、以下3箇所だ。3つ目の要件はテーマ31で学習済だ。忘れていたら、ここで再度チェックしておくんだ！

- 主要構造部を耐火構造とした建築物の天井裏部分（高さ制限無）
- 天井裏で、その天井と上階の床との間が0.5m未満の場所（木造等）

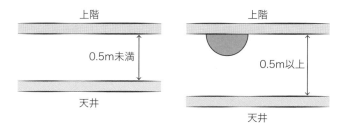

図33-1：感知器の設置の免除

- スプリンクラーヘッドを用いたスプリンクラー設備か水噴霧消火設備または泡消火設備のいずれかを設置した場合におけるその有効範囲内の部分（非特定防火対象物に限定）

耐火構造（コンクリート等）の場合は、無条件で感知器の設置が不要となるんだ。一方、木造の場合（2つ目の要件）は図を見ると分かるように、0.5m未満は不要だが、0.5m以上となると感知器の設置が必要になるぞ！

➡️ 煙感知器を必ず設置する場所、語呂合わせで攻略せよ！

煙感知器を必ず設置しなければならない場所は試験で頻出だ。併せて、煙感知器の代わりに設置できる感知器もチェックしておくんだ！

表33-2：煙感知器を必ず設置しなければならない場所

	感知器の設置場所	感知器の種別		
		煙	熱煙	炎
①	たて穴区画（階段、傾斜路、エレベーターの昇降路、リネンシュート、パイプダクトなど）	○		
②	カラオケボックス	○	○	
③	通路（※）及び廊下	○	○	
④	11階以上の階、地階、無窓階（特定防火対象物及び事務所などに限る）	○	○	○
⑤	感知器の取付面の高さが15m以上20m未満の場所	○	○	○

※の通路は、以下の建物内の通路を意味する。
- 特定防火対象物
- 寄宿舎、下宿、共同住宅
- 公衆浴場
- 工場、作業場、映画スタジオ等
- 事務所等

> 学校や図書館の廊下は設置対象ではないので、要注意だ！引っ掛け問題での出題が多いところなのだ！！

唱えろ！ ゴロあわせ

■煙感知器の設置が必須の場所とは？

たて　に　絡　んだ　ツル（ろ）で
たて穴　　　カラオケ　　　　通路　廊下

いい　ムチ　ケム（困）った
11階　無窓階　地階　煙

■煙感知器の代わりに設置できる感知器とは？

熱血漢　が　特定　の
熱煙　　　　　特定防火

いい　つ　ち　から　表れむ（る）
11階　通路　地階　カラオケ　　無窓階

➡ 取付面の高さで、設置できる感知器を分類せよ！

このテーマの最後は、取付面の高さによる分類だ。試験では、毎回のように出題されている分野だ。以下の表とゴロ合わせで攻略するんだ！！

唱えろ！ **ゴロあわせ**

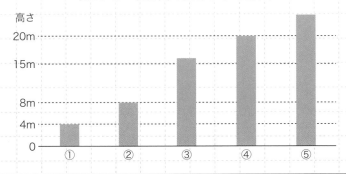

表33-3：取付面の高さによる分類

表の グループ	取付面の高さ	取付感知器の種別	
①	〜4m未満	熱感知器 煙感知器（すべて3種）	定温式スポット型（2種） 光電式スポット型 イオン化式スポット型
②	〜8m未満	熱感知器 （差動式と補償式は1・2種）	差動式スポット型 補償式スポット型 定温式スポット型（特・1種）
③	〜15m未満	熱感知器 煙感知器（全て2種）	差動式分布型（1・2種） 光電式スポット型 イオン化式スポット型 光電式分離型
④	〜20m未満	煙検知器（全て1種）	光電式スポット型 イオン化式スポット型 光電式分離型
⑤	20m以上〜	炎感知器	紫外線式スポット型 赤外線式スポット型

表及び語呂合わせで攻略するコツは次の通りだ！
・20m以上の取付高さで設置できるのは、炎感知器のみだ！
・取付面の高さは、炎感知器（⑤）以外は、すべて「未満」だ！
・語呂合わせで出てくる「さ」は、先が差動式スポット型、後が差動式分布型だ！
・高い位置に取り付けられる＝それだけ感度が良いということなので、低い取付面の高さから3種→2種→1種（場合によっては特種）となるぞ。

　感知器の取付面の限界高さは、覚えるだけで確実に1点取れるんだ！ゴロ合わせを繰返し唱えて、確実に覚えてくれ！その努力は君を裏切らない！

Step3 暗記　何度も読み返せ！

感知器の作動原理について
- ☐ ［定温式］：設定した温度以上になると作動する感知器
- ☐ ［差動式］：温度上昇率を感知して作動する感知器

炎感知器を設置することができる場所について
- ☐ 取付面の高さが［20m］以上の場所
- ☐ 上屋その他外部の気流が流通する場所（［立体駐車場］など）で、感知器によっては火災の発生を有効に感知することができない場所

重要度：🔥🔥🔥

No. 34 /64 受信機の分類と設置基準を学ぼう！

このテーマでは、自動火災報知設備の心臓部である受信機について学習するぞ。受信機は、接続する感知器回路の回線数によって分類されるんだ。試験に出題される2つの要点に絞ってチェックするぞ！！

Step1 図解 目に焼き付けろ！

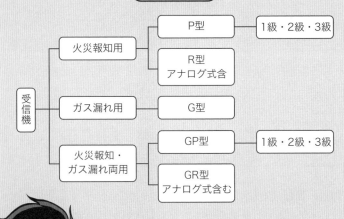

（受信機の分類）

受信機

- 火災報知用
  - P型 ─ 1級・2級・3級
  - R型 アナログ式含
- ガス漏れ用
  - G型
- 火災報知・ガス漏れ両用
  - GP型 ─ 1級・2級・3級
  - GR型 アナログ式含む

ここの要点は以下の2つだ。

①1つの防火対象物に設置することができる受信機の数

②設置に関しての面積制限と受信機の設置高さ

Step2 解説 爆裂に読み込め！

→ 接続回線数で受信機を分類するんだ!!

Step1図解にあるP型やG型、GP型等の細かい分類は、第8章以降で学習するので、ここでは法令的な視点で受信機について学習を進めるぞ。

受信機は、接続できる感知器回路の回線数に応じて、以下3通りに分類することができるんだ。

表34-1：受信機の分類

種別	接続回線数
1級	制限なし
2級	5回線以下
3級	1回線のみ

受信機の分類設置基準については、以下の通り定められている（概要）。

①受信機本体は、防災センターなどに設けること（管理人室などだ）。
②受信機本体の操作スイッチは、床面から0.8m以上（いすに座って操作するものは0.6m以上）1.5m以下の高さに設けること。
③受信機は、感知器や中継器又は発信機が作動した場合に、それらの警戒区域を連動して表示できること。
④一つの防火対象物に2以上の受信機が設けられているときは、これらの受信機相互の間で同時通話ができる装置を設けること。
⑤一つの防火対象物に設置可能な受信機の数は、以下の通り。原則、多回線のP型1級受信機以外は2台までとなる（3台以上設置できるのは多回線のP型1級のみだ）。

3台以上設置することができる	P型1級受信機（多回線）
2台しか設置できない	P型1級受信機（1回線） P型2級受信機 P型3級受信機

⑥以下記載の受信機2種類については、記載の延床面積以下の防火対象物にしか設置することができない。

P型2級受信機（1回線）	350m²以下
P型3級受信機	150m²以下

⑦受信機傍には、警戒区域一覧図を備えること。また、アナログ式受信機（又は中継器）の場合、表示温度等設定一覧図（注意表示や火災表示の際に設定した温度の一覧）を付近に備え置くこと。

⑧受信機に付属する主音響装置又は建物の各階に設置される副音響装置の音圧や音色は、他の警報音や騒音などと明らかに区別して聞き取れること。

覚えることは多いですが、設置高さなどは実際に大人が操作できる高さだと思えば理解できますね。

Step3 暗記 何度も読み返せ！

☐ P型受信機に接続することができる感知器回路の回線数は以下の通りである。
1級：［制限なし］　2級：［5］回線以下　3級：［1回線のみ］

☐ 以下記載の受信機は、規定の延床面積以下の防火対象物にしか設置することができない。
1回線のP型2級受信機：［350］m²以下
P型3級受信機：［150］m²以下

No. 35 /64 イラストで理解！ 音響装置の原則と例外とは?!

このテーマでは、地区音響装置について学習するぞ！原則は全館一斉鳴動方式とするが、試験に出るのは例外となる区分鳴動方式となる場合だ。図解を中心に、試験に頻出の3ポイントに絞ってチェックするんだ！！

Step1 図解 目に焼き付けろ！

地区音響装置

原則 全館一斉鳴動

例外 区分鳴動

┌ 原則：出火階+直上階

└ 例外 ⇒出火階が1階または地階の場合、
　　　　原則＋地階全部（出火階以外）も鳴動

よくでる

⇒鳴動制限のある建物の要件
　地階除く5階以上で延床面積3000m²超

上記を参考に次の3点を特に意識してチェックするぞ！
①区分鳴動とする場合の建物規模要件
②区分鳴動とする場合に出火階以外で鳴動させる階の関係
③区分鳴動から全館一斉鳴動に切り替わった場合の2つの要因

Step2 解説 爆裂に読み込め!

→ 原則と例外、地区音響装置はそれが重要なんだ!!

　建物内に居る人に火災の発生を報せる非常ベルやサイレンなどが音響装置で、このうち受信機に内蔵されているものを主音響装置、建物の各階に設置されているのが地区音響装置だ。ここでは、地区音響装置について学習するぞ!まずは基本となる規定からチェックするぞ。

①音響装置の中心から1m離れた位置において、騒音計で90dB以上となること（ただし、音声により警報を発する場合は92dB以上であること）。
②地区音響装置は階段や傾斜路に設けるものを除き、感知器の作動と連動して作動する全館一斉鳴動方式を原則とする。
③以下記載の大規模防火対象物に該当する場合、区分鳴動方式とすること。

地階を除いた階数	延床面積
5以上	3000m²超

区分鳴動とする大規模防火対象物の要件は、両方を満たす必要があるぞ。

原則は全館一斉鳴動だけど、上記2要件に該当する建物は、区分鳴動方式にするんですね!

表35-1：区分鳴動の原則と例外

原則	出火階とその直上階のみ鳴動
出火階が1階または地階の場合	原則+地階全部（出火階以外）も鳴動

　これまでも何度か出ているが、試験に出るのは原則と例外の関係性なんだ。

204

特に区分鳴動における音響鳴動の階の違いは、見るよりもイラストで見た方が分かりやすいから下図を見てくれ！

							出火階	鳴動階
4階	○							
3階	🔥	○					3階	3階+4階
2階		🔥	○				2階	2階+3階
1階			🔥	○			1階	1・2階+地階全部
B1階			○	🔥	○	○	B1階	1階+地階全部
B2階			○	○	🔥	○	B2階	地階全部
B3階			○	○	○	🔥	B3階	地階全部

🔥：出火階　○：鳴動階

図35-1：区分鳴動における音響鳴動の階の違い

　赤色破線で囲まれた3階と2階が出火階となる場合は、原則パターンになるので、それぞれ出火階と直上階について鳴動すればOKなんだ。問題は例外となる黒色破線で囲った場合で、いくつかのパターンが生じるんだ。

　例えば、1階で出火した場合は、階上の2階と地階全部が対象になっているが、地下2階・3階で出火した場合は地階全部が鳴動対象だが、地上階は対象ではなくなるんだ！

> 本当だ！文章読むだけだと分かりづらいけど、イラストや表にするといっていることが分かりやすいですね！！

➡ 区分鳴動から一斉鳴動に切り替わった→何故か!?

　このテーマの最後は、第10章（鑑別等）で問われる内容なんだが、理由を記述させる問題で出題されたことがあるのでここで触れておくぞ。

　前ページで触れた区分鳴動の対象となる大規模防火対象物の場合には、原則区分鳴動とする必要があるが、以下の場合には、区分鳴動から全館一斉鳴動へ

と移行するように措置されているんだ。この移行した理由を、覚えておこう！
以下2つだ！

①新たな火災信号を受信したとき
②一定時間が経過したとき

区分鳴動の原則と例外（鳴動階）は、問題を解きながら慣れれば大丈夫だぞ！ポイントは、ただ闇雲に解くのではなく、『○○だから、□□で、△△が正解だ！』というように、理由をしっかりと考えて答えるようにするといいぞ！

英語でいう「Why～？」⇒「Because～」の流れですね！

Step3 暗記 何度も読み返せ！

☐ 地区音響装置の音圧は、音響装置の中心から［1m］離れた位置において、騒音計で［90dB］以上となること。ただし、音声により警報を発する場合は、［92dB］以上であること。

☐ 地区音響装置は原則［全館一斉鳴動］を原則とする。ただし、以下の要件に該当する大規模防火対象物については［区分鳴動］とする。
⇒［地階］を除く階数が［5］以上で延床面積が［3000］m²超

☐ 区分鳴動では、原則［出火階］と［直上階］を鳴動対象とするが、例外として、出火階が［1階］又は［地階］の場合は、原則の鳴動対象にプラスして［地階全て］も鳴動させなければならない。

違いが重要！　ガス漏れ火災警報設備とは？

このテーマでは、ガス漏れ火災警報設備について学習するぞ！設置する場所は全て地下で、延床面積1000m²以上を基準に＋αの部分を見ていけばOKだ！テーマ32で学習した警戒区域と文言は少し変わるが数値は同じだ！

Step1 図解 ▶ 目に焼き付けろ！

ガス漏れ火災警報設備の設置義務となる防火対象物

①地下街
　延べ面積1000m²以上
②特定防火対象物の地階
　床面積の合計が1000m²以上
③準地下街
　延べ面積1000m²以上かつ特定用途部分の床面積の合計
　が500m²以上
④特定用途部を有する複合用途防火対象物の地階
　床面積の合計が1000m²以上かつ特定用途部分の床面積
　の合計が500m²以上
⑤温泉採取設備のあるもの（面積不問）

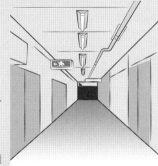

試験では、ガス漏れ火災警報設備とこの後学習する消防機関へ通報する火災報知設備のどちらかが出題されているぞ！なお、出題頻度が高いのは圧倒的にガス漏れ火災警報設備だ！

爆裂に読み込め!

→ ガス漏れ火災警報設備の設置義務がある場所は!?

　配管等の劣化により、燃料ガス又は自然発生する可燃性ガスが漏れ出ることがあるんだ。これを検知して、防火対象物の中にいる人に報せるための設備が、**ガス漏れ火災警報設備**なんだ。その設置が義務付けられているのは、基本的には地下に限定されているぞ!

　地下はガスが滞留しやすいですし、漏れ出ると逃げ遅れも生じやすいでから、特に気を付けないとですね!

表36-1：ガス漏れ火災警報設備の設置義務のある防火対象物

設置義務の生じる面積	防火対象物の種類
すべて（面積不問）	● 温泉採取設備のあるもの
床面積1000m²以上 （地下街は延床面積）	● 地下街 ● 特定防火対象物の地階
延床面積1000m²以上かつ特定用途部が500m²以上	● 準地下街 ● 特定用途部を有する複合用途防火対象物

　基本は1000m²以上を基準としているが、準地下街と特定用途部を有する複合用途防火対象物については、床面積の要件に＋特定用途部が500m²以上というのが追加されているぞ、気を付けるように!

　温泉採取設備のあるものは面積不問なんですね、これも気を付けます!

➡ 警戒区域の設定は、これまでと同じなんだ!

　このテーマの最後は、ガス漏れ火災警報設備の警戒区域について見ていくぞ。テーマ32で学習した自動火災報知設備の警戒区域と基本は同じになるぞ（表36-1のうち3以外は同じ）。

　「ガス漏れの発生した区域を他の区域と区別して識別することができる最小単位の区域」のことで、警戒区域に関する基準は、以下の通りだ。

表36-2：警戒区域に関する基準

	原則規定	例外規定
1	警戒区域については、防火対象物の2以上の階にわたらないこと。	一の警戒区域の床面積が500m²以下で、かつ、当該警戒区域が防火対象物の2つの階にわたる場合は、一の警戒区域とする。
2	一の警戒区域の面積は、600m²以下で一辺の長さは50m以下を目安にする。	警戒区域内のガス漏れ火災警報設備が通路の中央から容易に見通せる場合は、一の警戒区域の面積を1000m²以下に設定できる。
3	貫通部に設ける検知器に係る警戒区域については、他の検知器に係る警戒区域と区別すること。	

Step3 暗記　何度も読み返せ!

☐ 地下街及び特定防火対象物の地階は、床面積 [1000] m²以上、準地下街及び特定用途部を有する複合用途防火対象物は床面積 [1000] m²以上でかつ [特定用途部] が500m²以上、[温泉採取設備] のあるものは面積不問で、ガス漏れ火災警報設備を設置しなければならない。

重要度： 🔥🔥🔥

例外が大事!消防機関へ通報する火災報知設備とは?

4類に特有の法令もこのテーマで最後だ!このテーマでは、消防機関へ通報する火災報知設備(電話のようなもの)について学習するぞ!設備そのものについてはざっくりと見て、設置基準(省略の可否)を中心に見ていくぞ!

Step1 図解 目に焼き付けろ!

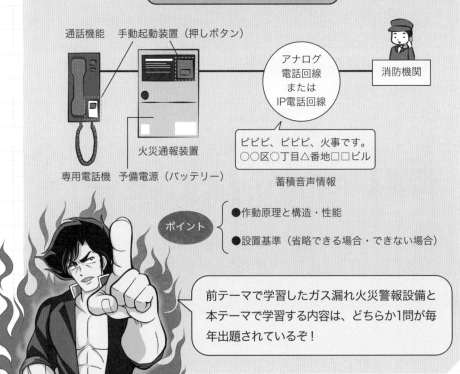

消防機関へ通報する火災報知設備

通話機能　手動起動装置(押しボタン)

アナログ電話回線またはIP電話回線

消防機関

火災通報装置

専用電話機　予備電源(バッテリー)

ピピピ、ピピピ、火事です。
○○区○丁目△番地□□ビル

蓄積音声情報

ポイント
- ●作動原理と構造・性能
- ●設置基準(省略できる場合・できない場合)

前テーマで学習したガス漏れ火災警報設備と本テーマで学習する内容は、どちらか1問が毎年出題されているぞ!

Step2 解説 爆裂に読み込め！

→ どんな原理で、どう作動するのか？

想像してごらん。

「君は今、目の前で火事が発生している現場に遭遇した！速やかに119番（110番じゃないぞ）に電話して、火事の状況や発生場所の住所などを冷静に伝えて、消防機関への出動要請をしなければならない。」

目の前では火の手が燃え広がろうとしている。火事を目の前にして、冷静に正確な情報を伝えることができるだろうか？

> きっと焦って、テンパって、平時は当たり前にできることも、できなそうです…。

そういう時のためにあるのが、ここで学習する**消防機関へ通報する火災報知設備**なんだ。これは、手動起動装置（押しボタン）を押せば、自動で消防機関（119番）に通報され、あらかじめ録音されていた蓄積音声情報を発信して、火災を報せることができる設備なんだ（Step1の図解参照）。

現在生産されているのは**火災通報装置**で、これは押しボタンの操作によって消防機関に通報ができるもので、多くの場合建物の防災センター（警備員室や管理人室など）に設置されているぞ。なお、構成部品の機能は以下の通りだ。

第**6**章

第4類に固有の法令を学ぼう！

表37-1：火災通報装置の構成部品

手動起動装置 （押しボタン）	消防機関へ通報する押しボタンで、専用電話機と火災通報装置の両方にある。
蓄積音声情報	通報信号音に続いて、建物所在地や電話番号などのあらかじめ録音した音声情報が自動で送信される。
通話機能	消防機関と電話回線で通話する（通常は押しボタンを押した後に確認の連絡が入る）。
予備電源	詳細は第9章で触れるが、常用電源が停電したときに自動的に予備電源に切り替わり、常用電源が復旧すると自動的に常用電源に切り替わる。※停電しても単体で機能するということ。

➡ 設置が必要となる、「例外」が大事なんだ!!

　押しボタンのプッシュで消防機関に通報できるのは、とても便利だが、今では誰もが当たり前のように携帯電話を持っているよな。つまり、火災通報装置がなくても、携帯電話があれば、誰でも簡単に119番をコールできるので、昔に比べて、火災通報装置の必要性は低くなっているんだ。

> 電話が貴重だった時代では、きっと重宝したんでしょうね。

　その通り、時代の流れだな。というわけで、現在はほとんどの防火対象物で、**119番に通じる電話を設置**していれば、消防機関へ通報する火災報知設備を設置しなくてもよいことになっているんだ！

　ただし、これは原則の話だぞ。そう、試験に出るのはいつでも例外だ。不特定多数の人がいる施設や逃げ遅れる懸念のある人が常在する施設では、通報の遅れによって重大事故につながる可能性があるので、電話の有無に関係なく、以下の面積要件に応じて消防機関へ通報する火災報知設備を設置する必要があるぞ。

表37-2：火災通報装置設置の原則と例外

原則	消防機関に通報できる電話があれば、消防機関へ通報する火災報知設備の設置を省略できる（ほとんどの場合）。
例外	以下記載の防火対象物については、電話を設置していても消防機関へ通報する火災報知設備を設置する必要がある。 （1）面積要件不問、必ず設置！⇒さらに特別な規定あり。 ● 自力避難困難者入所施設 ● 病院及び有床診療所 （2）延床面積500m²以上の場合に設置！ ● 旅館、ホテル等 ● 無床診療所 ● （1）以外の社会福祉施設（幼稚園を除く！！）

延床面積500m²以上の要件の、「幼稚園を除く」に気を付けろ！

➡ 原則と例外：特別な規定とは!?

このテーマの最後は、先ほどの表に記載がある「特別な規定」を掘り下げて見ていくぞ。自力避難困難者入所施設や病院では、延床面積に関係なく火災通報装置の設置義務があることは、もう理解できたはずだ。更に特別な規定。それは、自動火災報知設備（感知器）の作動と連動して、火災通報装置が起動する機能を有している必要があるんだ（原則）。

感知器の作動と一緒に、消防機関へ通報されれば、確かに合理的ですね！

その通りだ、でもこれは原則の話。そう、例外があるんだ。自動火災報知設備の受信機もしくは火災通報装置が常時人のいる室（防災センターまたは管理人室）に設置されている場合は、この連動機能は不要になるぞ。

表37-3：自力避難困難者入所施設及び病院における特別規定

原則	自動火災報知設備の感知器の作動と連動して、火災通報装置が起動する機能を有していること。
例外	常時人のいる室（防災センターまたは管理人室など）に設置されるものについては、連動起動機能を有していなくてもよい。

➡ 機械接続の順は、ゴロ合わせで攻略せよ!

　このテーマの最後は、過去に出題履歴がある火災通報装置の接続について見ていくぞ。火災通報装置は、**構内交換機の一次側に設置する**必要があるんだ。構内交換機（PBX）とは、内線と外線を結んだり、内線同士を接続する電話交換機のことだ。

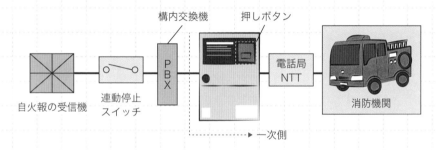

図37-1：火災通報装置は一次側に設置する

　よって、①受信機→②連動停止スイッチ（PBX）→③火災通報装置→④消防機関という順番で接続するということだ。

唱えろ！ゴロあわせ

■火災通報装置の接続順

柔道　　　連　盟　　　　の
①受信機　②連続停止スイッチ

通　称
③通報装置　④消防機関

 4類に特有の法令の内容は、この後の構造・機能においても出題の可能性があるぞ。相互に関連しているので、この後の学習の際に「法令ではどうだったかな？」という視点で見ていくと、理解が深まりやすくなるぞ！！

第6章　第4類に固有の法令を学ぼう！

Step3 暗記 何度も読み返せ！

□ 延床面積に関係なく、火災通報装置の設置が必要な防火対象物
① ［自力避難困難者］入所施設
② ［病院］及び［有床診療所］

問題 1

次の文章の正誤、または問いの答えを述べよ。

🔥01 延床面積に関係なく、自動火災報知設備を設置しなければならない防火対象
物は、次のうちどれか。

　①遊技場　　②幼稚園　　③飛行機の格納庫　　④蒸気浴場

🔥02 自動火災報知設備の設置が必要な防火対象物は次のうちどれか。

　①延床面積250m^{2}の飲食店　　②延床面積400m^{2}の通信機器室

　③延床面積800m^{2}の事務所　　④延床面積350m^{2}のキャバレー

🔥03 以下に記載する防火対象物のうち、自動火災報知設備の設置が必要ないもの
はどれか。

　①延床面積800m^{2}の神社　　　　②延床面積500m^{2}の旅館

　③延床面積200m^{2}の熱気浴場　　④延床面積100m^{2}の料理店

🔥04 感知区域とは、火災の発生した区域を他の区域と区別して識別することがで
きる最小単位の区域のことをいう。

🔥05 自動火災報知設備（光電式分離型感知器を除く）の警戒区域についての以下
記述について、正誤を答えなさい。

　①一の警戒区域における一辺の長さは、50m以下とすること。

　②一の警戒区域における延床面積は、500m^{2}以下とすること。

　③一の警戒区域は、防火対象物の2以上の階にわたらないこと。

　④階段や傾斜路に煙感知器を設ける場合は、2以上の階にわたって警戒区域
　　を設定することができる。

🔥06 特定防火対象物の有効範囲内の部分に限り、スプリンクラー設備をはじめと
する水系消火設備を技術上の基準に従って設置したときは、自動火災報知設
備の設置を省略することができる。

🔥07 木造建築物の天井裏部分では、高さに関係無く感知器の設置が除外される。

🔥08 P型1級受信機（1回線）を一の防火対象物に設置する時、設置数は最大で2
台までである。

🔥09 受信機本体の操作スイッチは、いすに座って操作するものは0.8m以上1.5m
以下の高さに設けること。

🔥10 法令上、ガス漏れ火災警報設備を設置しなければならない防火対象物又はそ

の部分は、次のうちどれか。

①地下街で、床面積が500m²のもの

②複合用途防火対象物の地階のうち、床面積1000m²で、かつ、劇場の用途
に供される部分の面積が500m²のもの

③事務所の地階で、床面積が1000m²のもの

④ホテルの地階で、床面積が880m²のもの

解説 1

🔥 **01** ③ →No.31

各肢の正誤は以下の通りだ。語呂合わせを基本に＋αで攻略せよ！

①遊技場　→100m²以上の時に設置が必要。

②幼稚園　→特定防火対象物に該当、300m²以上で設置。

③飛行機の格納庫　⇒正解だ！

④蒸気浴場　→200m²以上で設置が必要。「風呂に～」の語呂合わせだ！

🔥 **02** ④ →No.31

①延床面積250m²の飲食店　→特定防火対象物は300m²以上で設置。

②延床面積400m²の通信機器室　→500m²以上で設置。

③延床面積800m²の事務所　→1000m²以上で要設置。
「じじいが1000人」

④延床面積350m²のキャバレー　⇒正解だ！

🔥 **03** ① →No.31

①延床面積800m²の神社　⇒正解、不要だ！

②延床面積500m²の旅館　→面積の大小に関係なく要設置。

③延床面積200m²の熱気浴場　→問01の④と一緒だ！

④延床面積100m²の料理店　→問02の①と一緒だ！

🔥 **04** ✕ →No.32

記載の文言は、「**警戒区域**」についてのものだ。感知区域とは、感知器が有
効に感知すると思われる範囲を区切るために設けるものだ。似ているから、
混同に注意するんだ！！

🔥 **05** ①：◯　②：✕　③：◯　④：◯　→No.32

一の警戒区域における延床面積は、600m²以下とすること。

なお、一辺の長さが50m以下と相まって、本問を500m²以下と解答する受

験生が散見されるので、間違えないように！！

🔥 **06** ✕ →No.31

これは、'非'特定防火対象物を対象とした緩和措置だ！よって、特定防火対象物の場合には、このような緩和措置はないぞ！！

🔥 **07** ✕ →No.33

木造建築物の場合、天井裏の天井と上階の床との間が0.5m未満の場所については、感知器の設置が除外されるぞ。

🔥 **08** 〇 →No.34

P型1級（多回線）以外は、全て2台までしか設置できないぞ。

🔥 **09** ✕ →No.34

受信機本体の操作スイッチは、床面から0.8m以上（いすに座って操作するものは0.6m以上）1.5m以下の高さに設けること。

🔥 **10** ② →No.36

以下確認しておくんだ！

①地下街で、床面積が1000m^{2}のもの

②複合用途防火対象物の地階のうち、床面積1000m^{2}で、かつ、劇場の用途に供される部分の面積が500m^{2}のもの　⇒正解だ！

③事務所の地階で、床面積が1000m^{2}のもの

　⇒非特定防火対象物のため、設置義務はない。

④ホテルの地階で、床面積が1000m^{2}のもの

問題2

次の文章の問いの答えを述べよ。

🔥 **11** 消防法令上、取付面の高さが16mの天井に設置することができる感知器は、次のうちどれか。

①光電式分離型感知器（2種）　②差動式分布型感知器（1種）

③イオン化式スポット型感知器（2種）　④炎感知器

🔥 **12** 消防法令上、取付面の高さが10mの天井に設置することができない感知器は、次のうちどれか。なお、感知器は全て2種とする。

①差動式分布型感知器　　②定温式スポット型感知器

③イオン化式スポット型感知器　④光電式スポット型感知器

⚙13 感知器の種別と、これを設置する場所の適否についての次の空欄にあてはま
る語句の組み合わせとして、法令上正しいものはどれか。

『感知器の取付面の高さが20m以上の場所には、（A）感知器の設置が適して
いるが、（B）感知器と（C）感知器の設置は不適である。』

	A	B	C
①	紫外線式スポット型	差動式スポット型	差動式分布型
②	差動式分布型	紫外線式スポット型	光電式スポット型
③	紫外線式スポット型	光電式分離型	赤外線式スポット型
④	光電式スポット型	赤外線式スポット型	光電式分離型

⚙14 自動火災報知設備の地区音響装置を区分鳴動させる場合の出火階と鳴動させ
る階の組み合わせとして、法令上誤っているものはどれか。なお、この防火
対象物は、地下3階地上6階建てで、延床面積は6000m^{2}である。

	出火階	区分鳴動させる階
①	地階	出火階と直上階及び地階
②	1階	出火階と直上階及び地階
③	2階	出火階及び直上階
④	5階	出火階と直下階

⚙15 消防機関へ通報する火災報知設備の設置基準について、法令上誤っているも
のはどれか。

①消防機関へ常時通報することができる電話が設置されている有床診療所で
は、設置を省略することができる。

②消防機関からの歩行距離が500m以下にある映画館では、設置を省略する
ことができる。

③消防機関へ常時通報することができる電話が設置されている幼稚園では、
設置を省略することができる。

④消防機関からの歩行距離が500m以下にある地下街では、設置を省略する
ことができる。

第6章 第4類に固有の法令を学ぼう！

解説 2

テーマ33で学習した「試合後に　手に寒気どこ（特）行って　サボロー　佐渡の毛ガニ　毛が1本」の語呂合わせを使えば、簡単に攻略できるぞ！

🔥 11　④ →No.33

高さ16mは、④と⑤のグループ（煙1種か炎感知器）しか設置できないぞ。

🔥 12　② →No.33

高さ10mなので、③のグループ（差動分布、煙2種）が設置できるが、定温式2種は、①（〜4m未満）のグループのため設置不可なんだ。

🔥 13　① →No.33

高さ20mの記載から、炎感知器（紫外線式・赤外線式）のみ設置可だ。空白を埋めた文章は以下の通りだ。『感知器の取付面の高さが20m以上の場所には、（A紫外線式スポット型）感知器の設置が適しているが、（B差動式スポット型）感知器と（C差動式分布型）感知器の設置は不適である。』

🔥 14　④ →No.35

原則は**全館一斉鳴動**だが、地上5階以上で延床面積3000m²超の場合は、**区分鳴動**とする。原則と例外を間違えないように！

原則	出火階とその直上階のみ鳴動
出火階が1階または地階の場合	原則+地階全部（出火階以外）も鳴動

以上より、誤りは肢④だ。この場合は原則の出火階と直上階のみだ。

🔥 15　① →No.37

消防機関へ通報する火災報知設備は、常時119番に通報できる電話が設置されていれば、省略できる（原則）が、逃げ遅れ懸念のある施設では、これを省略することができない。

また、テキストでは触れていないが、①消防機関からの歩行距離が**500m以下**の場所にある施設（近場）、②消防機関から著しく離れた場所（**10km程度と遠い**）にある施設では、火災報知設備の設置を省略することができるぞ。併せてチェックするんだ！

第3科目

自動火災報知設備の構造・機能及び工事・整備法を学ぼう！

※電気工事士資格者（免状保有者）は、申請により第7・8
　章（電気に関する部分）が科目免除になるぞ！

今の世の中で「成功者」と言われている人たちは、
人知れず小さな努力（仕事・勉強）を積み重ね没頭してきたからこそ、成功者になれたんだ。
「努力」は他人に見せるためのものじゃない。人知れず努力し励んだ結果、
それが世のため人のためになるのならば、きっと君も成功者になれる!!

第7章

感知器の構造・分類を学ぼう!

本章では、感知器の分類ごとにその特徴や性質などを学習するぞ。出題範囲が広く、細かい内容が出題されているぞ。類似のものを比較した問題や色の違いと言った出題傾向に特徴があるので、繰り返し問題を解いて'理解'を意識して取り組むんだ!!

重要度：🔥🔥🔥

局所の温度「差」を感知
差動式スポット型感知器を学ぼう

このテーマでは、差動式スポット型感知器の構造と作動原理を学習するぞ。温度検知方式で2つに分類されるが、実物写真と断面図イラストの両方から出題されるので、共にチェックしておくんだ！！

Step1 図解 → 目に焼き付けろ！

差動式スポット型感知器

作動原理によって分類すると…

①空気の膨張を利用したもの

②温度検知素子を利用したもの 何かの物体 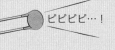 ピピピピ…！

> このテーマから41まで熱感知器について学習するぞ。差動式スポット型感知器はその基本となるものだ。

Step2 解説 爆裂に読み込め!

→ 差動式スポット型感知器の構造と作動原理をチェックせよ!

では早速本題に入るぞ。周囲の温度上昇率が一定率以上になった時に火災信号を発信するもので、**一局所の熱効果により作動するもの**が差動式スポット型感知器だ。作動原理によって以下2種類に分けられるぞ。

①空気の膨張を利用したもの

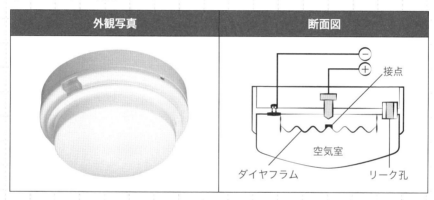

外観写真	断面図

図38-1：空気の膨張を利用したもの（写真：ニッタン）

この方式は、空気室、ダイヤフラム、リーク孔、接点という部品で構成されているんだ（断面図参照）。火災が発生すると、空気室内の空気が加熱によって膨張し、**ダイヤフラム**（隔膜）が押し上げられて接点が閉じることによって、火災信号が受信機に送られる仕組みだ。なお、暖房等を使用することで緩い温度上昇をする場合には、リーク孔から加熱膨張した空気が逃げる仕組みになっているため、接点が閉じて誤報が生じないようになっているぞ。

> このリーク孔だが、鑑別（第10章）では、「ほこり等の詰りによる誤報の発生原因」として、出題されたことがあるから、チェックしておくんだ!

第7章 感知器の構造・分類を学ぼう!

苦難こそが、人生の肥やしになる。　　**225**

②温度検知素子（サーミスタ）を利用したもの

外観写真	断面図
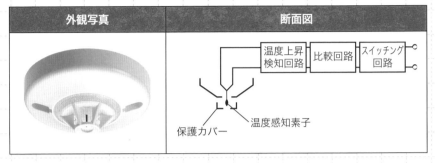	

図38-2：温度検知素子（サーミスタ）を利用したもの（写真：ニッタン）

　この方式は、温度により抵抗値が変化する特性を有する**温度検知素子（サーミスタ）**等、3つの各種回路部品で構成されているんだ（断面図参照）。

　火災発生により感知器周辺の空気温度が急上昇すると、温度検知素子の抵抗値が変化し、これを温度上昇検知回路が検知する。比較回路で温度上昇が一定値を超えると、スイッチング回路が火災信号を受信機に送る仕組みだ。空気膨張を利用したものと同様、暖房等を使用することで緩い温度上昇をする場合には、比較回路で温度上昇が一定値以下になるため、作動しないようになっているぞ。

Step3 暗記 何度も読み返せ！

□ ［一局所の熱効果］により作動する［差動式スポット型感知器］は、作動原理によって①［空気の膨張］を利用したもの、②温度検知素子（［サーミスタ］）を利用したものに分類される。

No.

39
/64

広範囲の温度「差」を感知
差動式分布型感知器を学ぼう！

このテーマでは、差動式分布型感知器について学習するぞ！3つの仕組み別に構造と機能をチェックするが、試験では圧倒的に空気管式を利用したものが出題されているぞ！

Step1 図解 → 目に焼き付けろ！

差動式分布型感知器

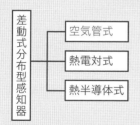

```
差動式分布型感知器 ─┬─ 空気管式
                    ├─ 熱電対式
                    └─ 熱半導体式
```

空気管式は試験によく出るよ！

それぞれの構造と各部品の名称、用途を見ていこう！

鑑別（第10章）に絡めた出題も多いので、構造や部品の名称とその装着目的等を特に意識して学習に取り組むんだ！！

爆裂に読み込め！

➡ 差動式分布型感知器の分類と頻出の空気管式の構造をチェックせよ!!

　差動式というのは周囲の温度上昇率が一定率以上になった時に火災信号を発信するものだが、前テーマで見た差動式スポット型感知器が「一局所」つまり感知器周囲のピンポイントの熱を感知するのに対して、**広範囲の熱変化を感知**するのが、**差動式分布型感知器**だ。

　差動式分布型感知器は、熱の感知方式から「空気管式」「熱電対式」「熱半導体式」の3つに分類することができるぞ。以下、試験に頻出の順に見ていこう。

①空気管式

　建物内の天井に鋼製の鉄パイプ（空気管）を巡らせて、この空気管で温度変化を広範囲に検出するのが、空気管式だ。

　空気管式は、空気管（受熱部）とダイヤフラム、リーク孔、接点及び試験装置（コックスタンド等）から構成されているぞ。

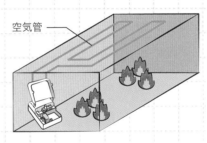
空気管

図39-1：空気管を建物天井に
はり巡らせる

> 差動式スポット型感知器の構成部品と同じものが結構ありますね！

　そうだな、似た者同士なところは一緒にして覚えるといいぞ。作動原理だが、火災によって室温が上昇すると、空気管内の空気が膨張してダイヤフラムが膨らみ、接点が閉じて火災信号を送信する仕組みだ。差動式スポット型感知器と同様、暖房等を使用することで緩い温度上昇をする場合には、**リーク孔から加**温した空気が逃げる仕組みになっているため、接点が閉じて誤報が生じないようになっているぞ。

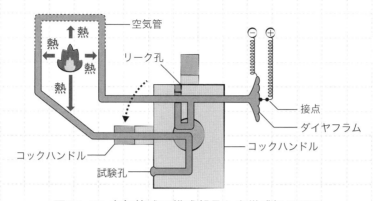

図39-2：空気管式の構成部品と火災感知の原理

つまり、非火災報の原因は**リーク孔の詰り**（それに接続する空気管由来のことも考えられる）が一因であることになるんだ。

差動式スポット型感知器と同じですね、非火災報の原因の1つがリーク孔の詰りですね！理由も含めて覚えておきます！

なお、空気管式に関連した以下の規格をチェックしておこう！

・空気管の肉厚は0.3㎜以上であり、外径は1.94㎜以上あること。

・空気管は1本（継ぎ目のないもの）の長さが20m以上で、内径及び肉厚が均一で、その機能に有害な影響を及ぼす恐れのある傷や割れ、ねじれ、腐食等を生じないこと。
・リーク抵抗及び接点水高を容易に試験することができること。

リーク抵抗	リーク孔から漏れる空気の抵抗のことで、抵抗が大きいほど空気管から空気が抜けなくなるので、管内圧力上昇となり、感知器作動時間が短くなる。
接点水高	接点間隔を水位で表したもので、接点水高が大きいと接点間隔が広くなり、作動時間が長くなる。

・空気管の漏れ及び詰りを容易に試験することができ、かつ、試験後に試験装置を定位置に復する操作を忘れないための措置を講ずること。

空気管式の感知器は、分野を問わず必ず1問出題されている。ここでは基本となる概要と規格、作動原理（構造）を理解しておくんだ！なお、鑑別（第10章）では、空気管以外の本体部分の中（カバーを外したところ）もチェックするぞ！！

➡ 熱電対式と熱半導体式の構造をまとめてチェックするんだ!!

　このテーマの最後は、その他の差動式分布型感知器について学習するぞ。空気管式ほど出題は多くはないが、残りの2方式についても漏れなくチェックだ！！

②熱電対式

　空気管式と同じように、天井面に異なる種類の金属を接合した熱電対を分布させて、広範囲の温度変化を検出するのが、熱電対式だ。

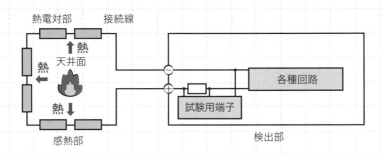

図39-3：熱電対式の構造と作動原理図

　熱電対式は、天井面に巡らせた熱電対の感熱部と試験用端子を備えた検出部から構成され、火災により温度が急上昇すると、熱電対部の接点間に熱起電力が発生し、検出部の内部回路から受信機に火災信号が送られる仕組みだ。

　暖房等を使用することで生じる緩い温度上昇は、発生する熱起電力が小さいため、作動しないようになっているぞ。

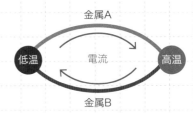

図39-4：ゼーベック効果

　熱起電力について説明すると、2種類の異なる金属を接続して閉回路を作り、2つの接点間に温度差を付けると、閉回路に起電力（熱起電力）が発生するという仕組みで、発明者の名前から**ゼーベック効果**というんだ（図39-4）。

③熱半導体式

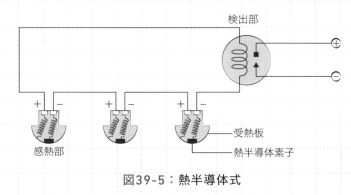

図39-5：熱半導体式

　熱半導体素子の入った感熱部を天井に分布させて、広範囲の温度変化を感知するのが、**熱半導体式**で、火災による急激な温度上昇によって熱半導体素子に生じる起電力を感知して火災を報せる仕組みだ。

Step3 暗記 何度も読み返せ！

- □ 空気管式で用いられる空気管は、肉厚［0.3mm］以上で［外径1.94mm］以上、1本の長さは［20m］以上であること。
- □ 2種類の異なる金属を接続して閉回路を作り、2接点間に温度差を付けると、閉回路に起電力（熱起電力）が発生する仕組みを［ゼーベック効果］という。

重要度：🔥🔥🔥

局所の一定温度を感知
定温式スポット型感知器を学ぼう

このテーマでは、定温式スポット型感知器を学習するぞ！熱感知器の中では最も出題実績が多く、基本となる構造から作動原理、はては差動式との違い（定義）等も出題されているぞ、出題ポイントに絞ってチェックしよう！

Step1 図解 目に焼き付けろ!

定温式スポット型感知器

公称作動温度
　※規格省令上のもの

作動原理 ──┬── ①バイメタルの反転を利用したもの
　　　　　　├── ②温度検知素子(サーミスタ)を利用したもの
　　　　　　└── ③金属膨張係数の差を利用したもの

実物写真や感知器断面図のイラストの両方が出題されているので、それらを見て構造と作動原理が答えられるように要チェックだ！

Step2 解説 爆裂に読み込め!

→ 定温式スポット型感知器の構造と作動原理をチェックせよ!!

　一局所の周囲温度が、**一定温度以上**になると火災信号を発信するのが**定温式スポット型感知器**だ。この後のテーマ41で学習する外観が電線状のもの（定温式感知線型感知器）を除いたもので、差動式スポット型感知器と同じ外観に見えるものが該当するぞ。なお、定温式感知器は規格省令上の**公称作動温度**が60℃以上150℃以下で80℃以下は**5℃刻み**、80℃を超えるものは**10℃刻み**と規定されている。温度帯で変わる刻み数値を要チェックだ！！

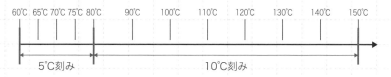

図40-1：公称作動温度

　では、作動原理別に定温式スポット型感知器をチェックするぞ。

①バイメタルの反転を利用したもの

　熱膨張係数の異なる2種の金属板を接着した**円形バイメタル**が加熱によって反転し、接点が押し上げられ閉じることにより火災を報せる構造だ。

　加熱による温度上昇で膨張係数の大きい金属が伸びる（たわむ）ため、バイメタルは熱膨張係数の小さいほうに湾曲するんだ。

いつでもやるのは今、今しかないんだ。

外観写真	断面図

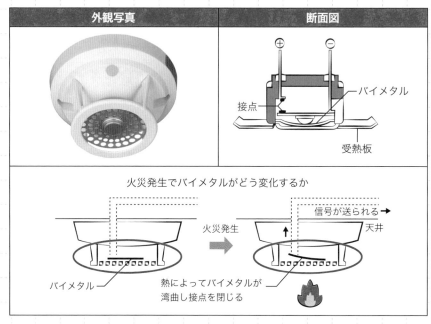

図40-2：バイメタルの反転を利用したもの（写真：ニッタン）

②温度検知素子（サーミスタ）を利用したもの

　テーマ38で学習した「差動式スポット型感知器（温度検知素子）」と同じ方式だ。この場合、温度上昇を検出する回路が前記は「温度上昇検知回路」だったが、定温式の場合は一定温度を検知するため「温度検知回路」と名称が異なっているんだ。違いに気を付けるんだ！！

③金属の膨張係数の差を利用したもの

外観写真	断面図

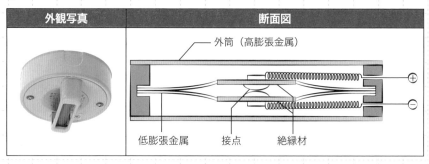

図40-3：金属の膨張係数の差を利用したもの（写真：ホーチキ）

円形バイメタルを使用したものに原理は似ているが、膨張係数の大きい金属を外筒にし、その内部に膨張係数の小さい金属板と接点、絶縁材を図のように組み込むと、火災による熱で温度が上昇すると、外筒の高膨張金属が伸びて内部の接点が閉じ、火災信号を発信する仕組みになっているんだ。

全部で3種類だが、君の周りでよく見かけるのは①バイメタルの反転を利用したものかもしれないな、周りを探して見つけてみるんだ！

Step3 暗記 何度も読み返せ！

- [ ] 一局所の周囲温度が［一定温度以上］になると火災信号を発信するのが、定温式スポット型感知器で、外観が電線状のもの（［定温式感知線型感知器］）を除く。
- [ ] 定温式感知器の規格省令上の公称作動温度は、［60］℃以上［150］℃以下で、80℃以下は［5］℃刻み、80℃を超えるものは［10］℃刻みである。

その他の熱感知器を まとめてチェックしよう!

このテーマでは、これまで学習してきたものと異なるタイプの熱感知器4種類について学習するぞ。基本はこれまで学習してきた内容と重複するから、＋αと思って取り組むんだ！！

Step1 図解 目に焼き付けろ!

その他の熱感知器

```
                          二信号式
┌─────────────┐   ┌─────────────┐
│ 定温式        │   │ 熱複合式      │
│ 感知線型感知器  │   │ スポット型感知器 │
└─────────────┘   └─────────────┘
┌─────────────┐   ┌─────────────┐
│ 補償式        │   │ 熱アナログ式   │
│ スポット型感知器 │   │ スポット型感知器 │
└─────────────┘   └─────────────┘
      差動+定温
```

定温式感知線型感知器以外は、これまで学習してきた内容の応用だ！暗記というよりも、'理解'に重きを置いて学習に取り組むんだ！！

Step2 解説 爆裂に読み込め！

→ 人生と一緒、一度っきりなんだ!!

　長かった熱感知器の学習も、このテーマで最後だ。ここでは、これまで学習してきた熱感知器の分類に入らない特徴的なものを4つ見ていくぞ。

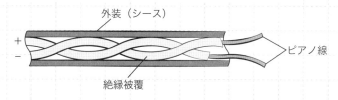

図41-1：定温式感知線型感知器の断面図

　定温式感知線型感知器は、ピアノ線に亜鉛メッキを施した電線を絶縁物で被覆し、より合わせた（ツイストした）ものをさらに外装（シース）で覆ったものだ。火災が発生すると外装と絶縁被覆が熱で溶け、ピアノ線同士が接触して火災を報せる（作動）仕組みとなっているぞ。つまり、一度作動してしまうと再利用することができないんだ。

だから、一度っきりなんですね（人生と一緒…、壮大だ）。

→ 残りの感知器3種は、これまでの知識＋応用で導くんだ!!

　残りの感知器3種について、まとめてチェックするぞ。暗記というよりも、「こんなものもあるんだなー」程度に見ておけば大丈夫だ！なお、出題頻度は多くないが、差動式と定温式の両方を組み合わせた補償式スポット型感知器は断面イラスト図での出題も考えられるので、要注意だぞ！

①二信号式の熱複合式スポット型感知器

　非火災報による誤報を防ぐ仕組みとして、同一箇所で2つの信号を受信して初めて火災表示を行う受信機の機能を「二信号式」というが、差動式スポット型感知器と定温式スポット型感知器の機能を組み合わせたものが、**熱複合式スポット型感知器**だ。

　具体的には、感度の異なる複数の感知器と二信号式受信機を組み合わせて設置し、火災信号を何段階かに分けて発信（感知する）する仕組みだ。

②差動と定温を組み合わせた補償式スポット型感知器

　差動式スポット型感知器と定温式スポット型感知器の機能を組み合わせて、1つの火災信号を発信するものが、**補償式スポット型感知器**だ。

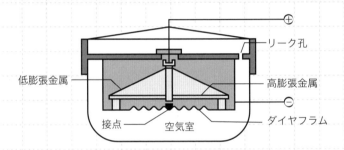

図41-2：補償式スポット型感知器

　周囲温度が急上昇した場合は**差動式スポット型**、温度上昇がゆっくり（緩慢）の時は**定温式スポット型**の機能により、火災を知らせるんだ。

 互いの機能だけだと不足するものを「補」っているので、「補償式」というわけですね！

③1℃刻みで詳細に知らせる熱アナログ式スポット型感知器

　温度が公称感知温度の範囲内になると、その時の実際の温度（数値）を火災情報信号として知らせるのが、**熱アナログ式スポット型感知器**で、公称感知温度範囲は、1℃刻みで以下の通り規定されているぞ。

表41-1：熱アナログ式スポット型感知器の公称感知温度範囲

上限値	60℃以上〜165℃以下
下限値	10℃以上〜（上限値−10）℃以下

定温式スポット型感知器の公称作動温度の上限（150℃）と混同しないように気を付けるんだ！！

Step3 暗記 何度も読み返せ！

□ 差動式スポット型感知器と定温式スポット型感知器の機能を組み合わせて1つの火災信号を発信するものを［補償式スポット型感知器］という。

□ ［二信号式］受信機と組み合わせて設置し、火災信号を何段階かに分けて発信する感度の異なる感知器を［熱複合式スポット型感知器］という。

□ 定温式感知線型感知器は、［ピアノ線］に亜鉛メッキを施した電線を絶縁物で被覆し、より合わせたものを更に［外装（シース）］で覆ったものである。

第7章 感知器の構造・分類を学ぼう！

No. 42 /64 スモークを感知！煙感知器を学ぼう！！

このテーマでは、煙感知器について学習するぞ！特に頻出の3項目について、外観写真と機器断面図イラストを交えながら、構造と機能について詳細をチェックしていくぞ！！

Step1 図解 目に焼き付けろ！

煙感知器

煙感知器
- イオン化式スポット型
- 光電式(スポット型・分離型)
- 煙複合式
- イオン化アナログ式
- 光電アナログ式(スポット型・分離型)
- 熱煙複合式

「イオン化式スポット型」「光電式」は頻出！！

赤文字の項目が試験で頻出だ。念入りにチェックするが、その他の感知器については、前テーマ同様に概要の理解を意識して取り組むんだ！

◯→ 煙の感知方式は2種類！規格は共通だ!!

　火災の発生により生じる煙を感知して火災の発生を知らせるのが煙感知器で、その感知方式は大きく**イオン化式**と**光電式**に分けられるぞ。試験で主に出題される、以下3つの煙感知器の構造・作動原理と、設置基準をチェックだ！！

①イオン化式スポット型感知器

　外観写真と断面図を見ながら説明を読んでくれよ！

　感知器内部（イオン室）の空気は、放射線源（**アメリシウム**）によってイオン化されて微弱な電流が流れているんだ。そこへ火災によって生じる煙が流入すると、煙の粒子がイオンと結合することでイオン電流が減少し、電圧が変化するんだ。この仕組みによって、一局所における空気中の煙濃度が一定以上になった時に火災信号を発信するのが、**イオン化式スポット型感知器**だ。

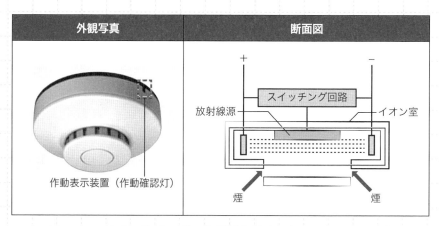

図42-1：イオン化式スポット型感知器（写真：パナソニック）

　このほか、イオン化式スポット型感知器の構造には、以下のような基準があるぞ。下線部は、鑑別での出題実績が多い箇所だから、必ず覚えておくんだ！

- 作動表示装置を設けること（一部例外あり）。
- 目開き1mm以下の網、円孔板等により<u>虫の侵入防止のための</u>措置を講ずること。

この後学習する光電式スポット型感知器と外観が非常に似ているが、見分けるポイントが1つあるぞ。
放射性物質（アメリシウム）を含んでいるので、感知器本体に放射線マークが記載されているんだ。廃棄するときは機器の製造業者の適切な処理が必要だぞ。

②光電式スポット型感知器

　光電素子の受光量が煙の流入によって変化するのを感知するのが光電式で、一局所の空気中における煙濃度が一定値以上になった時に作動するのが光電式スポット型感知器だ。

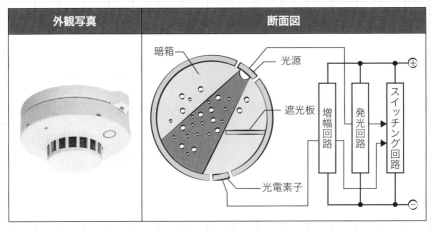

図42-2：光電式スポット型感知器（写真：パナソニック）

　作動原理については、煙の流入前後の比較で見た方が分かりやすいため下図を元に説明するぞ！

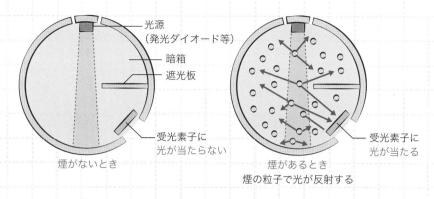

光源
（発光ダイオード等）

暗箱

遮光板

受光素子に
光が当たらない

煙がないとき

受光素子に
光が当たる

煙があるとき
煙の粒子で光が反射する

図42-3：煙の流入で光が散乱し、これを検知する

　図42-3の左図のように、感知器内の暗箱の一方に光源を取り付けて発光させると、中には煙粒子等の遮蔽物がないので光の散乱は起こらない。だから受光素子には光が当たっていないのが分かるよな。ここで右図のように、煙が流入すると、煙粒子によって光源の光が散乱して受光素子の受光量が変化（増加）するんだ。これによって、煙の流入濃度を感知して火災信号を発信する仕組みが光電式スポット型感知器というわけだ。

　このほか、光電式スポット型感知器の構造には、以下のような基準があるぞ。

- 光源は半導体素子とすること。
- 作動表示装置を設けること（一部例外あり）。
- 目開き1mm以下の網、円穴板等により<u>虫の侵入を防止する</u>措置を講ずること。

> 下2つはイオン化式と同じ内容ですね！　下線部が鑑別で頻出とのことなので、まとめて覚えておきます！！

③光電式分離型感知器

　広範囲の煙の累積による光電素子の受光量変化を感知して作動するのが、光電式分離型感知器だ。機械としては、光を発する送光部と送光部の光を受ける受光部から構成されるぞ。

外観写真	断面図

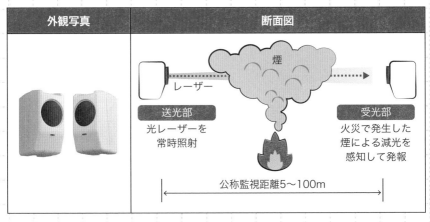

図42-4：光電式分離型感知器（写真：ニッタン）

　作動原理は図のように、送光部と受光部の距離（5〜100m）を大きく離して設置し、送光部から出た光が累積した煙で遮られることで受光量が減少し、これを感知して火災信号を発信する仕組みだ。

> 光電式スポット型感知器が1局所の煙を感知するのに対して、光電式分離型感知器は、体育館のような大きな空間で設置することが向いている機械だ（これによって、設置台数を減らせるぞ）。

　このほか、光電式分離型感知器の構造には、以下のような基準があるぞ。

- 光源は半導体素子とすること。
- 作動表示装置を設けること（一部例外あり）。

➡ その他の煙感知器はこれまでの応用！　一気にチェックだ!!

　その他の煙感知器もここで一気にチェックするぞ。これまで学習してきた内容の応用的な内容ばかりだ。出題頻度も多くないので、暗記というよりも、「こんなものもあるんだな」程度に見てくれればOKだ。

● 煙複合式スポット型感知器

　テーマ41で「熱複合式スポット型感知器」として説明したものと同じで、非火災報をできるだけ少なくするため、イオン化式と光電式の両方の機能を併せ持った感知器だ。

● イオン化アナログ式スポット型感知器

　テーマ41で「熱アナログ式スポット型感知器」として説明したものと同じで、煙濃度が一定範囲内（公称感知濃度

表41-1：公称感知濃度

上限値	15%以上〜25%以下
下限値	1.2%以上〜（上限値-7.5）%以下

範囲）になると、火災情報信号を発信できる感知器だ。このとき、作動する公称感知濃度範囲は0.1%刻みで表41-1の通り規定されているぞ。

● 光電アナログ式　①スポット型感知器　②分離型感知器

　アナログ式の感知器で、共に煙濃度が一定範囲内（公称感知濃度範囲）になると、火災情報信号を発信できる感知器だ。公称感知濃度範囲は、イオン化アナログ式スポット型感知器と同じだぞ。

● 熱煙複合式スポット型感知器

　名称の通り、熱感知器（差動式又は定温式）と煙感知器（イオン化式又は光電式）の性能を併せ持つ感知器だ。熱と煙のどちらか（もしくは両方）を感知したときに、それぞれ火災信号を発信するぞ。

Step3 暗記　何度も読み返せ！

（1）スポット型煙感知器に関する規格

□ [作動表示装置] を設けること（一部例外あり）

□ 目開き1mm以下の [網]、円孔板等により [虫の侵入防止] のための措置を講ずること。

（2）光電式分離型感知器に関する規格

□ 光電式分離型感知器は [送光部] と [受光部] から構成され、両者の距離（公称監視距離）は [5] 〜 [100] mと離して設置する。

重要度：

設置箇所が限定される！炎感知器を学ぼう!!

このテーマでは、炎感知器について学習するぞ！検知する方式で大きく2つに分かれるが、スポット型のみだ。前章（法令）で設置箇所が限定されることを学んだが、ここでは、炎感知器に特有の設置基準を中心に見ていくぞ！

Step1 図解　目に焼き付けろ！

炎感知器（全てスポット型）

①分類（感知方式）
- 紫外線式
- 赤外線式
- 紫外線赤外線併用式
- 複合式

②規格
- 構造
- 機能

これまでの感知器に比べて出題頻度は多くないから、頻出箇所を中心にチェックすれば、炎感知器は攻略できるぞ！

Step2 解説 爆裂に読み込め！

→ 炎感知器の種別と作動原理を学ぼう！

　焚火の炎が燃えさかる様子を見て、落ち着きを覚える人もいるよな。「炎」は、昔から神秘的なもの、力の象徴として扱われていたようだ。炎感知器は、この炎の「ゆらめき」の明暗変化を紫外線や赤外線の変化として感知して、火災信号を発信するんだ。なお、火災の検知方式（性能）によって以下の4つに分類されるが、構造による種別として「屋内型」・「屋外型」・「道路型」などがあるぞ。

　詳細は第9章テーマ57で触れるから、ここでは構造種別が3つに分かれることだけ、頭に入れておいてくれ！重要なのは、4つの検知方式だ！！

表43-1：火災の検知方式（性能）

紫外線式	炎から放射される紫外線の変化が一定量以上になったときに火災信号を発信するもので、一局所の紫外線による受光素子の受光量変化によって作動するもの。
赤外線式	炎から放射される赤外線の変化が一定量以上になったときに火災信号を発信するもので、一局所の赤外線による受光素子の受光量変化によって作動するもの。
紫外線赤外線併用式	炎から放射される紫外線と赤外線の両方が一定量以上になったときに火災信号を発信するもので、一局所の紫外線と赤外線による受光素子の受光量変化によって作動するもの。⇒紫外線と赤外線の両方を一つの検出素子で検知して、初めて作動する。
炎複合式	紫外線式と赤外線式の両方の機能を併せ持つもの。⇒1つの検出素子で紫外線と赤外線のどちらか一方を検知したら作動する。

第7章 感知器の構造・分類を学ぼう！

感知するのは、紫外線か赤外線なんですね！両者を明確に区別することは出来るんですか？

　紫外線式と赤外線式の違いは**検出素子**の違いだけで機能や感知器の見た目はほぼ同じなんだ。試験問題を見ると、断面図イラストは紫外線式、実物写真は赤外線式で出題されている傾向にあるぞ。

 判別が不明瞭（はっきりしない）なものは、試験の題材に選ばれることはないから、区別する問題などが出題されることはないぞ！

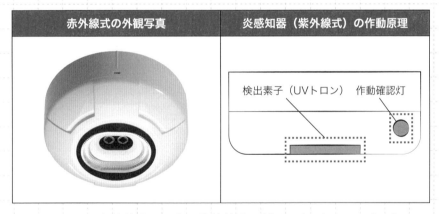

赤外線式の外観写真	炎感知器（紫外線式）の作動原理
	検出素子（UVトロン）　作動確認灯

図43-1：赤外線式の写真と紫外線式の断面図（写真：ニッタン）

炎感知器の構造・機能の規格をチェックしよう!!

　このテーマの最後は、炎感知器の規格について見ていくぞ。細かい所だが、赤字となっている語句及び数値を中心に見ていくと、攻略できるぞ！

◆規格：構造・機能

- 受光素子は、感度の劣化や疲労が少なく、かつ、長時間の使用に十分耐えられること。光源は半導体素子とすること。
- 検知部の清掃を容易に行うことができること。
- 作動表示装置を設けること（一部例外あり）。
- 汚れ監視型のものにあっては、検知部に機能を損なうおそれのある汚れが生じたとき、これを受信機に自動的に送信することができること。
- （誤作動を防ぐため）屋内型の感知器は、通電状態において白熱ランプ及び蛍光灯を用いて照度5000ルクスの外光を5分間照射したときに、火災信号を発信しないものであること。

Step3 暗記　何度も読み返せ！

□ 火災によって生じる炎のゆらめきの明暗変化を紫外線や赤外線の変化として感知し、火災を報せるのが［炎感知器］である。

□ 炎感知器のうち、紫外線と赤外線の両方が一定量以上となった時に火災報を発信するのが［紫外線赤外線併用式］感知器、1つの検出素子で紫外線と赤外線のどちらか一方を検知したら作動するのが［炎複合式］感知器である。

炎感知器に関する規格について

□ ［作動表示装置］を設けること。

□ 屋内型感知器は、通電状態において白熱ランプ及び蛍光灯を用いて照度［5000］ルクスの外光を［5］分間照射した時に、火災信号を発信しないものであること。

第7章　感知器の構造・分類を学ぼう！

249

重要度：🔥🔥🔥

感知器にある3つの傾斜角度と9つの注意表示を学ぼう！

このテーマでは、感知器を設置する際に守らなければならない最大傾斜角度と感知器本体に記載される注意事項（表示）について学習するぞ！傾斜角度は3区分、注意事項は9項目で、引っ掛け問題に気を付けるんだ！！

Step1 図解 → 目に焼き付けろ！

感知器の最大傾斜角度

5°	差動式分布型検知器（検出部に限る）
45°	炎感知器を除いたスポット型感知器
90°	炎感知器と光電式分離型感知器

・全部で9項目（引っ掛け問題に要注意！！）
・発信機に表示すべき記載事項と比較して理解せよ！！

感知器に関する注意事項

試験では、圧倒的に傾斜角度に関する出題が多かったが、最近では感知器と発信機の表示事項に関する出題が増えているようだ。両方チェックすれば、完全攻略間違いなしだ！

Step2 解説 爆裂に読み込め！

➡ 3区分！感知器の最大傾斜角度を攻略せよ！

感知器を取り付けるときは、その基盤面を取付け定位置から以下に表記する角度に傾斜させた場合でも、その機能に異常を生じることがないように設置する必要があるぞ（**最大傾斜角度**）。

この傾斜角度は頻出だから、絶対に間違えないようにするんだ！ざっくり言えば、差動式分布型感知器の検出部は5°、炎感知器と光電式分離型感知器は90°、それ以外は45°という按配だ。

表44-1：3区分に分かれる設置傾斜角度

5°	差動式分布型感知器（検出部に限る）
45°	炎感知器を除いたスポット型感知器
90°	炎感知器と光電式分離型感知器

➡ 9項目！感知器に表示しなければならない事項を学習しよう！

最近の試験では感知器や発信機に表示すべき事項に関する出題傾向が増えてきているようだから、ここで触れておくぞ。

以下の各号に掲げる区分に応じて、感知器は当該各号に掲げる事項を見やすい箇所に容易に消えないように表示する必要があるぞ。

第7章 感知器の構造・分類を学ぼう！

人生（勉強）は、苦しいときが上り坂だ！

- 各種感知器の型（差動式スポット型など）の別及び感知器という文字
- 防水型、耐酸型、耐アルカリ型、非再用型又は蓄積型のうち該当する型式
- 種別を有するものにあっては、その種別
- 定温式感知器の性能を有する感知器にあっては公称作動温度等
- 型式及び型式番号
- 製造年（月日は不要だ！）
- 製造事業者の氏名又は名称
- 取扱い方法の概要
- 以下の感知器について、その製造番号
  差動式分布型感知器、イオン化式スポット型感知器、光電式感知器、炎感知器

間違えやすいのは、製造年だ。製造年月日ではないぞ！！

　このほか、冒頭に記載した発信機に表示すべき事項と比較しながら見ていくぞ。発信機の詳細は、第8章テーマ49で触れるので、ここでは比較（あるなし）を中心にチェックしておくんだ！

感知器	発信機
型式及び型式番号	
製造事業者の氏名又は名称	
取扱い方法の概要	
製造年（月日は不要だ！）	
感知器の型の別と「感知器」という文字 種別を有するものは種別	発信機の型の別と「発信機」という文字 種別を有するものは種別
公称作動温度（定温式感知器のみ）	「火災報知器」という文字

表44-2：比較で理解！記載事項の「違い」

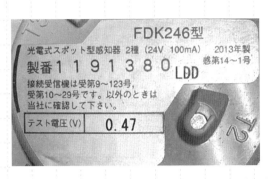

図44-1：表示事項の一例（写真：能美防災）

記載事項でも触れたが、表の赤字箇所を中心にもう1点。記載不要となる事項で、試験でひっかけ問題で出題されるものがあるぞ。「定格電流・定格電圧」だ。

表中に記載ないから、記載不要なんですね！いかにも記載が必要そうに感じますから、気を付けておきます！

Step3 暗記 何度も読み返せ！

感知器の設置最大傾斜角度について
- [ ] 5°：[差動式分布型] 感知器の [検出部] に限る
- [ ] 45°：スポット型感知器（[炎感知器] を除く）
- [ ] 90°：[光電式分離型] 感知器と [炎] 感知器

感知器及び発信機に記載すべき事項に該当しないもの
- [ ] 定格 [電流] 及び定格 [電圧]
- [ ] [製造年月日]

第7章 感知器の構造・分類を学ぼう！

253

理由が大事！機器トラブル（非火災報）の原因を学ぼう！

感知器に関連した学習もこのテーマが最後だ。このテーマでは、火災以外の原因によって作動する場合（非火災報）について学習するぞ！本来のあるべき状態ではないからこそ起こることなので、復習的な意味合いでの確認だ！

Step1 図解 目に焼き付けろ！

非火災報の発生する要因

WARNING!!
①内部要因（設備又は部品）によるもの
②外部要因によるもの

鑑別（第10章）に絡めた記述での出題が多い分野だから、暗記ではなく、「理解」を意識して取り組むんだ！！

爆裂に読み込め！

➡ 作動して欲しい時に作動しないで、どうするってんだ!?

「飾りじゃないのよ、感知器は、はっは〜」

感知器を設置する目的は、火災の発生をいち早く建物内にいる人に知らせて、避難を促すことだ。つまり、必要だから設置する、飾りじゃないぞ！もしも火災が発生していないのに火災を報せるサイレンや警報音が鳴ったとしたら、避難する人で現場が大混乱してしまい、迷惑な話だよな。

> ややこしいですよね、火災の時にこそ作動するべきです！！

自動火災報知設備の感知器等が火災以外の何らかの原因で作動し、火災ではないのに警報を発することを**非火災報**というんだ。本来作動して欲しい時に作動させ、不要なときは作動せず監視状態であればよいのだから、非火災報はとても迷惑な状態だ。よって、非火災報の発生原因を調べて、建物内で平穏無事に過ごせるようトラブルがあれば改善する必要があるというわけだ。

> いざという時のためにあるのですから、故障は必ず改善しないとですね！

ここでは、以下２つの非火災報の発生原因を見ていくぞ。

①内部要因によるもの

感知器本体に何らかの形で非火災報が発生する原因がある場合だ。熱感知器（テーマ38＆39）の所でも一部触れている内容だ！

第7章 感知器の構造・分類を学ぼう！

255

表45-1：感知器由来の非火災報の原因一覧

リーク孔の詰り 空気管の詰り	差動式と補償式の感知器において、リーク孔にほこりなどの詰りがあると、リーク抵抗が上昇する。結果、空気管や空気室内の空気がより膨張して、早期に作動（非火災報が発生）する。
接点水高が低い	差動式分布型感知器の検出部にある接点水高が低いと、早期に接点が閉じてしまい、非火災報の原因になる。
短絡（ショート）	湿気やほこり等によって感知器回路が短絡（ショート）すると、感知器の接点が閉じているにもかかわらず感知器回路に電流が流れるため、非火災報の原因になる。
	終端器抵抗の表面に汚れが付着して端子間が短絡すると、感知器回路に余計な電流（過電流）が流れるため、非火災報の原因になる。

②外部要因によるもの

　そもそもの話、設置する感知器は現場の用途や環境を考慮して適切なものを設置する必要があるんだ。例えば、お風呂の脱衣所や湯沸室などの水蒸気が多量に滞留する場所に差動式スポット型感知器（温度上昇検知）は不向きだと分かるはずだ。この点については、第9章以降の設置基準のところで学習するぞ。

Step3 暗記 → 何度も読み返せ！

非火災報発生の原因について
- [ ] 差動式及び補償式の感知器においては、［リーク孔］にほこりが詰まると、リーク抵抗上昇により、感知器の早期作動が発生する。
- [ ] 感知器回路及び端子間における［短絡（ショート）］で非火災報が生じる。

問題 1

次の文章の正誤を答えよ。

🔥01 一局所の周囲温度が一定温度以上になった時に火災信号を発信するもので、外観が電線状以外のものは差動式スポット型感知器である。

🔥02 周囲の温度上昇率が一定率以上になった時に火災信号を発信するもので、広範囲の熱効果の累積により作動するのは差動式分布型感知器である。

🔥03 周囲の空気が一定濃度以上の煙を含むに至った時に火災信号を発信するもので、一局所の煙によるイオン電流の変化により作動するものは、光電式スポット型感知器である。

🔥04 周囲の温度上昇率が一定率以上になった時に火災信号を発信するもので、一局所の熱効果により作動するのは定温式スポット型感知器である。

🔥05 定温式スポット型感知器の公称作動温度は、60℃以上150℃以下で、80℃以下は10℃刻み、80℃を超えるものは5℃刻みとする。

🔥06 イオン化式スポット型感知器の空気室内に用いられる放射線源は、ラジウムである。

🔥07 差動式スポット型感知器と定温式スポット型感知器の機能を組み合わせて、1つの火災信号を発信するのは、熱複合式スポット感知器である。

　差動式分布型感知器（空気管式）の構造・機能についての以下記述についての正誤を答えなさい。

🔥08 空気管の内径は1.94mm以上であること。

🔥09 空気管1本の長さは20m以上で、内径及び肉厚が均一であり、その機能に有害な影響を及ぼす恐れのある傷、割れ、ねじれ、腐食等を生じないこと。

🔥10 空気管の肉厚は、0.3mm以下であること。

🔥11 各種試験を行った後、試験装置を自動復旧する機能を有すること。

感知器の特徴（構造・種別）については、文言の読み違えに注意！ 丁寧に読めば、何ら難しいことはない！

🔥 **01** ✕ →No.40

「一局所」と「一定温度以上」「電線状以外」という言葉から、定温式スポット型感知器と分かるぞ。なお、電線状の場合は、定温式感知線型感知器になるぞ。

🔥 **02** ○ →No.39

「温度上昇率が一定率以上」「広範囲の熱効果の累積」という言葉から、差動式分布型感知器と分かるぞ。

🔥 **03** ✕ →No.42

「一局所の煙」「イオン電流の変化」という言葉から、イオン化式スポット型感知器と分かるぞ。

🔥 **04** ✕ →No.38

「温度上昇率が一定率以上」「一局所」という言葉から、差動式スポット型感知器と分かるぞ。問題01の定温式との混同に注意するんだ！！

🔥 **05** ✕ →No.40

公称作動温度は正しいが、刻み数値が逆だ。正しくは、80℃以下は5℃刻み、80℃を超えるものは10℃刻みだ。

🔥 **06** ✕ →No.42

イオン化式スポット型感知器に用いられる放射線源はアメリシウムだ。

🔥 **07** ✕ →No.41

記載は補償式スポット型感知器だ。差動式と定温式の両方の機能で、互いに不足する部分を補い合っているんだ！

🔥 **08** ✕ →No.39

空気管の外径は1.94mm以上であること。

🔥 **09** ○ →No.39

空気管1本の長さは20m以上で、内径及び肉厚が均一であり、その機能に有害な影響を及ぼす恐れのある傷、割れ、ねじれ、腐食等を生じないこと。

🔥 10　✕　→No.39

空気管の肉厚は、0.3mm以上であること。

🔥 11　✕　→No.39

各種試験を行った後、試験装置を自動復旧する機能を有すること。

⇒3つの試験を容易に実施することができ、かつ、試験後に試験装置を定位
置に復する操作を忘れないための措置を講ずることが必要だ。

差動式分布型感知器の中でも、空気管式は鑑別も含めて頻出だ。

（問題2）

🔥 12　光電式分離型感知器の構造として、誤っているものはどれか。

ア）公称監視距離は5m以上100m以下とすること。

イ）原則として作動表示装置を設けること。

ウ）光源は、半導体素子を使用すること。

エ）目開き1mm以下の網、円孔板等により虫の侵入を防ぐための措置を講
じること。

🔥 13　感知器を取付ける際に基盤面を傾斜させても当該感知器の機能に支障を生じ
ない傾斜角度の最大値として、正しい組み合わせはどれか。

	定温式スポット型感知器	差動式分布型感知器の検出部	炎感知器
ア）	45°	5°	45°
イ）	45°	45°	90°
ウ）	90°	5°	45°
エ）	45°	5°	90°

🔥 14　定温式スポット型感知器に表示しなければならない事項として、規格省令上
誤っているものはいくつあるか。

公称作動温度、型式及び型式番号、製造年月日、取扱方法の概要、製造番
号、定格電流・定格電圧、製造事業者の氏名又は名称

ア）なし（0）　　イ）2つ　　ウ）3つ　　エ）4つ

♨15 炎感知器に関する以下の説明で、誤っているものはどれか。

ア）検知部の清掃を容易に行うことができること。

イ）紫外線式と赤外線式のものがある。

ウ）屋内型のものは、通電状態において白熱ランプ及び蛍光灯を用いて、照度5000ルクスの外光を5分間照射したときに、火災信号を有効に発信するものであること。

エ）汚れ監視型のものにあっては、検知部に機能を損なう恐れのある汚れが生じたとき、これを受信機に自動送信する機能を有していること。

♨16 差動式分布型感知器（空気管式）の性能についての記述で、正しいものはどれか。

ア）リーク孔にほこりが詰まっていると、非火災報発生の原因になる。

イ）リーク抵抗が規定値より大きいと、作動時間は長くなる。

ウ）ダイヤフラムに漏れがあると、作動時間は短くなる

エ）接点水高が規定値より低いと、作動時間は長くなる。

♨17 自動火災報知設備の非火災報の原因として考えられる事象として、誤っているものはいくつあるか。

> ほこり等でリーク孔につまりが生じている、終端抵抗器表面の汚れによる端子間の短絡、差動式分布型感知器の空気管の割れ、設置環境に不適応な感知器の設置

ア）0（なし）　イ）1　ウ）2　エ）3

解答

♨12　エ →No.42

記述はスポット型煙感知器の内容だ。

♨13　エ →No.44

感知器ごとの最大傾斜角度は試験で頻出だ！テキストでも触れた、下記表を再度チェックするんだ！！

5°	差動式分布型感知器（検出部に限る）
45°	炎感知器を除いたスポット型感知器
90°	炎感知器と光電式分離型感知器

🔥 **14　イ** →No.44

テーマ44で9つの記載事項を見てきたが、そこに記載のない**定格電流・電圧**は、規格省令上は不要だ！なお、製造年（月日は不要）も要注意だ！

> 感知器本体には、定格電流・定格電圧の記載があるが、規格省令上は不要という点がミソなんだ！混同に気を付けろ！！

🔥 **15　ウ** →No.43

外光を炎と誤認しないようにするための試験規定だから、答えは逆だ。「**火災信号を発信しないものであること**」が正しいぞ。

🔥 **16　ア** →No.39＆45

非火災報の原因については、鑑別等に絡めた出題が多いぞ。理由（原因）を記述させる問題の攻略は、暗記ではなく「理解」だ！
　イ）リーク抵抗が規定値より大きいと、作動時間は**短く**なる。
　ウ）ダイヤフラムに漏れがあると、作動時間は**長く**なる
　エ）接点水高が規定値より低いと、作動時間は**短く**なる。

🔥 **17　イ** →No.45

空気管が割れていると、管内の空気圧が**上昇せず**、感知器の接点が閉じないので、火災を有効に検知できない（火災そのものを報知できない）ぞ！

> 暗記ではなく、感知器断面図を想像しながら「こうかな〜」とイメージすることが重要なんだ！！

問題3

🔥 **18**　差動式スポット型感知器と補償式スポット型感知器の構造として、正しいものはどれか。なお、温度検知素子を利用したものは考慮しない。
　ア）ともにバイメタルが設けられている。
　イ）ともに接点が開くと火災信号を送信する。
　ウ）リーク孔があるのは、差動式スポット型感知器である。
　エ）ともに空気膨張を利用して作動する空気室とダイヤフラムがある。

🔥19 光電式スポット型感知器の作動原理を説明した記述として、規格省令上正しいものはどれか。

　ア）周囲の空気が一定濃度以上の煙を含むに至った時に火災信号を発信するもので、一局所の煙による光電素子の受光量変化により作動するもの。

　イ）周囲の空気が一定範囲内の濃度の煙を含むに至った時に当該濃度に対応する火災情報信号を発信するもので、一局所の煙によるイオン電流の変化を利用するもの。

　ウ）周囲の空気が一定範囲内の濃度の煙を含むに至った時に当該濃度に対応する火災情報信号を発信するもので、一局所の煙による光電素子の受光量変化を利用するもの。

　エ）周囲の空気が一定濃度以上の煙を含むに至った時に火災信号を発信するもので、広範囲の煙の累積で光電素子の受光量変化により作動するもの。

解答

🔥18　エ →No.38＆41

感知器断面図が頭の中に入っていれば、難なく解ける問題だ。

　ア）**補償式のみ**バイメタルが設けられている。

　イ）ともに接点が**閉じると**火災信号を送信する。

　ウ）リーク孔があるのは、**両方とも**である。

🔥19　ア →No.42

光電式スポット型感知器のキーワードは、「一局所」、「受光量変化」なので、正解は肢アだ。他の肢は以下の通りだ。

　イ）は、「一局所」「イオン電流」「火災情報信号」の表記から、**イオン化アナログ式スポット型感知器**、ウ）は、「火災情報信号」「一局所」「受光量変化」から、**光電アナログ式スポット型感知器**、エ）は「広範囲」「受光量変化」から、**光電式分離型感知器**と分かるぞ。

第 **8** 章

その他の機器の構造・分類を学ぼう！

本章では、感知器以外の自動火災報知設備として構成される機器類を学習するぞ。似た者同士の比較をはじめ、引っ掛け問題の出題が多い分野だ。頻出箇所を中心に、語呂合わせを交えて楽しく攻略するぞ！
ここで学習した内容は、イラストを交えて鑑別等試験でも出題されるから、「理解」を意識して取り組むんだ！

アクセスキー **X**

（小文字のエックス）

自火報の司令塔！ 受信機の種類と特徴を学ぼう！

このテーマでは、受信機の種類と特徴について学習するぞ。ポイントは、「3種類」と「3つの等級」だ。P型とR型の「違い」は、文言＋イラストで見極めるんだ！読み違えに気を付けろ！！

Step1 図解 目に焼き付けろ！

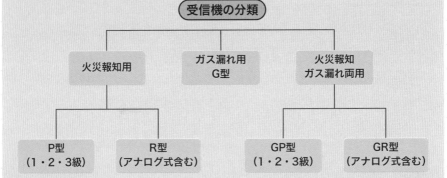

受信機の分類

| 火災報知用 | ガス漏れ用 G型 | 火災報知 ガス漏れ両用 |

| P型 (1・2・3級) | R型 (アナログ式含む) | | GP型 (1・2・3級) | GR型 (アナログ式含む) |

第6章（法令）で学習した内容と被る箇所は復習と思い、新たに出てくるP型とR型の定義の違いは読み違えに注意して、学習に取り組んでくれ！

Step2 解説　爆裂に読み込め！

→ 受信機は、3種類と3つの等級に分けられるんだ!!

受信機は、煙や熱もしくは炎を検知して火災を報せる**火災報知用**、ガス漏れを検知して火災を報せる**ガス漏れ用**とその両用に区分することができるぞ。

また、受信機は3種類（G・P・R単体もしくは組み合わせ）、P型は、接続回線の違いで3つの等級に分けられる。

> P型受信機の等級ごとの接続回線数及び設置台数、面積による設置可能台数上限は、法令で触れているから、忘れている人は、第6章テーマ34に戻って復習するんだ！

なお、Step1図解内にある「アナログ式」とは、火災の発生事実だけでなく、その温度や煙の状態といった詳細な情報も発信するアナログ式感知器の信号を受信できるタイプの受信機のことだ。

→ 文言＋イラストで定義の「違い」を理解せよ！

P型とR型の違いを見ていくぞ。定義の読み違えに注意が必要だ。

表46-1：P型とR型の違い

P型	火災信号もしくは火災表示信号を共通の信号として受信するもの
R型	火災信号・火災表示信号もしくは火災情報信号を固有の信号として受信するもの

> 赤文字の「共通」と「固有」は何が違うのですか？

文言だけで理解するのは難しいから、図を見ながら説明するぞ。

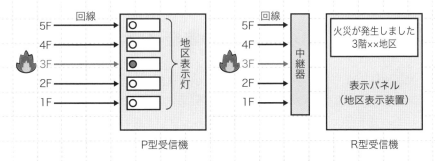

図46-1：P型受信機とR型受信機

　P型受信機（図46-1の左）の場合、パネルには回線ごとに地区表示灯が付いていて、回線数＝地区表示灯の数となっているんだ。各回線から受信する信号はどれも同一で、信号自体が特殊なものではない（故に共通信号という）。火災発生時に火災信号を受信して、その回線と繋がっている地区表示灯が点灯して火災を知らせるぞ。

　一方、R型受信機（図46-1の右）は、回線ごとに信号が異なっている（回線に固有の信号）ため、信号そのものから火災発生場所を判断でき、表示パネルに火災発生場所が表示されるんだ。

➡ 誤報を防ぐ！　2つのタイプ別機能を学習せよ！

　機器のトラブル等で非火災報が発生すると、一斉に避難する人々で現場が大混乱し、それが原因でケガになるかもしれないよな。

第7章（感知器）にもあったように、肝心な時には作動して欲しいですが、非火災報（誤報）は現地が混乱するので、勘弁して欲しいです！

　そこで、受信機には通常の受信機（「非蓄積式」）のほかに、誤報を防ぐための方式として「蓄積式」や「二信号式」がある。

表46-2：受信機の仕組み（原則＋2方式）

非蓄積式	火災（表示）信号を受信したら、5秒以内に火災表示（地区音響装置の鳴動除く）を行う受信機の機能。
蓄積式	非火災報を防ぐ蓄積機能を持たせたもの。感知器などからの火災（表示）信号を受信しても一定時間（5秒超60秒以内）継続しないと火災表示を行わない受信機の機能。
二信号式	非蓄積式のみの機能で、文字通り2つの火災信号を同じ区域から受信して初めて確定的な火災表示を行う受信機の機能。

　ちなみに受信機の型式の頭文字の意味は以下の通りだ。
P型：Proprietary（所有、私設の意味）の頭文字のP
R型：Record（記録）の頭文字のR

Step3 暗記 何度も読み返せ！

- □ 火災信号・火災表示信号もしくは火災情報信号を固有信号として受信するのは［R型］受信機である。
- □ 火災信号もしくは火災表示信号を共通信号として受信するのは［P型］受信機である。
- □ 非火災報（誤報）を防ぐ仕組みとして、2つの火災信号を同一区域から受信して初めて確定的な火災表示を行う［二信号式］、一定時間継続して火災信号受信した場合に火災表示を行う［蓄積式］がある。

第8章　その他の機器の構造・分類を学ぼう！

重要度：🔥🔥🔥

イラストでスッキリ!受信機の構成部品と機能を学ぼう!

このテーマでは、受信機本体と構成部品の機能について学習するぞ。イラストを見て、各部位の名称や用途、細かい規格（電圧規格と許容範囲、音圧や音量など）の知識が問われているぞ。長丁場だが、気合で乗り越えろ！

Step1 図解 → 目に焼き付けろ！

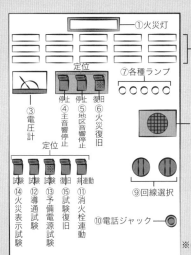

P型1級受信機

【各受信機について】
- 受信機本体に共通の構造と機能
- 「部品」の構造と機能

【要・不要の違い】
- P型1級1回線 ┐
- P型2級   ┘ 不要な機能
- P型3級でも省略できない機能
- その他

ここで学習する内容は、第10章（鑑別）に続く、大切なテーマだ。特に、P型受信機の等級ごとの要・不要の機能の違いは、語呂合わせで攻略するんだ！

Step2 解説 爆裂に読み込め！

➡ 受信機の構成部品と要点ポイントを一気にチェックするんだ！

　P型1級受信機の図を例に、受信機の構成部品について見ていくぞ。イラストと、説明を同時に見て覚えるようにするんだ！

> 量が多いから、一度で覚えることは難しいだろう。だからこそ、繰り返し見て触れて覚えるようにするんだ！特に赤字箇所は試験でも頻出なので、念入りにチェックするんだ！

表47-1：受信機の部品名称と機能・役割

	図記号と名称	機能・役割
①	火災灯	受信機の正面上部にある赤色ランプで、火災の発生を知らせる。
②	地区表示灯	火災の発生場所（警戒区域）を表示する装置で、火災表示装置ともいわれる。P型受信機の場合、回線数分の地区表示灯が並んでいる。
③	電圧計	受信機の電源電圧の状態を確認する。
④	主音響停止スイッチ	主音響装置の鳴動を停止するスイッチ。
⑤	地区音響停止スイッチ	地区音響装置の鳴動を停止するスイッチ。
⑥	火災復旧スイッチ	受信機の火災発生を知らせる（異常を感知した）状態から、通常の監視状態に戻すためのスイッチ。
⑦ 各種ランプ	交流電源灯	主電源が入っている（作動している）ときは、常時点灯している。
	電話灯	発信機から電話呼出しがあると点灯する。
	スイッチ注意灯	各スイッチが定位置にないときに点灯する。
	消火栓始動灯	消火栓が作動すると点灯する。
	発信機灯	発信機ボタンが押されたときに点灯する。

第**8**章

その他の機器の構造・分類を学ぼう！

図記号と名称		機能・役割
⑧	主音響装置	火災の発生を音で知らせる（警報音によるものと音声によるもので分けられる）。
⑨	回線選択スイッチ	各種試験を行う試験回線を選択するときに使用する。
⑩	電話ジャック	発信機と連絡を取るために、電話機を接続する差し込み穴。
⑪	消火栓連動スイッチ	発信機と連動して消火栓ポンプが起動するようにするスイッチ。普段は連動状態だが、点検や訓練を行う時には非連動にしないといけない。
⑫	導通試験スイッチ	受信機と終端器（受信機側で断線の有無を確認するために信号回路の末端にある感知器や発信機に設けるもの）との間の信号回路における回路導通試験を実施する際に使用する。
⑬	予備電源試験スイッチ	予備電源が正常作動するか試験する際に使用する。
⑭	火災表示試験スイッチ	火災灯と地区表示灯が正常作動するか、手動復旧しない限り火災表示状態が保持されるかを試験（火災表示試験）する際に使用する。
⑮	試験復旧スイッチ	火災表示の保持機能を無効にし、火災表示後、数秒で受信機を自動復旧させるスイッチで、感知器の作動試験のときに、受信機復旧の手間を省くためのもの。

● 各受信機の「本体」に共通する構造・機能をチェックしよう!

　受信機ごとの特徴については後述するが、ここでは各受信機に共通する内容を一気に見ていくぞ。以下の通り、当たり前な内容（基本事項）が多いが、赤字箇所を中心にチェックするんだ（数値等はよく出題されているぞ）。

- 定格電圧が60Vを超える受信機の金属製外箱には、接地端子を設けること（波下線部は、感知器と発信機についても同様）。
- 不燃性または難燃性の外箱で覆うこと（感知器、発信機についても同様）。
- 水滴が侵入しにくく、ほこりや湿気により機能に異常を生じないこと。
- 周囲温度が0℃以上40℃以下でも機能に異常を生じないものであること。
  ⇒消火器の使用温度範囲（法令規格）と同じ!

● 受信機は、電源電圧が次の範囲内で変動しても機能に異常を生じないこと。

主電源	定格電圧の90%以上110%以下
予備電源	定格電圧の85%以上110%以下

● 主電源を監視する装置を受信機の前面に設けること。
● 受信機の試験装置は、受信機の前面で容易に操作できるようにすること。
● 蓄積時間を調整する装置を設ける場合は、受信機の内部に設けること。
● 復旧スイッチや音響停止スイッチは、専用のものとすること。
●「自動的に定位置に復旧しないスイッチ」が定位置にないときは、音響装置又はスイッチ注意灯が作動すること。

受信機の構成部品は数が多いので、一度で覚えようとしないことが大切だ。まずはイメージ「こんなものがあるんだなー」をざっくりつかむことを意識してくれ！この後学習する各種試験や第10章（鑑別）に触れると、より一層理解が深まるはずだ！

「単体ではなく、関連づけて」学習します！

➡ 受信機を構成する「部品」の構造・機能をチェックしよう！

ここでは、受信機の各部品の構造と機能を学習するぞ。ここでも頻出なのは、細かい「数値」だ！赤字箇所を中心にチェックしよう！

①音響装置の構造・機能

主と地区で音響装置の機能に違いがあるぞ。以下の3つのポイントをチェックだ！

● 定格電圧の90%（予備電源がある場合はその85%）の電圧で音響を発すること（受信機作動に必要な定格電圧の下限値と一緒）。
● 定格電圧で8時間連続鳴動しても、構造や機能に異常を生じないこと。

- 1m離れた位置で、以下の公称音圧以上の音響を発すること。

主音響装置 ※受信機内部	P型1・2級	85dB以上
	P型とGP型の3級 G型	70dB以上
地区音響装置	警報音（原則）	90dB以上
	音声	92dB以上

（「dB」は、音の大きさを表す単位。）

②表示灯の構造・機能

　ここで学習するのは、受信機に設ける火災灯や地区表示灯の場合で、発信機の位置を知らせる「表示灯」は別物なので混同しないようにな！試験では、接続する電球数の違いが頻出だ！

- 周囲明るさが300ルクスのとき、3m離れた地点で点灯を識別できること。
- 定格電圧の130%の電圧を連続20時間加えても、断線や光束の変化を生じないこと。
- 表示灯に用いる電球については、以下の通りとする（直列NG！）。

2個以上を並列に接続	1個でOK
電球（白熱電球、ハロゲン電球）	放電灯、発光ダイオード

③予備電源装置の構造・機能

　受信機には、原則予備電源を設けなければならないぞ。第9章テーマ59（電源の種類）で説明するが、3種類ある電源の機能と省略の可否に絡めた問題が試験でも頻出だ！

予備電源装置については、以下のような基準があるぞ（密閉型蓄電池タイプの予備電源の場合）。

- 密閉型蓄電池であること。
- 停電時は「主電源⇒予備電源」、停電復旧時は「予備電源⇒主電源」に自動的に切り替わる装置を設けること。
- 口出し線は色分けして、誤接続防止のための措置を講じること。
- 予備電源のバッテリー容量については、以下の通り。なお、監視状態とは、いつでも電力を供給できる状態のことである（G型とP型2・3級は設置義務なし）。

P型とR型	G型（任意設置の場合）
監視状態を60分間継続した後、2回線分の火災表示作動とすべての地区音響装置を同時鳴動させることのできる消費電流を10分間流せること。	2回線を1分間作動させて、同時にその他の回線を1分間監視状態にすることができること。

④スイッチは2種類！はね返りかそれ以外か！！

予備電源試験スイッチと火災復旧スイッチは、はね返りスイッチ（自動復旧）としなければならないんだ。その他のスイッチは全て手動スイッチだ。よって、火災灯や地区表示灯の点灯、主・地区音響装置の鳴動を止める（復旧する）場合には、人間が手動で復旧しなければならないぞ（自動復旧はNG）。

⑤その他、構造・機能で押さえておくポイントを一気にチェック！

出題頻度はそれほど高くないが、以下の内容を押さえておくんだ！

表47-2：その他、押さえておくべきポイント

電圧計	電圧計の最大目盛は、使用回路の定格電圧の140%以上200%以下とする。
電話連絡装置	発信機と連絡を取るためのもので、必要なのはP型1級のみ。なお、かつては受話器を取ると火災信号が発信されるT型発信機があったが、現在はほぼ使われていない。

第8章 その他の機器の構造・分類を学ぼう！

273

◆目には目を！同じ「級」同士を接続するんだ！

　受信機と発信機は、同じ級同士を接続（1級の発信機と1級の受信機等）するから、あべこべの級（発信機は1級で受信機が2級）が接続されることはないぞ！

➡ 受信機毎の特徴と省略可能な機能を極めよ!

　最後に、受信機ごとに省略可能な機能について見ていくぞ。

◆P型1級受信機の特徴と1回線の場合の機能省略

　P型1級受信機は、接続する回線数（警戒区域）に制限がないぞ。

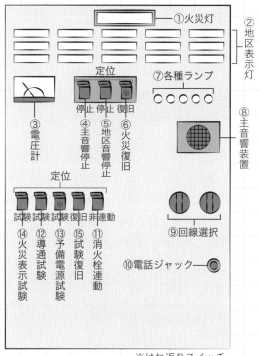

※はね返りスイッチ

図47-1：P型1級受信機の外観

　P型1級受信機（1回線）の場合は、「導通試験装置、地区表示灯、火災灯、電話連絡装置」の4つの機能を省略することができることも覚えておこう。

唱えろ！**ゴロあわせ**

■P型1級受信機（1回線）で省略可能な機能

と	ん	ち	が
導通試験装置		地区表示灯	火災灯

で	ない	一休	は不要
電話連絡装置		1級	

省略可能となる4つの機能は試験で頻出だ！ゴロ合わせで攻略できるが、複数回線あるからこそ必要なのが火災灯や地区表示灯だと分かれば、1回線なら不要と少し頭をひねれば導けるはず！！

◆P型2級受信機の特徴と省略可能な機能

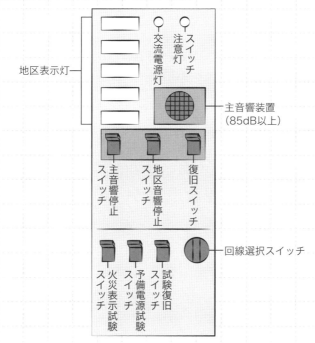

図47-2：P型2級受信機の外観

接続回線数が5以下のP型受信機がP型2級受信機だ。必要な機能も基本はP型1級（多回線）とほぼ同じだが、「導通試験装置、電話連絡装置、火災灯、発信機灯」の機能を省略することができるぞ。

唱えろ! **ゴロあわせ**

■P型1級にあって、P型2級受信機で省略可能な機能

2級品の、　　ど　　　　で　　　　　かい
2級　　　　　　　　導通試験装置　電話連絡装置　火災灯

ハットは　不要
発信機灯

 接続回線数5以下ですが、火災発生場所が不明だと困るので、地区表示灯は必要ですよね。

なお、接続回線数が1回線のP型2級受信機は、さらに「地区表示灯、地区音響装置、予備電源装置」の機能を省略することができるぞ。

唱えろ! **ゴロあわせ**

■P型2級受信機（1回線）で省略可能な機能

憎　　　い　　　　不要なトゲが
2級　　　1回線

チク　　　チク　　　よ
地区表示灯　　地区音響装置　予備電源装置

◆P型3級受信機の特徴、省略'不可能'な機能とは？

　接続回線数が1のみのP型受信機が、P型3級受信機だ。これまで見てきたのは、省略可能な機能だったが、最もミニマムな受信機のため、最低減これだけは備えておく必要のある（省略不可能）機能が以下2つあるぞ。

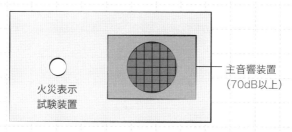

図47-3：P型3級受信機の外観

主音響装置の音圧は1m離れた位置での音圧だ。よく引っ掛け問題で出題されるのが、火災表示保持装置だ。これは、3級以外の受信機は全て必要となるが、唯一3級は不要となるんだ。

　ここを攻略できれば一気に合格に近づくといっても過言ではないぞ。要・不要のゴロ合わせと特徴を少しずつ覚えてくれればOKだ。最後に、一覧表を以下に用意したぞ。これが理解出来れば、君は受信機を制したことになるぞ！

第**8**章

その他の機器の構造・分類を学ぼう！

表47-3：等級別のP型受信機の機能の要・不要

P型受信機の機能	1級	2級	3級
火災表示試験装置	◎	◎	◎
火災表示状態の保持機能	◎	◎	×
主音響装置	85dB以上		70dB以上
	◎	◎	◎
地区音響装置	90dB以上（音声は92dB以上）		
	◎	○	×
地区表示灯	○	○	×
火災灯	○	×	×
導通試験装置	○	×	×
電話連絡装置（確認応答装置）	○	×	×
予備電源装置	◎	○	×
発信機灯	◎	×	×

◎：必要　○：1回線の場合は不要　×：不要

◆R型受信機の特徴と特有の機能を学ぼう！

　P型受信機の場合は、回線数分の配線が受信機の側に必要だ。それに対して、R型受信機の場合、火災信号を固有信号として受信するが、中継器を介してデジタル信号に変換されるので、中継器から受信機の配線は1本で済むんだ。

　R型受信機に必要な機能はP型1級受信機とほとんど同じだが、下記2つが特有の機能としてあるぞ。

①断線を検出する試験機能

　⇒受信機から終端器までの外部配線の断線を検出する機能

②短絡（ショート）を検出する試験機能

　⇒受信機から中継器までの短絡を検出する機能

　図は標準的なR型受信機だ。このほか
に、R型受信機の一種で**アナログ式受信
機**（アナログ式感知器の検出した熱や煙
の値をアナログ信号で受信するもの）が
あるぞ。今までの受信機は、火災の発生
した事実のみを信号で受信することしか
できなかったが、アナログ式受信機の場
合には、感知器が予め設定した特定の値
を検出したときに**注意表示**を行うことが
できるようになっているぞ。このほか、
アナログ式受信機が通常のR型受信機に加えて備えなければならない機能は以
下の通りだ。

図47-4：R型受信機の外観
（写真：パナソニック）

①**注意表示**⇒注意灯を点灯＆地区音響装置を鳴動させて異常を知らせる。表示
　　　　　パネルに異常を感知した地区を表示する。
②**注意表示試験装置**⇒①の表示が正常に作動するかを試験する装置。
③**感度設定装置**⇒注意表示を行う感知器の値と、火災表示を行う感知器の値を
　　　　　　　　細かく設定する装置。熱感知器は温度、煙感知器は減光率に
　　　　　　　　よって調整する。

**Step3
暗記　何度も読み返せ！**

□ 定格電圧が［60V］を超える受信機の金属製外箱は、接地端子を設
　けること。なお、周囲温度が［0］℃以上［40］℃以下でも機能に
　異常を生じないこと。
□ P型3級受信機でも省略不可能な機能は、主音響装置（1m離れた位置
　で［70dB］以上の音圧）と［火災表示試験装置］である

第**8**章

その他の機器の構造・分類を学ぼう！

No. 48 /64 火災発生!警報表示 (アラート)を学ぼう!

重要度：🔥🔥🔥

このテーマでは、火災発生時の受信機の動作について学習するぞ！受信機の学習もこのテーマで最後だ。頻出の4項目について、受信機のイラストを元にどう変化するか、動作を想像しながらチェックすると理解しやすいぞ！！

Step1 図解 目に焼き付けろ！

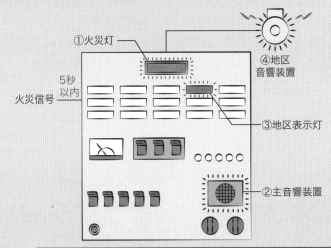

①火災灯

④地区音響装置

5秒以内

火災信号

③地区表示灯

②主音響装置

以下の4つが頻出項目だ！

・受信してから火災表示までの動作時間と作動状態は？

・誤報を防ぐ2つの仕組みとは？

・違いが重要！G型受信機が信号受信した時にガス漏れ灯の色は？

・感知器が作動していないのに、火災灯が点灯する原因とは？

Step2 解説 爆裂に読み込め！

➡ 「火災表示」の4つの状態をチェックせよ!

Step 1 図解の図を見ながら説明するぞ。受信機が火災信号を受信すると、①火災灯（赤色）と②主音響装置が作動し、火災発生を知らせるぞ（管理人室や防災センターにあるので、警備員や管理人がそれを知ることになるんだ）。③地区表示灯には火災の発生区域が表示され、建物内の各所にある④地区音響装置（非常ベル）が鳴動して、建物内にいる人に火災の発生を報せるんだ。

以上、①〜④の一連の動作をまとめて**火災表示**というぞ。なお、受信機が信号受信してから火災表示を行うまでの時間は、原則5秒以内（地区音響装置の鳴動を除く）だ。

> 火災信号を受信した時の「4つの状態」は、鑑別での出題が多い箇所なので、作動する順番と合わせて覚えておくんだ！！

➡ テーマ46の復習！誤報を防ぐ2つの方式！

原則、火災信号を受信してから5秒以内に火災表示を行う必要があるが、非火災報で現場が混乱しては大変なので、感知器の誤作動による非火災報を防止する方式として、以下2つ押さえておくんだ！（テーマ46参照）

表48-1：非火災報を防ぐ2つの仕組み

①蓄積式	感知器などからの火災（表示）信号を受信しても一定時間（5秒超60秒以内）継続しないと火災表示を行わない受信機の機能。ただし、発信機から信号が発信されたときは、蓄積機能は自動解除されて直ちに火災表示を行う。		
②二信号式	文字通り2つの火災信号を同じ区域から受信して初めて確定的な火災表示を行う受信機の機能。		
	第1信号受信	●地区表示灯が点灯 ●主音響装置又は副音響装置が作動	
	↓		
	第2信号受信	●火災灯が点灯 ●主音響装置と地区音響装置が作動	

赤字箇所を中心に覚えておきます！人の目で火災を見つけたからこそ発信機は使用されているので、この場合は蓄積機能は不要ですね！

➡ その他の注意すべき事項をまとめてチェックだ!!

このテーマの最後は、残り2項目を一気にチェックするぞ。

◆色に要注意！G型受信機のガス漏れ灯の色は？

テーマ52で詳細は学習するが、ここでは違いを押さえておくんだ。G型受信機以外の受信機における火災灯は赤色表示だが、G型受信機のガス漏れ灯（火災灯に相当する）は、黄色になるぞ。

「赤」と「黄」、色の混同に気を付けます！

◆感知器の作動以外で、受信機が火災表示をするのは何故なんだ？

第10章（鑑別）での出題実績がある分野だ。記述させる問題なので、暗記ではなく理解を意識するんだ。つまり、「Why？→Because〜」だ！

なお、以下の理由が考えられるぞ。試験では、「地区表示灯のNo.3が点灯しているが、火災ではなかった。この時考えられる原因は何か。ただし、感知器は作動していない」という形式で出題されるんだ。

- 発信機のボタンが押された（強制的に受信機が作動する）
- 配線のショート（水漏れ、ネズミによってかじられた） などなど……

> 感知器が作動していないということは、非火災報（ショート）もしくは、蓄積機能を無視する発信機の作動ってことになりますね！覚えるというよりも、考えれば、答えを導き出せそうですね！！

Step3 暗記 何度も読み返せ！

- [ ] 火災信号を受信すると、原則 [5] 秒以内に受信機の① [火災灯] と② [主音響装置] が作動して火災の発生を報せる。その後、③地区表示灯が点灯し、該当する建物の階に設置されている④ [地区音響装置] が鳴動する。

- [ ] P型受信機の火災灯は [赤] 色、G型受信機のガス漏れ灯は [黄] 色である。

- [ ] 蓄積式受信機の蓄積時間は5秒超 [60] 秒以内である。ただし、[発信機] から信号を受信した場合は、蓄積機能を解除して直ちに火災表示を行う。

常に「イマ」が一番若いんだ、今を大切にしよう！

重要度：🔥🔥🔥

「2つ」のある・なしが重要!発信機を学ぼう!

このテーマでは、発信機の構造と機能について学習するぞ!試験に出るのはP型発信機2種の「違い」だ!イラストと実物写真の両方が出題されていて、この「違い」が分かれば発信機を攻略できるぞ!

Step1 図解　目に焼き付けろ!

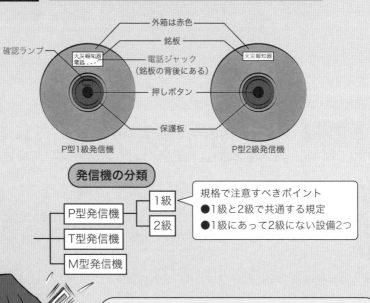

確認ランプ

外箱は赤色
銘板
電話ジャック（銘板の背後にある）
押しボタン
保護板

火災報知器 電話

火災報知器

P型1級発信機　　　　　P型2級発信機

発信機の分類

P型発信機 ─┬─ 1級
　　　　　　└─ 2級
T型発信機
M型発信機

規格で注意すべきポイント
● 1級と2級で共通する規定
● 1級にあって2級にない設備2つ

建物内の廊下壁面に赤色灯と一緒にある「アレ」が発信機だ!試験では必ず1問出題されているぞ。基本はP型発信機の違いを押さえておき、その他の発信機は概要の理解でOKだ!!

Step2 解説 爆裂に読み込め！

➡ 発信機の種類を学ぼう！（現在P型が主流）

　発信機は、防火対象物の通路壁面等の人目につきやすい場所に設置されている赤色の円形器具だ。発信機は、その場所を示す**表示灯**と**地区音響装置**を収めた機器収容箱に入れて、建物各階に設置されているぞ（下記写真では表示灯が発信機の周りに付いている）。

　写真では横型だが、縦型のものもあるぞ。

図49-1：機器収容箱に収められた発信機の外観（写真：ホーチキ）

> よく見かけます。廊下や通路の壁面にありますね！

　火災が発生したとき、人の手（**手動**）で発信機の押しボタンを押すことで火災信号を発信するんだ。なお、発信機は現在主流の**P型**と現在ほとんど使用されていない**T型**と**M型**に分類されているぞ。

➡ 試験に頻出！P型発信機（1級と2級）の「違い」を学ぼう！

　現在主に使われているのはP型発信機で、オフィスやマンションの中でよく見かけるものだ。後述するT型発信機と異なり、「火災信号の発信と同時に通話ができないもの」が該当し、1級と2級の2種類あるぞ。試験によく出るのは、1

級にあって2級にない部品2つと規格だ。冒頭図に記載のある、以下の2つの部品が、2級にはないぞ。

表49-1：1級にあって2級にない部品と機能

電話ジャック	電話機（送受話器）を接続して、受信機間で相互連絡する。
確認ランプ	火災信号が受信機に届くと点灯する確認表示のランプ。

以下記載の規格は、P型1級とP型2級に共通の内容だ。

- 押しボタンスイッチが押されたときに火災信号が伝達されること。
- 押しボタンスイッチを押した後、当該スイッチが自動的に元に戻らない構造の場合は、当該スイッチを元の位置に戻す操作を忘れないための措置を講ずること。
- 押しボタンスイッチは、前方に保護板を設け、その保護板を破壊し、又は押し外すことにより、容易に押すことができること。
- 保護板は透明の有機ガラスを用いること。
- 保護板は20Nの静荷重を加えても押し破られ又は押し外されることなく、かつ、80Nの静荷重を加えた場合に、押し破られ又は押し外されること。
- 外箱の色は赤色であること。

➡ 過去に使われていた2種類の発信機は概要を理解せよ！

このテーマの最後は、現在ほとんど使用されていない2つの発信機を見ていくぞ。試験問題の選択肢にポッと出てくることがあるので、概要だけ理解してくれ！

①同時通話ができるT型発信機

各発信機に共通または固有の火災信号を受信機に手動発信（受話器を取り上げることにより）するもので、発信と同時に通話することができるものだ。

T型のTは電話（Telephone）のTだ！

②消防機関に報知できるM型発信機

　各発信機に固有の火災信号を受信機に手動発信するもので、M型発信機の火災信号を受信したM型受信機は、火災の発生を自動的に消防機関に報知することができるぞ。

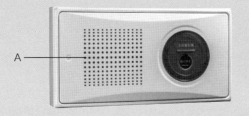

Step3 暗記　何度も読み返せ！

□　写真のAは［地区音響装置］であり、発信機を［機器収容箱］に収めている。

A ————

□　P型発信機で、1級にあって2級にない部品（機能）は以下の通り。
　　［電話ジャック］と［確認ランプ］

細かい規格が頻出!中継器の構造・機能を学ぼう!

重要度：

このテーマでは、中継器の構造・機能について学習するぞ！基本はこれまでに学習してきた内容の応用（＋α）だが、中継器に特有の基準（3項目）が重要なので、そこを中心に見ていくぞ！

Step1 図解 目に焼き付けろ！

中継器の構造・機能

原則
- 受信機の規格に類似する事項+α

特有の基準
- 地区音響装置の鳴動停止法
  - YES 受信機
  - NO 中継機
- 予備電源及び保護装置の設置基準

- その他

基本は受信機の規格に似てるね

基本は受信機の規格に類似しているが、上記記載の特有の基準（3項目）を注意して見ていくぞ！

Step2 解説　爆裂に読み込め！

→ 間を繋ぐ中継器は、類似or異なる（特有）規格の比較が大事なんだ！

　中継器は、感知器や発信機等から発せられた火災信号を受信して、他の中継器、受信機または消火設備等に発信するものだ。主に防火対象物の階段室等に設置されているものが該当するが、中継器は必ず設置するものではないため、設備によっては設置しない場合もあるぞ。

　中継器の構造・機能に関する規格は、テーマ47で学習した受信機の構造・機能に関する規格と類似しているんだ。よって、類似する事項＋α（特有事項）という構成なので、＋αの部分を中心に見ていくとよいぞ。

受信機と類似する規格
- 定格電圧が60Vを超える中継器の金属製外箱には、接地端子を設けること。
- 不燃性または難燃性の外箱で覆うこと。
- 水滴が侵入しにくく、ほこりや湿気により機能に異常を生じないこと。
- 配線は、十分な電流容量を有し、かつ、接続が的確であること。
- 信号の受信から発信開始までの所要時間は、5秒以内であること。
- 火災信号、火災表示信号、火災情報信号、ガス漏れ信号に影響を与える恐れのある操作機構を設けないこと。
- 蓄積式の中継器にあっては、蓄積時間が5秒超60秒以内であること（発信機からの火災信号を受信した場合は、蓄積機能を自動解除すること）。

　中継器に特有の規格は、以下の通りだ。

中継器に特有の規格（＋α）
- 地区音響装置を鳴動させる中継器は、受信機で操作しない限り、鳴動を継続させること。
- 蓄積式中継器において蓄積時間を調整する装置を有する物については、当該装置を中継器の内部に設けること。
- アナログ式中継器に設ける感度設定装置は、表示温度等を設定する感知器を特定でき、かつ、当該感知器にかかる表示温度等の確認が容易にできること。そして、表示温度等の変更については、2以上の操作によらなければ変更できないものであること。
- 中継器から外部負荷に電力を供給する場合、その回路内に保護装置（ヒューズ又

第**8**章

その他の機器の構造・分類を学ぼう！

はブレーカー）を設け、保護装置が作動したときには、受信機にその旨の信号を送るようにすること。

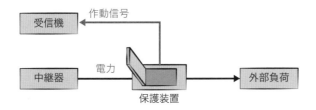

- 予備電源を設けること。ただし、ガス漏れ火災警報設備に使用する中継器にあってはこの限りではない（不要ということ）。

学習（紙面）の都合でテーマ分けをして学習しているが、ある程度学習が進むにつれて、似たようなフレーズや聞き覚えのある言葉、重複する内容に気付くはずだ。そんな時は、「これ、〇〇と同じじゃないか？」的な形で関連づけて覚えるんだ！知識と知識が結びつくことで、「記憶」になって定着するぞ！

Step3 暗記 何度も読み返せ！

□ 蓄積式の中継器の蓄積時間は［5秒］超［60秒］以内であること。ただし、［発信機］からの火災信号を受信したときは、蓄積機能を自動解除すること。

□ 地区音響装置を鳴動させる中継器においては、［受信機］において操作しない限り鳴動が継続すること。

□ 蓄積式中継器の蓄積時間を調整する装置は、［中継器の内部］に設けること。

No.
51
/64

地区音響装置の構造・機能を学ぼう!

このテーマでは、地区音響装置の構造と機能について学習するぞ!各階に設置されるもので、試験では「P型1級受信機に接続するもの」が頻出だ。以下3つのポイントに絞って学習するぞ!

Step1 図解 目に焼き付けろ!

地区音響装置

警報音（原則）	90dB以上
音声	92dB以上

頻出ポイント

- 設置基準
- 音圧
- 警報音による声の違い（男or女）

受信機本体に設置される'主'音響装置はテーマ47で学習済みだ。似ている所も多いので忘れていたら、この機会に復習するんだ!

爆裂に読み込め!

→ これまでの復習＋α　それが地区音響装置だ!!

地区音響装置は、P型2級受信機（1回線）とP型3級受信機を除き、以下に定める通り設置しなければならないぞ。

表51-1：地区音響装置の設置基準

音圧	音声により警報を発するものを除く音（要は警報音）の音圧は、取り付けた音響装置の中心から1m離れた位置で90dB以上であること。
	音声により警報を発するものの音圧は、取り付けた音響装置の中心から1m離れた位置で92dB以上であること。
設置環境	①主要部の外箱材料は、不燃性または難燃性のものとし、腐食により機能異常が生じる恐れがある部分については、防食のための措置を講じること。 ②ほこりや湿気により機能に異常を生じないこと。 ③配線は、十分な電流容量を有し、接続が的確であること。また、部品は、機能に異常が生じないように取り付けられていること。 ④誤接続の恐れがあるものについては、それを防止するための適当な措置が講じられていること。 ⑤充電部は、容易に外部の人が触れないよう保護されていること。 ⑥地区音響装置をダンスホールやカラオケボックス、その他これらに類する場所で室内又は室外の音響が聞き取りにくい場所に設ける場合は、当該場所において他の警報音又は騒音と明らかに区別して聞き取ることができるように措置されていること。
設置基準	● 地区音響装置の設置距離は、各階ごとに、その階の各部分から一の地区音響装置までの水平距離が25m以下となるように設けること。 水平距離 25m以下 Ⓑ Ⓑ　　Ⓑ 25m以下　25m以下

設置基準	● 音声により警報を発する地区音響装置のスピーカーに至る回路は、自動火災報知設備の信号回路における信号の伝達に影響を及ぼさないように設けると共に、他の電気回路によって誘導障害が生じないように設けること。
鳴動	● 1つの防火対象物に1以上の受信機がある場合は、どの受信機からでも鳴動させることができること。 ● 原則は全館一斉鳴動だが、以下の大規模防火対象物については区分鳴動が行えるようにすること。 【区分鳴動とする大規模防火対象物の要件】 | 地階を除いた階数	延床面積 | |---|---| | 5以上 | 3000m²以上 | 【区分鳴動の原則と例外】 | 原則 | 出火階とその直上階のみ鳴動 | |---|---| | 出火階が1階または地階 | 原則＋地階全部（出火階以外）も鳴動 |
音声の基準	感知器作動警報の音声は女声、火災警報の音声は男声であること。

男声と女声は混同しそう…。

唱えろ！ **ゴロあわせ**

■音声の違いは、カンで

女性　の　カン　声（歓声）が
女声　　　　感知器

聞こえる。

何度も読み返せ！

☐ 地区音響装置の音圧は、音響装置の中心から［1m］離れた位置で［90dB］以上であること。なお、音声により警報を発するものは［92dB］以上であること。

☐ 感知器作動警報は［女声］、火災警報の作動は［男声］であること。

☐ 地区音響装置を設置する時は、各階ごとに、その階の各部分から一の地区音響装置までの［水平距離］が［25m］以下となるように設置すること。

重要度：🔥🔥🔥

「違い」に注目!ガス漏れ火災警報設備を学ぼう!

このテーマでは、ほぼ毎回出題されているガス漏れ火災警報設備について学習するぞ。前半は構成機器の構造・機能、後半は設置基準と見ていくぞ。範囲は広いが、自火報の基準＋αの構成なので復習＋αで取り組むんだ！

Step1 図解 目に焼き付けろ!

ガス漏れ火災警報設備

●受信機　　●検知器　　●警報装置　　●中継器

ガスの検知方式は、
①半導体式　②接触燃焼式
③気体熱伝導度式

警報方式は、
①即時警報型　②警報遅延型
③反限時警報型

設置基準

●警戒区域
●検知器
●受信機
●警報装置

自火報の基準と同じモノは同じモノとして、異なる部分（特有の部分）を違いとして理解する！

3種類の検知方式と警報装置の作動遅延時間、検知器の設置基準などが頻出だが、文言よりもイラストを見ながらイメージをつかむことを意識して取り組むんだ！！

➡ ガス漏れ火災警報設備って何だ？

テーマ36で基本事項は見てきたが、改めて中身の詳細を見ていくぞ。都市ガ
ス等の燃料ガスや地下から自然発生する可燃性ガスの漏れを検知して、防火対
象物の関係者又は利用者に警報を発する設備が**ガス漏れ火災警報設備**だ。ガス
漏れ火災警報設備は、以下の機器で構成されるぞ。

- 受信機
- ガス漏れ検知器（単に「検知器」ともいう）
- 警報装置
- 中継器

 目に見えない「ガス」の漏れを検知するので、人の視覚で感知で
きないから発信機はないぞ！このほか、自動火災報知設備の構成
機器の代替的に考えれば、以下の通りとなるぞ。

表52-1：自火報機器の名称、ガス漏れ設備では？

自動火災報知設備		ガス漏れ火災警報設備
感知器	⇒	検知器
音響装置	⇒	警報装置

➡ 構成機器の構造・機能をまとめてチェックしよう！

以下、ガス漏れ火災警報設備の構成機器の構造・機能を順に見ていくぞ。

（1）G型受信機

表52-2：受信機の分類

G型	ガス漏れ火災警報設備専用機種
GP型	ガス漏れ（G型）と自動火災報知設備（P型）の併用機種で、受信機の性能で1〜3級に分類される。
GR型	ガス漏れ（G型）と自動火災報知設備（R型）の併用機

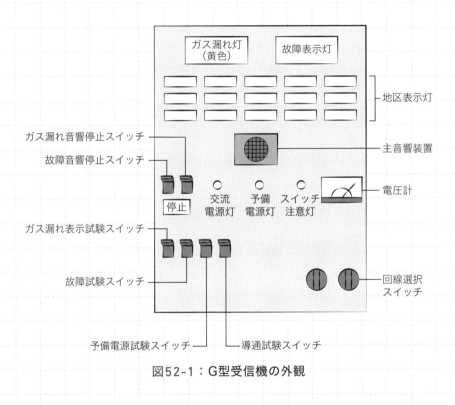

図52-1：G型受信機の外観

受信機の種類はテーマ46でも簡単に触れましたね！

　そうだったな。忘れていたら、「必ず」復習しておくんだ！図を見ると分かるが、ガス漏れ火災警報設備用受信機の各機器の構成や特徴は、自動火災報知設

第**8**章

その他の機器の構造・分類を学ぼう！

備のものとほとんど同じなんだ。しかーし！！以下2つの構成機器は、ガス漏れ火災警報設備に特有のものだ。

表52-3：G型受信機に特有の部品・機能

ガス漏れ灯	検知器からのガス漏れ信号を受信すると点灯する黄色のランプ ⇒自火報の火災表示灯は赤色だ！
故障表示灯	電源や回路内の短絡や故障が発生したときに点灯するランプ

ガス漏れが発生すると、①黄色のガス漏れ灯が点灯し主音響装置が鳴動、②地区表示灯によりガス漏れ発生警戒区域が表示されるぞ！

このほか、G型受信機の主な特徴は以下の通りだ。

- ガス漏れ信号の受信開始からガス漏れ表示までの所要時間は、60秒以内であること。
- 2回線から同時にガス漏れ信号を受信したときでも、ガス漏れ表示をすることができること。
- ガス漏れ表示の作動を容易に確認することができる装置による試験機能（ガス漏れ表示試験スイッチ）を有し、かつ、この装置の操作中に他回線からのガス漏れ信号を受信したときでも、ガス漏れ表示を行うことができること。
- 導通試験装置（回路導通試験スイッチ）を有していること。

この他の特徴として、接続回線数が5以下の場合は導通試験装置、接続回線数が1の場合は地区表示灯を省略することができるぞ。

P型受信機と同じですね！

(2) 検知器

　ガス漏れを検知して中継器又は受信機にガス漏れ信号を送るのが、**ガス漏れ検知器**（単に「検知器」ともいう）だ。ガス漏れを検知してその場で警報音を発するタイプの検知器もあって、ガス漏れの検知方式は、以下3種類だ。

表52-4：違いが重要！3つの検知方式

方式	原理	構造
半導体式	加熱した半導体表面（酸化鉄や酸化スズ等）にガスが吸着すると、半導体の電気抵抗が減少して電流が増加。この電流増加（電気伝導度の変化）を利用してガス漏れを検知する方式。	ヒーター　電極　半導体
接触燃焼式	コイル状の白金線表面にガスが接触して酸化反応（接触燃焼）すると、白金線の電気抵抗が増加。この変化からガス漏れを検知する方式（気体熱伝導度式と逆の変化）。	白金線（検出素子）　補償素子
気体熱伝導度式	コイル状の白金線表面に普段の空気と異なるガスが触れると、温度変化と一緒に電気抵抗も変化する。この変化からガス漏れを検知する方式。	白金線　補償素子　半導体

　検知器の構造・機能の規格は、以下の通りだ。なお、気体の燃焼は、空気との混合蒸気の燃焼で、一定の混合割合の範囲内にあるときに燃焼または爆発が発生するが、この範囲を**燃焼**範囲又は**爆発**範囲といい、その上限値を**爆発上限界**、下限値を**爆発下限界**というぞ。

　適度な混合割合で、多すぎても少なすぎてもダメなんですね！

- ガス濃度が爆発下限界の1/4以上で確実に作動し、また1/4以上の濃度が継続しているときは継続して作動し続けること。
- 爆発下限界の1/200以下のときには作動しないこと（微量ガスによる誤報防止）。

作動しない　　　　作動する　　　爆発下限界(V)　　　　　　　爆発上限界

$V \times \dfrac{1}{200}$　　$V \times \dfrac{1}{4}$　　　　ガス濃度低　　　　　　　ガス濃度濃

爆発範囲

- 信号を発する濃度のガスに接したら、60秒以内に信号を発すること。
- 検知器は、消防庁長官が定める基準に適合するものであること。
- 警報機能を持つ検知器には、通電表示灯（左）と作動確認灯（右）を設けること。
- 警報機能を持つ検知器の音圧は、装置から1m離れた位置で70dB以上であること。

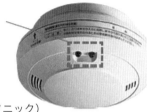

（写真：パナソニック）

　ガス漏れの検知方式で3つに分類されるが、ガスを検出した時の警報方式によっても、以下3つに分類することもできるぞ。

表52-5：3つの警報方式

即時警報型	警報設定値にガス濃度が達した直後に警報を発する方式。
警報遅延型	警報設定値にガス濃度が達した後、その濃度が一定時間継続（60秒以内）した場合に警報を発する方式（一過性のものには反応しない）。
反限時警報型	警報遅延型と同様にガス濃度が警報設定値に到達後一定時間経過した場合に警報を発するもので、ガス濃度が高くなるほど、設定した一定時間が短くなる方式（高濃度ガスは危険なため、その分早めに作動するようにしている）。

（3）警報装置

　ガス漏れ火災警報設備の警報装置は、以下3種類あるぞ。

表52-6：警報装置一覧

音声警報装置	ガス漏れの発生を音声で建物全体に知らせる装置。適法な非常放送設備がある場合は、その有効範囲内について省略することが可能。
ガス漏れ表示灯	警戒区域に設定された各部屋の出入り口付近に設置する表示灯。ガス漏れの発生を点灯（目）で知らせる。
検知区域警報装置	検知区域（1個の検知器が有効にガス漏れを検知できる区域のこと）にいる関係者に対して、警報音（耳）でガス漏れの発生を知らせる。このとき、音響装置から1m離れた位置で70dB以上の音圧であることが必要。

4類消防設備士の出題内容は多岐にわたるうえに範囲が広く、覚える事項も多いから、苦手に思う受験生が散見されるが、ここで一度、これまで学習してきた内容で同じモノを一例としてまとめてみるぞ。

- P型3級受信機の主音響装置とG型受信機の音響関係全部
  ⇒装置から1m離れた位置で70dB以上

- 受信機の蓄積時間とG型検知器の警報遅延時間
  ⇒60秒以内

学習テーマ（順）の都合でバラバラですが、一通り見た後に復習する時は、関連づけるようにします！！

🔜 構成機器の設置基準を学ぼう!!

このテーマの最後は、ガス漏れ火災警報設備の設置基準を見ていくぞ。まずは復習を兼ねて、ガス漏れ火災警報設備の警戒区域の原則と例外を見ていくぞ。

(1) 警戒区域の原則と例外

【原則】
①防火対象物の2以上の階にわたらないこと（1フロアで1警戒区域）。
②一つの警戒区域の面積は600m²以下で、一辺の長さは規定なし。

【例外】
①2以上の階にわたる場合でその合計面積が500m²以下の場合、2つのフロアを1
　警戒区域とすることができる。
②通路中央からガス漏れ表示灯を見通せる場合、面積1000m²以下でもよい。
③貫通部（燃料ガスを供給する導管が建物外壁を貫通する場所）に設ける検知器
　は、他の検知器にかかる検知区域と区別して表示できるようにする。

(2) 検知器の設置基準、図で距離と設置状況を理解せよ！

　検知器の設置場所は、検知するガスの種類で2つに分けられるぞ。

①対空気比重1以下（空気より軽い）ガスの場合

　都市ガスのように空気より軽いガスは、漏れ出ると上昇するので、検知器を
天井又は天井近くの壁に取り付けるんだ。

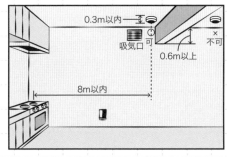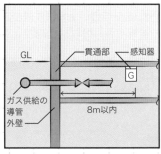

図52-2：空気より軽いガス（左）、貫通部（右）の設置基準

- 燃焼器又は導管の貫通部分から水平距離で8m以内に設置すること。
- 感知器の下端が天井から0.3m以内に設けていること。
- 天井面から0.6m以上突き出したはり等がある場合は、そのはり等の内側に
  設けること。
- 天井付近に吸気口がある場合は、その吸気口付近に設けること。
  →漏れ出たガスが吸気口へ流れ出て、検知しやすくするため。なお、はりの

外側の吸気口は対象外。複数吸気口がある場合は、燃焼器等から最も近い方に設置する。

②対空気比重1以上（空気より重い）ガスの場合

プロパンガス（LPG）のように空気より重いガスは、漏れ出ると下に沈むため、検知器を床面付近に取り付ける。

- 燃焼器または導管の貫通部分から水平距離で**4m以内**に設置すること。
- 感知器の上端が床面から**0.3m以内**の位置に設けていること。

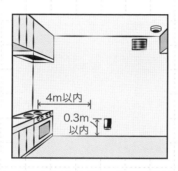

図52-3：空気より重いガスの設置基準

なお、以下記載の4つの場所は「ガス漏れの発生を有効に検知することができない場所」として、検知器の設置がNGだぞ。

- 出入り口付近で、外部の気流が頻繁に流通する場所
- 換気口の空気吹き出し口から1.5m以内の場所
- ガス燃焼機器の廃ガス等に触れやすい場所
- その他、ガス漏れの発生を有効に検知出来ない場所

（3）警報設備の設置基準

以下の基準に従って設置するぞ。赤字箇所を中心にチェックするんだ！

表52-7：警報装置（3種）の設置基準

音声警報装置	• 音声・音圧が、他の警報音や騒音と明らかに区別して聞き取れること。 • スピーカーは、各階ごとにその階の各部分から1つのスピーカーまでの水平距離25m以下となるように設けること。 • 2台以上の受信機を設けるときは、受信機があるどの場所からでも作動できるようにすること。
ガス漏れ表示灯	• 1つの部屋を1つの警戒区域とする場合は、ガス漏れ表示灯を省略することができる。 • 検知器を設ける室が通路に面している場合、その通路に面する部分の出入り口付近に設けること。 • 前方3m離れた地点から、点灯していることを明確に識別できること。
検知区域警報装置	• 装置から1m離れた位置で、音圧が70dB以上であること。 • 機械室その他、常時人がいない場所及び貫通部や警報機能付きの検知器を設置する場合は、設置を省略することができる。

Step3 暗記 **何度も読み返せ！**

☐ 加熱した半導体表面（酸化鉄や酸化スズ等）にガスが吸着すると、半導体の電気抵抗が減少して電流が増加する。この電流増加（電気伝導度の変化）を利用してガス漏れを検知するのは［半導体式］である。

☐ 警報設定値にガス濃度が達した後、その濃度が一定時間継続（60秒以内）した場合に警報を発する方式は［警報遅延型］、ガス濃度が警報設定値に到達後一定時間経過した場合に警報を発するが、ガス濃度が高くなるほど、設定した一定時間が短くなる方式は［反限時警報型］である。

☐ 空気より軽いガスを検知するための検知器は、燃焼器又は導管の貫通部分から水平距離で［8m］以内に設置する。ただし、空気より重いガスを検知する検知器にあっては、この距離が［4m］以内となる。

No. 53 /64

「歩行」と「水平」　2つの距離の違いを学ぼう！

このテーマでは、「距離」に着目した設置基準を学習するぞ。引っ掛け問題の出題が多くなされている分野だ。歩行と水平、図を見て違いを理解するとともに、分類は語呂合わせで攻略せよ！

Step1 図解　目に焼き付けろ！

水平距離と歩行距離の違い

水平距離
（最短）

歩行距離：発信機、煙感知器
水平距離：それ以外

歩行距離（実際）

ハ　エ　の　歩行　は
発信機　煙感知器　　　　歩行距離
意外　と　水平
それ以外　　　　水平距離

家を買う・借りる場合の最寄駅からの「徒歩距離」が、いわゆる歩行距離だぞ！「歩行」と「水平」、読み違えに気を付けるんだ！

爆裂に読み込め!

→ 図&言葉の定義を確認するんだ!

この章の最後に、本試験で最近ややこしい出題が増えているところを触れておくぞ。それは、水平距離と歩行距離だ。

> 水平距離:障害物等を一切考慮しない理論上の最短距離のこと。
> 歩行距離:障害物などを考慮した実際の距離(徒歩距離ともいう)のこと。

表53-1:違いを押さえる!「水平」「歩行」距離

水平距離	● 水平距離50m以下の範囲内にある複数の階段やエレベーター昇降路などは、それらをまとめて一つの警戒区域に設定することができる。 ● スピーカーは、各階ごとにその階の各部分から1つのスピーカーまでの水平距離25m以下となるように設けること。
歩行距離	● 発信機は、各階ごとにその階の各部分から1つの発信機までの歩行距離50m以下となるように設置すること。 ● 廊下・通路に設ける煙感知器は、歩行距離30m(3種は20m)につき1個以上設けること。

Step3
暗記

何度も読み返せ!

☐ 音声警報装置は、各階ごとにその階の各部分から一のスピーカーまで[水平]距離で[25m]以内となるように設置すること。

☐ 発信機は、各階ごとにその階の各部分から一の発信機までの[歩行]距離が[50m]以内となるように設置すること。

☐ 廊下・通路に設ける煙感知器は、[歩行距離]で30m(ただし3種は[20m])につき1個以上設置すること。

燃えろ！演習問題

(問題1)

文中の空白に入る語句の組み合わせとして正しいものはどれか。

🔥 01 「R型受信機は、火災信号等を［(A)］の信号として受信することから［(B)］という特徴がある。火災表示試験装置並びに終端器に至る外部配線の断線及び受信機から中継器（［(C)］から火災信号を直接受信するものにあっては［(C)］）に至る短絡を検出できる装置を備えているほかは、P型1級受信機と同様な機能を有している。」

	(A)	(B)	(C)
ア)	共通	信号線が少なくてすむ	発信機
イ)	固有	信号線が個別に必要となる	発信機
ウ)	共通	信号線が個別に必要となる	感知器
エ)	固有	信号線が少なくてすむ	感知器

P型1級受信機の機能について、以下の文の正誤を答えなさい。

🔥 02 接続回線数が1回線の受信機では、火災表示試験装置と導通試験装置を省略することができる。

🔥 03 2回線から火災信号又は火災表示信号を同時受信したとき、火災表示をすることができること。

🔥 04 火災信号又は火災表示信号の受信開始から火災表示までの所要時間は、3秒以内であること。

🔥 05 P型1級受信機であれば、回線数に関係なく、1つの防火対象物に3台以上設けることができる。

自動火災報知設備の受信機に設ける予備電源について、以下の文の正誤を答えなさい。

🔥 06 密閉型蓄電池とし、監視状態を60分継続した後2回線分の火災表示の作動とすべての地区音響装置を鳴動させる電流を10分以上流せる容量にすること。

🔥 07 主電源が停止したときは自動的に主電源から予備電源に切り替わる装置を設けること。また、主電源が復旧したときは予備電源から主電源に確実に復旧

第8章 その他の機器の構造・分類を学ぼう！

307

させるため、手動で切り替える装置を設けること

🔥 **08** 接続回線数1のP型2級受信機の場合は、設置を省略することができる。

解答 1

🔥 **01** エ）→No.46＆47

正しい文章を入れると、以下の通りになるぞ。

「R型受信機は、火災信号等を［固有］の信号として受信することから［信号線が少なくてすむ］という特徴がある。火災表示試験装置並びに終端器に至る外部配線の断線及び受信機から中継器（［感知器］から火災信号を直接受信するものにあっては［感知器］）に至る短絡を検出できる装置を備えているほかは、P型1級受信機と同様な機能を有している。」

🔥 **02** ✕ →No.47

接続回線数が1回線の受信機では、火災表示試験装置と導通試験装置を省略することができる。⇒すべてのP型受信機で省略不可。

🔥 **03** ◯ →No.47

🔥 **04** ✕ →No.48

火災信号又は火災表示信号の受信開始から火災表示までの所要時間は、35秒以内であること。

🔥 **05** ✕ →No.47

P型1級受信機であれば、回線数に関係なく、1つの防火対象物に3台以上設けることができる。

⇒多回線はそうだが、1回線だと2台以下。

🔥 **06** ◯ →No.47

🔥 **07** ✕ →No.47

主電源が停止したときは自動的に主電源から予備電源に切り替わる装置を設けること。また、主電源が復旧したときは予備電源から主電源に確実に復旧させるため、手動で切り替える装置を設けること⇒自動が正解だ。

🔥 **08** ◯ →No.47

問題 2

P型2級受信機について、以下の文の正誤を答えなさい。

🔥09 P型2級受信機では、火災灯と電話連絡装置は不要である。

🔥10 回線数1の受信機では、地区表示灯と予備電源を省略できない。

🔥11 原則、P型2級受信機の主音響装置は85dB以上、地区音響装置は90dB以上の音圧であること。

🔥12 火災信号又は火災表示信号の受信開始から火災表示までの所要時間は、5秒以内であること。

中継器の構造・機能について、以下の文の正誤または問いに答えなさい。

🔥13 地区音響装置を鳴動させる中継器には、地区音響装置の鳴動を停止させるスイッチを設けること。

🔥14 中継器の受信開始から発信開始までの所要時間は5秒以内であること。

🔥15 定格電圧60Vを超える中継器の金属製外箱は、接地端子を設けること。

🔥16 蓄積式中継器において蓄積時間を調整する装置を有するものについては、当該装置を中継器の内部に設けること。

🔥17 P型1級発信機及びP型2級発信機の構造に関する次の記述の（　）に入る数値及び語句の組み合わせとして、正しいものはどれか。

『発信機を収納する外箱の色は（A）色とすること。なお、発信機に設けられた押しボタンスイッチの保護板は透明の（B）とし、そこに（C）Nの静荷重を加えても押し破られ、又は押し外されることなく、かつ、たわみによって押しボタンスイッチに触れないこと。ただし、（D）Nの静荷重を一様に加えた場合、押し破られ又は押し外されなければならない。』

	A	B	C	D
ア）	赤	有機ガラス	20	80
イ）	赤	プラスチック	40	120
ウ）	白	プラスチック	40	80
エ）	赤	有機ガラス	20	120

第**8**章 その他の機器の構造・分類を学ぼう！

🔥18 ガス漏れ検知器の設置場所として、適切なものは次のうちどれか。なお、検知対象ガスの空気に対する比重は1未満とする。

　　ア）燃焼器の廃ガスに触れやすい場所
　　イ）燃焼器から最も近い吸気口付近
　　ウ）出入り口付近で、外部の気流が出入りしやすい箇所
　　エ）換気口の空気吹き出し口から1.5m以内の場所

解答

🔥09 ○ →No.47
このほか、導通試験装置と発信機灯が不要だぞ。この点は、俺が用意したゴロ合わせで確実に攻略するんだ！！

🔥10 × →No.47
回線数1の受信機では、地区表示灯と予備電源を省略できない。⇒1回線のみの場合は、省略可能。

🔥11 ○ →No.47

🔥12 ○ →No.47

🔥13 × →No.50
地区音響装置を鳴動させる中継器には、地区音響装置の鳴動を停止させるスイッチを設けること。⇒音響の停止は、中継器ではなくて、受信機の側で操作しない限り鳴動を継続させなければならないぞ。なお、蓄積時間を調整する装置を設ける場合には、中継器内部に設ける必要がある点との混同に注意だ！

🔥14 ○ →No.50

🔥15 ○ →No.50

🔥16 ○ →No.50

🔥17 ア）→No.49
正しい数値と語句を入れた文章は、以下の通りだ。
『発信機を収納する外箱の色は（A赤）色とすること。なお、発信機に設けられた押しボタンスイッチの保護板は透明の（B有機ガラス）とし、そこに（C20）Nの静荷重を加えても押し破られ、又は押し外されることなく、かつ、たわみによって押しボタンスイッチに触れないこと。ただし、（D80）

Nの静荷重を一様に加えた場合、押し破られ又は押し外されなければならない。』

🔥 **18** **イ）** →No.52

> イ）以外は、全て設置NGの箇所だ。以下を確認するんだ。
>
> ・出入り口付近で、外部の気流が頻繁に流通する場所
> ・換気口の空気吹き出し口から1.5m以内の場所
> ・ガス燃焼機器の廃ガス等に触れやすい場所
> ・その他、ガス漏れの発生を有効に検知出来ない場所

（問題3）

以下の問に答えなさい。

🔥 **19** P型1級発信機及びP型2級発信機の構造及び機能について、規格省令上誤っているものはどれか。

ア）ともに外箱の塗色は赤色にすること。

イ）押しボタンスイッチを押した後、そのスイッチが自動的に元に戻らない発信機の場合は、そのスイッチを元に戻す操作を忘れないための措置を講じること。

ウ）火災信号は、押しボタンスイッチが押されたときに伝達されること。

エ）ともに火災信号を伝達したとき、受信機側でその信号を受信したことを確認できる装置を設けること。

20 地区音響装置の音圧についての下表の数値の組み合わせとして、正しいものはどれか。

	警報音によるもの	音声によるもの
ア）	70dB以上	85dB以上
イ）	90dB以上	92dB以上
ウ）	85dB以上	90dB以上
エ）	70dB以上	92dB以上

21 ガス漏れ検知器のガス検知方式として、誤っているものはどれか。
ア）気体熱伝導度式　イ）接触燃焼式　ウ）半導体式　エ）熱電対式

解答

19 エ）→No.49
確認ランプは、P型1級発信機に**必要**だが、P型2級発信機では**不要**だ。このほか、**電話ジャック**もP型2級発信機では不要になるぞ。

20 イ）→No.47&51
地区音響装置の音圧は、音響装置から<u>1m離れた位置</u>において、<u>警報音の場合は90dB以上</u>、<u>音声による場合は92dB以上</u>の音圧が必要だ。85dBと70dBは主音響装置（70dBはガス漏れ警報設備も該当）の音圧の数値だ。混同しないようにな！

21 エ）→No.52
ア）～ウ）はガス検知器の方式として正しいものだが、エ）は**差動式分布型感知器**の検知方式だ。間違えないように気を付けろ！！

第 **9** 章

設置基準（規格）を
学ぼう!

本章では、自動火災報知設備を設
置・整備する際の規格について学
習するぞ。
かなり細かい数値が頻出で、その
数値を生かした問題が製図（第
11章）で出題されているんだ。
既に学習した内容もあるため、復
習＋αと思い取り組むんだ!!

No. 54 /64 受信機の設置基準を学ぼう！

このテーマ以降、自火報設備の設置基準を見ていくぞ。まずは受信機だ。規格に特有の言葉（定義）や数値が多数あるが、第6章テーマ34の内容と被る部分が多いので、これまでの理解度チェックと思って取り組むんだ！！

Step1 図解 ▶ 目に焼き付けろ！

受信機の設置基準

・設置高さと面積による設置台数の制限
・音響の鳴動及び同時通話機能

法令で学習した内容と被るよ！

第9章で学ぶ内容は、科目の都合で「規格」として分けているが、法令的な視点（6章）での出題、自火報の機械としての出題（7・8章）と、同じ内容が異なる科目として出題されているんだ。内容は同じで相互に関連しているから、復習と思って取り組んでくれよ！

Step2 解説 爆裂に読み込め！

→ 受信機の設置基準は法令と被る!Let's 復習だ!!

「同じことを繰り返し学習する、繰り返しの意味なんてあるの？」

俺の耳によく入ってくるフレーズだ。結論を言うぞ、意味は大ありだ！一流のスポーツ選手が、基本の反復を繰り返す（野球なら素振り、サッカーならパスやシュートの練習だ）重要性を理解しているように、勉強で大切なのは、基本の繰り返しなんだ！

> 甘く考えてました。基本に忠実に学習します！

では、本題だ。受信機本体の設置基準を見ていくぞ。法令で学習した内容と被る部分は復習と思い、赤字箇所を中心にチェックだ。

◆受信機本体の設置条件

①1つの防火対象物に2以上の受信機が設けられているときは、これらの受信機相互の間で同時通話ができる装置を設けること。

②受信機に付属する主音響装置又は副音響装置の音圧や音色は、他の警報音や騒音などと明らかに区別して聞き取れること。

③受信機本体は、防災センターなどに設けること。

④受信機の操作スイッチは、床面から0.8m以上（いすに座って操作する場合は0.6m以上）1.5m以下の高さに設けること。

> 人の身長の高さをイメージしよう。0.6と0.8を混同しないように！

第9章 設置基準（規格）を学ぼう！

周囲の人ではなく、時間と競争しよう！

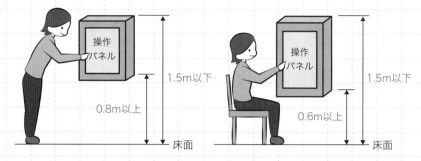

図54-1：受信機の設置高さ（0.2mの違いが重要だ！）

⑤受信機の傍らには**警戒区域一覧図**を備えること。また、アナログ式受信機（または中継器）の場合は、表示温度等設定一覧図（注意表示や火災表示の際に設定した温度の一覧）を付近に備えておくこと。

⑥一つの防火対象物に設置可能な受信機の数は、テーマ34で学習した通り。基本は、多回線のP型1級以外は2台までとなる（**3台以上設置できるのは、多回線のP型1級受信機のみ**）。

⑦P型2級受信機（1回線）は延床面積350m²以下、P型3級受信機は延床面積150m²以下の防火対象物にしか設置できない。

Step3 暗記 何度も読み返せ！

- [ ] 受信機本体の操作スイッチは、床面から［0.8］m以上（いすに座って操作するものは［0.6］m以上）［1.5］m以下の高さに設けること。
- [ ] 受信機の傍らには［警戒区域一覧図］を備える。
- [ ] 一の防火対象物に3台以上設置することができるのは［多回線］の［P型1級］受信機のみである。

No. 55 /64 ゴロ合わせでクリア！ 感知区域・面積を攻略せよ！

このテーマでは、感知区域の設定と感知器設置の注意事項を学習するぞ。警戒区域との定義混同、取付面の天井高さといった引っ掛け問題の出題が多い分野だ。その点に気を付けてチェックすれば、必ず攻略できるぞ！！

Step1 図解 目に焼き付けろ！

感知区域と警戒区域

感知区域（本テーマで学習）	警戒区域（第6章テーマ32）
・「はり」高の数値と取付面高の数値混同に要注意！ ・感知面積はゴロ合わせで攻略！	原則と例外が頻出！

別物！

法令で学習した感知区域と警戒区域の別をさらに進めて、感知区域の内容とその面積について見ていくぞ！！数値混同しやすい箇所でもあるから、「違い」を意識して取り組むんだ！！

第9章 設置基準（規格）を学ぼう！

317

爆裂に読み込め!

→ 改めて告ぐ! 区別せよ、感知区域と警戒区域

全ての受験生に告ぐ！！第4類消防設備士は、似たようなフレーズや油断すると混同してしまう内容が結構出題されているので、注意が必要だ。

まずは復習。警戒区域とは、「火災の発生した区域を他の区域と区別して識別することができる最小単位の区域」のことだ。一方、混同しやすい感知区域は、「感知器が有効に火災の発生を検知できる区域で、壁又は取付面から突出したはり等によって区画された部分」のことで、両者を図で表すと次の通りだ。

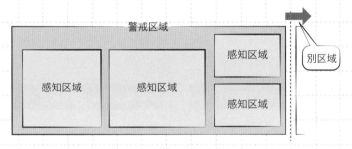

図55-1：警戒区域と感知区域

分かりました！ 警戒区域の中に感知区域がいくつもあるというイメージですね！

その通りだ。一部例外もあるが、それで十分だ（試験で例外は出ないから安心だ）！

感知区域の定義は、以下の通りだ。

壁、または取付け面から0.4m以上（差動式分布型感知器・煙感知器の場合は0.6m以上）突出したはり等によって区画された部分

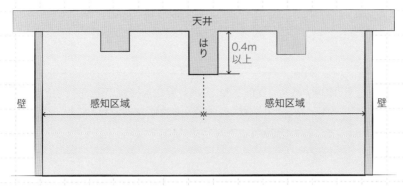

図55-2：感知区域（はり突き出しによる）

冒頭でも記載したが、感知区域のはり高の数値とテーマ57で学習する感知器本体の取付高（天井下方）を混同する受験生が多いみたいだ。以下、簡単に触れておくぞ。

・感知区域の「はり」は0.4m以上
　（※煙と差動分布は0.6m以上）
・感知器の「設置基準（下方）」は0.3m以内
　（※煙感知器は0.6m以内）

→ 感知器の設置個数（台数）は、感知面積から計算せよ!

1個の感知器が有効に火災を感知できる面積を感知面積というが、感知器を設置するときはこの感知面積の数値に、設置する感知器の個数を乗じて得た値（面積）が、感知区域の面積以上であればよいことになるぞ。

感知器の感知面積×感知器設置数≧感知区域の面積

つまり、対象の感知区域に感知器をいくつ設置すればよいかの計算は、この式を変換して、次のようにして求めることができるんだ。

第9章 設置基準（規格）を学ぼう！

$$感知器の設置個数 \geqq \frac{感知区域の面積}{感知器1個の感知面積}$$

次項で感度や種別ごとに異なる感知器1個の感知面積を細かく見ていくぞ。この数値はゴロ合わせで必ず攻略するんだ！それだけで、必ず1点取れるぞ！

➡ 感知面積はゴロ合わせで確実に攻略せよ!!

ゴロ合わせで覚える感知器1個当たりの感知面積を見ていくぞ。

（1）スポット型熱感知器の感知面積

表55-1：頻出のスポット型熱感知器の感知面積

取付面の高さ			差動式スポット型 補償式スポット型		定温式スポット型		
			1種	2種	特種	1種	2種
①	〜4m未満	主要構造部が耐火構造	90m²	70m²	70m²	60m²	20m²
		その他の構造	50m²	40m²	40m²	30m²	15m²
②	4m以上〜8m未満	主要構造部が耐火構造	45m²	35m²	35m²	30m²	
		その他の構造	30m²	25m²	25m²	15m²	

え、この細かい区分の数値を覚えるんですか？いやいや、そもそもゴロ合わせもないし、無理ですよ！！

物事には順序があるから、そう慌てるな！上の表はスポット型熱感知器の感知面積の一覧だ。この表をすべて覚える必要はないが、ゴロ合わせ以外に以下の点を覚えておいてほしいんだ！

- 差動式＆補償式の2種と定温式特種の感知面積が一緒
- 定温式1種感知器の数値の＋5～10が特種（ざっくりと！）
- 高さの基準が上がると（①→②）、感知面積はおよそ半分に！
- 耐火構造とその他の構造で、感知面積が倍近く変わる！

 感度の良い感知器ほど感知面積は広くなってますし、燃えにくい耐火構造の方が感知面積は広いってことですね！

この考え方と表の見方を踏まえて、ゴロ合わせで確実に数値を攻略するぞ！

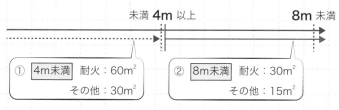

未満 **4m** 以上　　　　　　　　　**8m** 未満

① 4m未満　耐火：60m²　　その他：30m²

② 8m未満　耐火：30m²　　その他：15m²

図55-3：定温式スポット型感知器（1種）

唱えろ！ ゴロあわせ

■定温式S感知器（1種）はロックスター！

低音が　　1流の
定温式　　　1種

ロク　さん　さあ、いこー！！
60m²　30m²　30m²　15m²

①～4m未満　　②4m以上8m未満

 特種は、1種の＋5～10の感知面積になるぞ！

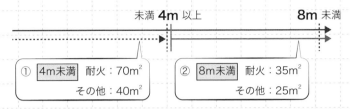

未満 **4m** 以上　　　　　　　　**8m** 未満

① 4m未満	耐火：70m²
	その他：40m²

② 8m未満	耐火：35m²
	その他：25m²

図55-4：差動式・補償式感知器（2種）と定温式感知器（特種）

唱えろ！ゴロあわせ

■差動式・補償式S感知器（2種）と定温式（特種）は一緒だよ！

佐渡　の　ほし　に　特定の
差動　　　　　補償　　2種　　特種・定温

な　し(梨)送り、異常なクレーム
70m²　40m²　　　　　　　以上

①〜4m未満

三言　二言いわれる
35m²　25m²

②4m以上8m未満

 佐渡の星とは、先ほどのロクさん！？

 そうかも知れないな！なお、これまで見てきたのは全てスポット型の感知器だが、差動式には分布型もあるので、上記2つはスポット型感知器であることをしっかり意識しておくんだ！

（2）差動式分布型感知器（熱電対式）の感知面積

差動式分布型感知器（熱電対式）の感知面積は、感知器取付面の高さ（4m）

による区分ではなく、感知区域の床面積を基準にして考えるぞ。なお、記載の
個数は、熱電対部の個数であって、感知器の個数じゃないので要注意だ！

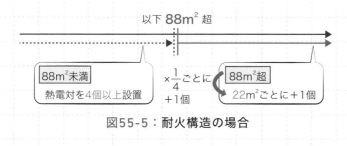

図55-5：耐火構造の場合

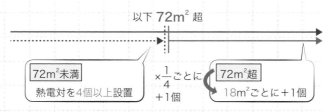

図55-6：その他の構造（耐火構造以外）の場合

唱えろ！ゴロあわせ

■熱電対式は、熱い夏より冬が好きなんだよ！

第
9
章

設置基準（規格）を学ぼう！

それぞれ基準面積（72m²・88m²）以下の場合は、熱電対部を4個以上設置だが、超過する場合は、基準面積の1/4ごとに＋1個の熱電対を足せばOKということだ！

(3) 煙感知器の感知面積

表55-2：1種と2種が重要！煙の感知面積

取付面の高さ	1種	2種	3種
4m未満	150m²		50m²
4m以上15m未満	75m²		
15m以上20m未満	75m²		

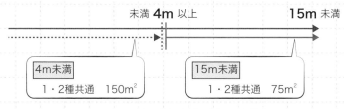

図55-7：煙感知器（1種・2種）

唱えろ！**ゴロあわせ**

■煙感知器（1・2種）は名古屋の旅！？

遠足に　　いこーよ　4人　みんなで
煙式　　　150m²　　4m　未満

名古屋に　以後　みんなで！
75m²　　　15m　未満

煙感知器は設置の限界高さが感度によって規定されているから、表55-2のとおり斜線部は対応していないぞ！限界高さはテーマ33「試合後に〜」のゴロ合わせで触れているから、忘れていたら必ず復習するんだ！！

➡ 習うより慣れろ！ 感知面積を計算せよ!!

知識としての感知面積は、ゴロ合わせを使えば覚えられると思うが、試験に出るのはいつでもその先の話だ。これまでのゴロ合わせを使って具体的に感知面積から感知器の設置個数を計算してみるぞ。ここで学習する内容は、甲種試験を受験する場合、製図問題で感知器の設置個数を求められないと製図することができないから、特に注意して取り組むんだ！！

【例題】
例1）床面積が160m²の耐火構造建物に、熱電対式の差動式分布型感知器を取り付ける場合、熱電対部はいくつ必要か。
例2）上記が耐火構造以外の場合は、熱電対部はいくつ必要か。
例3）天井高7m延床面積150m²の耐火構造建物に、差動式スポット感知器（2種）を取り付けるとき、感知器はいくつ必要か。

【解答】
例1）

差動式分布型感知器（熱電対式）の場合、感知器の取付高さではなく、感知面積によって熱電対部の個数を判断する。本問の耐火構造建物の場合、ゴロ合わせ「パパがブーブー」より、88m²以下で4個以上、88m²超の場合は22m²ごとに＋1個必要だ。よって、160÷22＝7.27…。繰り上げて、必要個数は8個だ。

例2）

耐火構造以外（その他の構造）の場合だ。「夏は嫌だけど〜」より、72m²以下で4個以上、72m²超の場合は18m²ごとに＋1個必要だ。

よって、160÷18＝8.88…。繰り上げて、必要個数は9個だ。

例3）

差動式スポット型感知器2種の場合は、「佐渡のほしに〜」より、高さ7mで

「4m以上」となるので、基準は35m²となり、以下の通り計算できるぞ。

$$設置個数 = \frac{150}{35} = 4.28\cdots$$

切り上げて、必要な感知器個数は5個だ。

よくよく見ると、覚えるべき事項は少し複雑だけど、細かい感知面積を効率よくゴロ合わせで理解出来れば、あとは条件を間違えないようにして、四則計算するだけなんですね！

その通りだ。差動式分布型感知器（熱電対式）は面積基準だが、その他は、感知器の取付高さと構造で感知面積が決まるぞ。つまり、「習うより慣れろ！」なんだ。ゴロ合わせの理解を優先して取り組んでくれよ！！

Step3 暗記 何度も読み返せ！

□ 火災の発生した区域を他の区域と区別して識別することができる最小単位の区域は［警戒区域］、感知器が有効に火災の発生を検知できる区域で、壁又は取付面から突出したはり等によって区画された部分は［感知区域］である。なお、後者には以下の規格がある。
感知区域の「はり」は［0.4］m以上（ただし、煙感知器と差動式分布型感知器は［0.6］m以上）とする。

□ 定温式スポット型感知器（1種）を高さが4m未満の耐火構造建物に設置する場合の感知面積は［60］m²である。これが高さ4m以上8m未満の耐火構造以外の建物の場合、感知面積は［15］m²となる。

No. 56 /64 感知器の設置基準（共通事項）を学ぼう！

このテーマ以降2つに分けて、感知器の設置基準を見ていくぞ。まずは、感知器全般に共通する内容だ！すでに学習した内容と被る部分（傾斜角度、設置不要箇所など）と共に、ここで初めて触れる内容が試験で頻出だ！

Step1 図解 → 目に焼き付けろ！

感知器の設置基準（概要）

- 取付面の最大傾斜角度（5°、45°、90°）
- 設置不要箇所
- 煙感知器が必須の場所
- 煙感知器の設置NG箇所と代替で設置する感知器

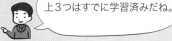

上3つはすでに学習済みだね。

最後のは、ここで学習するよ！

初めて触れる内容とは、「煙感知器の設置NG箇所の実例と代替で設置できる感知器は？」だ！表の○×をそのまま覚えるのではなく、覚えるコツを伝授するから、しっかり取り組むんだぞ！！

爆裂に読み込め！

→ 煙感知器の設置NG箇所（実例）と代替感知器を理解せよ！

表56-1：煙感知器の代替として設置可能な感知器一覧

設置場所		適応熱感知器（S：スポット型）					
煙感知器NGの周辺環境状態	具体的な場所の例	定温式S	差動式分布型	差動式S	補償式S	熱アナログ式S	炎感知器
① 粉じん、じんあい等が多量滞留する場所	ゴミ集積所、塗装室、石材等の加工場など	○	○	○	○	○	○
② 煙が多量に流入する場所	配膳室、食堂、厨房周辺など	○	○	○	○	○	×
③ 腐食性ガスが発生する場所	メッキ工場、バッテリー室、汚水処理場など	○※1	○	×	○※1	○※1	×
④ 水蒸気が多量に滞留する場所	湯沸室、消毒室、更衣室など	○※2	2種のみ	○※2	○※3	○※2	×
⑤ 結露が発生する場所	工場、冷凍室周辺、地下倉庫など	○※2	○	○※2	○※2	○※2	×
⑥ 排気ガスが多量に滞留する場所	駐車場・車庫、自家発電室、荷物取扱所など	×	○	○	○	○	○
⑦ 著しく高温となる場所	乾燥室、ボイラー室、殺菌室、スタジオなど	○	×	×	×	○	×
⑧ 厨房その他煙が滞留する場所	厨房室、調理室、溶接所など	○※4	×	×	×	○※4	×

※1：耐酸性にする　※2：防水型のもの　※3：防水型で2種のみ　※4：高湿度になる場合は防水型

表56-1は、煙感知器（熱煙複合式スポット型感知器を含む）が設置出来ない場所で、代替としてどの感知器を設置できるかを表しているんだ。

 こ、この表の○×や※記載の例外まで覚えるんですか！？無理ゲーです。

そうだよな、確かにこの表は難解だと思うぞ。しかーし、甘えは禁物だ。この部分はかなり出題例が多いから、まずは以下の4つを重点的に覚えて、余力が出来たら残りをチェックしていこう！

①**定温式スポット型感知器**は、オールラウンダー（万能型）だが、1か所だけ設置出来ない場所がある。

⇒駐車場等の**排気ガス**が多量に滞留する場所だ！

②差動式分布型感知器と補償式スポット型感知器をよく見ると、設置可能場所（○の箇所）が同じ、つまり、設置NG箇所が一緒なんだ。

⇒著しく**高温**なところと厨房だ！

③差動式スポット型感知器は、②の条件＋**腐食性ガスが発生する場所**について設置NGとなっている！

④炎感知器が設置できるのは、**2カ所のみ**！

唱えろ！ゴロあわせ

■炎感知器が設置できる過酷な場所

炎 は 配 分 できる

炎感知器　　　　　排気ガス　　粉じん

煙感知器の設置がNGとなる箇所の見出しと、それに対応する具体的な場所の両方をセットで覚えておくんだ！その上で、上記4項目を理解出来れば、1点取れるようになるはずだ！

　試験では、炎感知器が設置できる場所（除くシリーズ＋上記の炎の配分）が頻出で、後章で学習する鑑別では、感知器本体写真を示して「この感知器の設置NG箇所はどこか？」といった出題がされているようだ。

余力を残しつつ、細かい区分（※4項目）もチェックすれば完璧ですね！

Step3 暗記　何度も読み返せ！

- □ 定温式スポット型感知器が設置できない場所は、[排気ガス]が多量に滞留する場所で、具体的には[駐車場]・車庫、[自家発電室]などがある。
- □ 炎感知器が設置できる場所として、排気ガス又は[粉じん・じんあい]が多量に滞留する場所があげられるが、後者の例として[ゴミ集積所]がある。
- □ [差動式分布型]感知器と[補償式スポット型]感知器の設置NG箇所は共通している。それは、[著しく高温になる]場所と[厨房]その他[煙]が滞留する場所である。

感知器ごとの設置基準を学ぼう!

このテーマでは、感知器ごとの設置基準を学習するぞ。これまで学習してきた内容と共通基準に＋αというイメージだ。細かい数値の出題も見受けられるので、注意が必要だ！混同に注意せよ！！

Step1 図解 ➤ 目に焼き付けろ!

● 熱感知器 ⎰ スポット型感知器
        ⎱ 差動式分布型

● 煙感知器 ⎰ スポット型
        ⎱ 分離型

● 炎感知器

ポイント！

・取付高さ（下面・はり）
・傾斜角度
・吸気・換気口
・距離「歩行」と「水平」

ここで見ていく内容は、これまでの総決算となる事項ばかりだ！学習内容がしっかり身に付いていれば、「なるほど～」となるが、あやふやだと「…。」となるはず。ここで立ち止まり、いま一度知識のおさらいというわけだ！

爆裂に読み込め!

→ すべての基本! 熱感知器の設置基準をチェックせよ!!

早速本題だ。各感知器に特有の設置基準を見ていくぞ。

(1) 全てのスポット型熱感知器に特有の規格

表57-1：スポット型熱感知器に共通の規格

	設置基準	イメージ
取付位置	感知器下端は、取付面の下方0.3m以内の位置に設けること。	
空気吹出し口からの距離	換気口等の空気吹出し口から1.5m以上離れた位置に設けること。	
傾斜角度	45°以上傾斜させないこと。	
感知区域と感知面積	感知区域は0.4m以上のはり等で分けられること。 ※感知面積はテーマ55を参照	

(2) 定温式スポット型と補償式スポット型に共通する特有の規格

一定温度を検知（定温式）する感知器にあっては、公称作動温度を基準として設置するべき周囲温度について規定されているぞ。これはテーマ40で学習したので、そちらを見てくれ。

（3）差動式分布型感知器に特有の規格

表57-2：共通基準と３方式別の特有基準

		設置基準	イメージ
共通基準	取付位置と傾斜角度	感知器は、取付面の下方0.3m以内の位置に設けること。感知器検出部の傾斜角度は、5°以上傾斜させないこと。	
空気管式	空気管の取付位置と相互間隔	感知区域の取付面の各辺から1.5m以内の位置に設ける。相対する感知器相互の間隔が、耐火構造で9m以下、その他の構造で6m以下とすること。	
	空気管長と二部加工法	感知器の露出部分は、感知区域毎に20m以上、一つの検出部に接続する空気管の長さは100m以下とする。感知区域が狭いときは、空気管をコイル巻きや二重巻きにして20m以上にすること。	

自分が選んだ道、必ずやり遂げよう

空気管式	取付工事法	空気管は止め金具（ステップル等）で、直線部分は35cm以内、屈曲部にあっては5cm以内の間隔で固定する。空気管の屈曲半径は5mm以上とする。空気管同士を接続する場合、接続管（スリーブ）に入れて、はんだ付けすること。	35cm以内　空気管　5cm以内 ステップル 半径5mm以上 空気管相互の接続方法 空気管　スリーブ　はんだ
熱電対式	熱電対部の個数	熱電対部の個数は、感知区域ごとに4個以上必要。床面積が88m^2（その他構造で72m^2）を超えるときは22m^2（その他構造で18m^2）増えるごとに＋1個となる。	88m^{2}以下　4個以上 72m^{2}以下 22m^2 18m^2 毎に＋1個
	最大個数	一つの検出部に接続する熱電対部の最大個数は20個以下。	

このほかの熱感知器（定温式感知線型感知器や熱半導体式の差動式分布型感知器）の設置基準に触れている教材もあるが、俺の熱烈講義では触れないぞ。

なぜかって？それは、このテキストの目的が「合格」だからだ！満点目指すなら別だが、試験に合格して資格者になることが目的だからこそ、頻出の重要ポイントに絞った俺の集中講義を学習することが合格につながるぞ！

試験は6割以上の正答で合格ですもんね、無駄はそぎ落とし、頻出ポイントに絞って合格ラインを目指します！！

➡ 煙感知器の設置基準

煙感知器にはスポット型と分離型があるが、先にスポット型を学習するぞ！

（1）スポット型煙感知器（光電式とイオン化式）に特有の規格

表57-3：スポット型煙感知器の共通規格

	設置基準	イメージ
取付位置と傾斜角度	感知器下端は、取付面の下方0.6m以内の位置に設け、45°以上傾斜させないこと。（最大傾斜角度はスポット型熱感知器と同じ）	
空気吹出し口からの距離天井が低い場合	換気口等の空気吹出し口から1.5m以上離れた位置に設けること。ただし、吸気口がある場合は、その付近に設ける。天井が低い部屋や狭い部屋の場合は入口付近に設ける。	
壁・はりからの距離感知区域と感知面積	壁又ははりから0.6m以上離れた位置に設けること。感知区域は0.6m以上のはり等で分けられること。※感知面積は、テーマ55を参照	
廊下・通路に設ける場合と省略できる場合	歩行距離30mで壁面から15m（3種はカッコ書きの20m・10m）につき1個以上設置。ただし、以下の場合は省略可。階段に接続していない長さ10m以下の廊下や通路。階段までの歩行距離が10m以下の廊下や通路。	

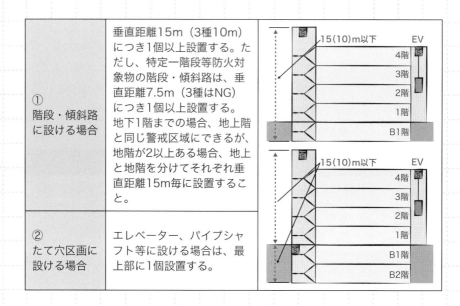

① 階段・傾斜路 に設ける場合	垂直距離15m（3種10m）につき1個以上設置する。ただし、特定一階段等防火対象物の階段・傾斜路は、垂直距離7.5m（3種はNG）につき1個以上設置する。地下1階までの場合、地上階と同じ警戒区域にできるが、地階が2以上ある場合、地上と地階を分けてそれぞれ垂直距離15m毎に設置すること。	
② たて穴区画に 設ける場合	エレベーター、パイプシャフト等に設ける場合は、最上部に1個設置する。	

（2）光電式分離型感知器に特有の規格

　光電式分離型感知器の設置基準は、以下の通りだ。これまで学習してきた内容＋α（上・横から見たもの）が重要で、数値が頻出だ！！

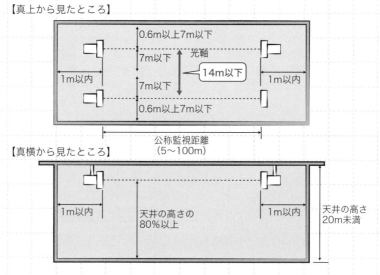

図57-1：光電式分離型感知器の設置基準（上＆横）

表57-4：光電式分離型感知器に特有の規格

壁との距離	● 光軸が並行する壁から0.6m以上7m以内の位置に設けること。 ● 送光部と受光部（感知器）は背部壁面から1m以内に設置すること。
天井高と光軸高	● 天井高20m未満の場所に設け、15m以上の場合は1種感知器とすること。 ● 感知器の光軸の高さは、天井高の80%以上となるように設けること。
光軸の長さと 光軸間の距離	● 感知器の光軸の長さは、公称監視距離の範囲内であること（5〜100m）。 ● 壁で区画された区域ごとに、その区域の各部分から光軸までの距離は7m以内であること。 ※光軸が2本となる場合は、光軸間は14m以内
その他	● 感知器は90°以上傾斜させないこと。 ● 受光面が日光を受けないように設けること。

唱えろ! ゴロあわせ

■光電式分離型感知器はオムライスだった？

1流　　の　　オムライスは
1m以内　　　　　　0.6m以上

な　いよ　　当分ね
7m以内　14m以内　　光電分離

➡ 炎感知器の設置基準

　このテーマの最後は、炎感知器の設置基準を見ていくぞ。出題頻度はこれまでの中では最も低いが、赤字箇所が狙われている（他に同じ数値になるものがないからだ！）ので、特に注意しておくんだ！

表57-5：炎感知器の設置規格（共通＋α）

		設置基準	イメージ
共通基準	取付位置と監視空間 **頻出！！**	感知器は、天井等又は壁に設けること。壁で区画された区域毎に監視空間（床面高1.2mまでの空間）の各部分から感知器までの距離が公称監視距離の範囲内であること。	天井面／視野角／公称監視距離／監視空間／1.2m
	その他	障害物などにより、有効に火災の発生を感知できないことがないように設けること。日光を受けないように設置すること（遮光板を設けた場合を除く）。	
	設置上の注意事項	紫外線式は、ハロゲンランプ・殺菌灯・電撃殺虫灯がある所はNG。赤外線式は、自動車のヘッドライトが当たる場所はNG。他の感知器と違い「取付面から○○m以内に設置」ではない点に要注意！	
道路に設ける炎感知器		道路型の感知器を設置する。感知器本体は、道路の側壁部分又は路端の上方に設置する。道路面から1.0m以上1.5m以下の高さ位置に設置する。	炎感知器／公称監視距離以内／1.0m以上1.5m以下／道路
道路に設けるもの以外		屋内型か屋外型の感知器を設置する。感知器は、天井等又は壁に設けること。	

Step3 暗記 何度も読み返せ！

①差動式スポット型感知器の取付位置について。

☐ 取付面から [45]°以上傾斜させないこと。

☐ 感知器の下端が、取付面の下方 [0.3] m以内、換気口等の空気吹き出し口から [1.5] m以上離れた位置に設置。

☐ 壁又ははりから [0.4] m以上離れた位置。

②光電式分離型感知器の設置位置について。

☐ 天井高が15m以上20m未満の場所に設ける場合は、[1種] の感知器であること。

☐ 感知器の光軸の高さは、天井等の高さの [80] ％以上となるよう設ける。

☐ 送光部及び受光部は、その背部の壁から [1] m以内に設けること。

☐ 感知器からの光軸は、並行する壁から [0.6] m以上 [7] m以下の位置となるように設けること。

③空気管式の差動式分布型感知器の取付工事について。

☐ 空気管をステップルで固定する時、直線部は [35] cm以内、屈曲部は [5] cm以内の間隔とすること。

☐ 一の感知区域の空気管の露出長は [20] m以上で、1つの検出部に接続する空気管長は [100] m以下とする。

☐ 空気管相互の接続は、[接続管（スリーブ）] を用いて [はんだ付け] する。

☐ 空気管の屈曲半径は、[5] mm以上とすること。

発信機と表示灯の設置基準を学ぼう！

このテーマでは、発信機と表示灯の設置基準を学習するぞ。機器収容箱の中に地区音響装置と一緒に収められるが、発信機の設置基準と取付工事（距離）は試験でも頻出だ。数値の分別と表示灯の基準に気を付けるんだ！

Step1 図解　目に焼き付けろ！

発信機の設置基準

・接続できる受信機
・押しボタンの設置高さ
・発信機までの距離
・表示灯に用いる電球の個数

機器収容箱の中

地区音響装置　　　発信機

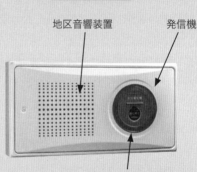

表示灯（発信機の周り）

発信機の設置基準や取付工事は試験でもよく問われるぞ！表示灯の基準にも注意してくれ！

Step2 解説 爆裂に読み込め！

➡ 機器収容箱の中で「三位一体」、それが発信機なんだ！

第8章テーマ49で触れているが、細かい設置基準の規格を見ていくぞ。

 発信機の設置基準と取付工事は、これまでに学習してきた機器と比べるとページ数も少ないし覚えることも多くないのに、試験では出題率がとても高い分野だ。覚えるコツは、①受信機の基準と一緒であること②ゴロ合わせ（ハエの歩行は〜）でクリアすることなど、これまでの学習の積み重ねでクリアできるものばかりだ！

 理解度チェックの分野ですね！赤字箇所を中心にチェックしておきます！

表58-1：発信機に特有の規格

	設置基準	イメージ
共通基準	各階ごとに、その階の各部分から1つの発信機までの歩行距離が50m以下となるよう設けること。	歩行距離 50m以下 Ⓟ

取付高さ	押しボタンは、床面から高さ0.8m以上1.5m以下の高さに設けること⇒受信機の操作スイッチと一緒！	1.5m以下 0.8m以上 床面	

		設置する受信機	適応する発信機
接続する受信機	1級発信機は1級受信機、2級発信機は2級受信機と接続する。 なお、P型3級とP型2級（1回線）は発信機の接続を省略できる。	P型1級（多回線・1回線）	P型1級発信機
		R型　GR型	
		P型2級（多回線）	P型2級発信機
		P型2級（1回線） P型3級	なし（不要）

		2個以上並列に接続
表示灯	電球は、2個以上並列に接続すること。ただし、放電灯と発光ダイオードを用いるものについては、この限りではない。 ※受信機の表示灯の基準と同じ、ものは違うから、要注意！！	白熱電球 ハロゲン電球
		1個でOK
		放電灯 発光ダイオード

Step3 暗記 何度も読み返せ！

□ 発信機の取付高さは床面から [0.8] m以上 [1.5] m以下とし、各階ごとにその階の各部分から一の発信機まで [歩行] 距離 [50] m以下となるように設けること。

No. 59 /64 電気（電源・配線）の基準を学ぼう！

このテーマでは、自動火災報知設備の電源と配線について学習するぞ。目に見えない「電気」を苦手に思う受験生は多いようだが、出題箇所には傾向があるので、頻出ポイントに絞って学習していくぞ！

Step1 図解 目に焼き付けろ！

電源 {
●常用電源
●非常電源
●予備電源

⇒①条件によって省略できる場合
　②そもそも設置不要の場合
　③蓄電池設備の基準

配線 {
●感知器への配線基準と共通線の線数制限
●耐火配線と耐熱配線の区別と適応電線の種別

①はよく出るよ！

電源と配線は、どちらもほぼ毎回出題されているぞ。上記2つの項目について、出題傾向を元に、頻出ポイントに絞って学習していくぞ！

Step2 解説 爆裂に読み込め！

→ 電源の基準を学ぼう！

　ライフラインの最上位にくるのが「電気」だ。自動火災報知設備の構成機器を、規格に定める方法で正しく設置・点検していても、肝心の電気が供給されていなかったり、地震や停電で使えないようでは、意味なしだよな。

> 非火災報と同じで、肝心な時に正しく作動しないと困ります！

　そうならないようにするためにも、電気に関連した内容を学習する必要があるというわけだ。まずは電源について見ていくが、自動火災報知設備に用いられる電源は全部で3種類あって、試験によく出る赤字箇所を中心に見ていくぞ（特に非常電源と予備電源が頻出だ！）。

①平常時に使われるのは常用電源
　字の通り、**常**時使**用**されている**電源**が常用電源で、以下の基準があるぞ。
- 電源は原則、蓄電池または交流低圧屋内幹線から他の配線を分岐させずにとること（直接！）。
- 電源の開閉器は、自動火災報知設備用のものである旨を表示すること。

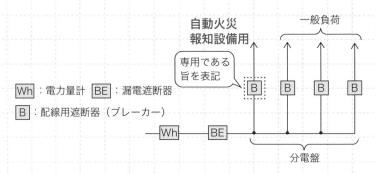

図59-1：自火報設備は専用回路であれ！

344

他の配線を分岐させない（直接）とは、専用回路で電源を取るということだ！家の中だと、壁掛けエアコンの傍にあるコンセントが該当するぞ！

②要件満たすと省略可！　非常の時に使われる非常電源

　常用電源が停電した時のために備え付けるのが非常電源で、以下の基準があるぞ。

表59-1：非常電源の規格

設置基準	非常電源専用受電装置または蓄電池設備を用いること（一般的には蓄電池設備が多い）。ただし、特定防火対象物で延床面積1000m²以上の場合、蓄電池設備しか設置できない。
蓄電池の基準	自動火災報知設備を10分間有効に作動できる容量以上で、停電時は自動的に「常用→非常」へと切り替わり、停電復旧時には自動的に「非常→常用」に切り替わること。 ※手動ではなく、自動！！
非常電源を省略できる場合	設置する予備電源の容量が非常電源の容量以上の時、非常電源を省略することができる。 予備電源の容量≧非常電源の容量⇒非常電源が省略可能 一般的には、非常電源の容量以上の予備電源を設けることによって、非常電源を省略している。なお、この逆の場合、「非常電源≧予備電源」でも、予備電源は省略できない！

設ける予備電源の電池容量が非常電源のそれ以上である場合は省略できるけど、逆はNGなんですね！

③不要の場合以外、「必ず」あるんだ予備電源

　第8章テーマ47で少し触れているが、原則受信機には予備電源を設ける必要があるぞ。これは、常用電源と非常電源の両方が停電したとしても、自動火災報知設備を単体で作動継続させるために設けなければならない電源のことだ。

　省略できるのは、P型2級受信機（1回線）とP型3級受信機のみで、それ以外は必ず予備電源装置が設けられているぞ。

一に努力、二に努力、三、四に努力、常に努力！

予備電源の設置を省略できる受信機と、前記の非常電源を省略できる場合が試験で頻出だ！！

➡ 蓄電池設備の基準

蓄電池の原理（化学的な視点）については、第2章テーマ17で既に学習済みだ。試験では、物理化学分野での出題もあるが、規格という面で見ると、実は、蓄電池設備の基準を問う問題が過去に結構出題されているんだ。以下見ていくが、試験では『●』について出題された履歴があるぞ！

なお、大前提として、蓄電池設備とは、①蓄電池（鉛蓄電池等）と②充電装置（直流出力の場合）または③逆変換装置（交流出力の場合に直流を交流に変換する装置）等によって構成される設備のことだ。

(1) 蓄電池設備の構造及び性能

● 蓄電池設備は自動的に充電するもので、充電電源電圧が、定格電圧の±10%の範囲内で変動しても機能に異常を生じることなく充電できるものであること。

● 蓄電池設備には、過充電防止機能を設けること。
　→「過放電」とする記載に要注意！（もちろん×）

• 蓄電池設備には、自動的にまたは手動により容易に均等充電を行うことができる装置を設けること。ただし、均等充電を行わなくても機能に異常を生じないものについては、この限りではない（不要ということだ）。

• 蓄電池設備から消防用設備等の操作装置に至る配線の途中には、過電流遮断器のほかに、配線用遮断器又は開閉器を設けること。

● 蓄電池設備には、当該設備の出力電圧又は出力電流を監視できる電圧計又は電流計を設けること。

● 蓄電池設備は、0℃から40℃までの周囲温度範囲内において、機能に異常を生じないこと。

（2）蓄電池の構造及び性能

● 使用する鉛蓄電池は、**自動車用以外**のものを用いること（自動車用はNG）。

● 鉛蓄電池の単電池あたりの公称電圧は、以下の通りとする。

アルカリ蓄電池	1.2V
鉛蓄電池	2.0V

● 蓄電池は、内部の電解液の液面が容易に確認できる構造とすること。

● 減液警報装置が設けられていること。ただし、補液の必要がないものについては、この限りではない（不要だ）。

（3）充電装置の構造及び機能

● 「充電中」である旨を表示する装置を設けること。

● **自動的に充電**でき、かつ、充電完了後は、**トリクル充電又は浮動充電**に自動的に切り替えられるものであること。ただし、切り替えの必要がないものについては、この限りではない。

● 充電装置の入力側には、**過電流遮断器**のほか、**配線用遮断器又は開閉器**を設けること（類似規定が、蓄電池設備の規格4つ目にある）。

➡ 配線の基準を学ぼう！

このテーマの最後は、配線に関する基準を見ていくぞ。以下5項目に分けて見ていくが闇雲に丸暗記しようとせず、「何故そうするのか？→○○だから！」ということを意識して学習に取り組むと、理解が深まるうえ、この後の第10章（鑑別）で有利になるぞ！

（1）感知器回路の配線

P型受信機に接続する感知器回路の配線は、以下の基準に従うぞ。

● **送り配線**とすること。

● 回路末端に**発信機**、**押しボタン**（回路試験器）または**終端器**（終端抵抗）を設けること。

表59-2：送り配線で設置せよ！　回路図と配線図

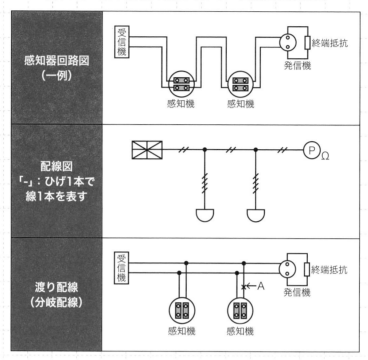

感知器回路図（一例）	受信機 — 感知機 — 感知機 — 発信機 — 終端抵抗
配線図「-」：ひげ1本で線1本を表す	
渡り配線（分岐配線）	受信機 — 感知機 — 感知機 — 発信機 — 終端抵抗　×←A

線図も謎ですが、聴き慣れない単語が…。

　サラッと初単語が出てきたから、説明するぞ。上の感知器回路図にあるように、器具を1本の線で数珠つなぎに接続（配線）していくのが送り配線だ。こうすることによって、感知器回路の配線が途中で断線した場合、末端にある終端抵抗に電流が流れなくなり、断線をすぐに検出することができるんだ。

　なお、感知器回路図を配線図（単線図ともいう）で記載した場合を見ると、感知器への配線が4本になっていることに注意するんだ！（製図問題の間違えに要注意！！）。よって、送り配線とする目的、それは、**「感知器回路が途中で断線した場合に、それを検出するため」** となるぞ。

> 受信機からの信号（電気）が行って帰ってくる。この一連の流れが問題無いかを検出するために、送り配線にするんですね！

　では、仮に送り配線としない場合（渡り配線又は分岐配線という）、どうなるか見ていくぞ。表59-2を見ると、渡り配線とする場合、電線の本数も長さもシンプル（短い＆少ない）で済むので、こちらの方が良さそうにも見えるよな。しかし、もし図のA箇所で部分断線しても、終端抵抗への電流は途切れないため、断線を検出することができないんだ。渡り配線として送り配線にしない場合に発生する不具合（トラブル）は、**「送り配線にしなかった部分以降で断線が生じても、検出できない」**　だ。

> たしかに、受信機に近い感知器であれば、出た信号がちゃんと受信機に戻ってこれますね。そうすると、Aが断線した感知器が使えない状態でも問題なしってなってしまうんですね！

　その通りだ。上記の原因2つは、送り配線にする目的と送り配線ではないことで生じるトラブル（表と裏）になるので、どちらで聞かれても答えられるようにしておくんだ（出題実績多し！）。
　なお、ここで抵抗値について規格を見ておくぞ。感知器回路の抵抗値は、50Ω以下とし、感知器回路（配線）の絶縁抵抗は以下の数値とするんだ。

表59-3：規格に適合する絶縁抵抗値

電路の使用電圧区分		絶縁抵抗値
300V以下	対地電圧150V以下	0.1MΩ以上
	対地電圧150V超300V以下	0.2MΩ以上
300Vを超えるもの		0.4MΩ以上

電圧区分が上がるごとに、絶縁抵抗値は2倍。覚えやすい！！

前者は感知器回路の抵抗値（単なる回路の抵抗値）で、後者は絶縁抵抗値なので、混同しないようにな！！

このほか、絶縁抵抗値について、直流500Vの絶縁抵抗計を用いて測定したときに、以下の値である必要があるぞ。なお、感知器は回路以外なので、混同に注意してくれよ！

表59-4：絶縁抵抗値の基準

発信機	20MΩ以上
受信機	5MΩ以上
感知器	50MΩ以上

唱えろ！ゴロあわせ

■感知器、発信機、受信機の絶縁抵抗値

十　五の　ハ　ニー　は
受信機　5　　発信機　20

目が　異常　看　護を　した
MΩ　以上　感知器　50

(2) 共通線の制限（本数＝警戒区域数だ！）

　P型又はGP型受信機の感知器回路は、1つの警戒区域ごとに2本の配線（行って帰って）が必要になるぞ（図59-2の左）。そうすると、警戒区域の数が多い大型の防火対象物の場合は、配線が複雑になってしまうおそれがあるんだ。そこでだ！そんな時に利用されるのが共通線で、配線本数を大幅に減らすことが

できるんだ（図59-2の右）。

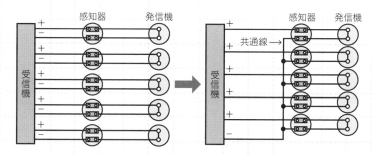

図59-2：配線本数を減らすため「共通線」を利用する

 ホントだ、右の方が1本の線が束になっていますね！

　図左の場合は配線が10本になっているのに対して、図右の場合は各警戒区域に1本ずつ（計5本）と、共通線1本の合計6本で配線を半分近くに減らせているというわけだ。とても便利な方法だが、法令では、共通線1本で**7警戒区域（7回線）**までという制限があるぞ。

（3）一緒にするな！誘導障害の防止

　電磁誘導（テーマ5）の発生による他回路からの誘導障害（誤報）を防ぐため、自動火災報知設備の配線として使用する電線は、他の電線と同一の電線管やダクト、線ぴ（モール）、プルボックスなどの中に一緒に設置することはできないぞ（独立単体で設けよ！）。ただし、**60V以下**の弱電流回路なら、一緒に設けてもOKだ。

（4）苦手な人が多い！耐火配線と耐熱配線を区別せよ！

　電気工事士の資格を取ろうとしている人は、ここで覚えておくと勉強が少し有利になるぞ（有資格者には慣れっこだが、知らないと一番謎な部分だ）。

　「耐火配線」と「耐熱配線」は、**配線工事方法の名称**で、工事に使用される電線には、主に4種類（耐熱性を有する電線、耐熱電線、耐火電線及びMIケーブル）あるぞ。

覚えてほしいこと、それは、より厳しい条件を求められる耐火配線について
は、金属管等への収容＋埋設が必要で、耐熱配線の場合は埋設までは要らない
よということだ！

表59-5：配線工事の規格（より厳しいのは耐火）

	使用する電線	工事法
ア 耐火配線	600V2種ビニル絶縁電線（HIV線）、又はこれと同等以上の耐熱性能を有する電線（※）。	電線を金属管等に納め、耐火構造建物の主要構造部に埋設する（埋設深さは、壁体等の表面から10mm以上）。
	耐火電線（FP）又はMIケーブル	露出配線とすることができる（金属管等への収納が不要）。
イ 耐熱配線	600V2種ビニル絶縁電線（HIV線）、又はこれと同等以上の耐熱性能を有する電線。	電線を金属管等に納める（埋設工事は不要）。
	耐火電線（FP）、耐熱電線又はMIケーブル	露出配線とすることができる（金属管等への収納が不要）。

※HIV線と同等以上の耐熱性を有する電線（抜粋）
・ポリエチレン絶縁電線　・架橋ポリエチレン絶縁電線　・鉛被ケーブル
・架橋ポリエチレン絶縁ビニルシースケーブル（CV）　・EPゴム絶縁電線
・シリコンゴム絶縁電線　・CDケーブル　・クロロプレン外装ケーブル
・アルミ被ケーブル　などなど
⇒何となく見ておけばよくて、全部は覚えなくてOK。

　なお、HIV線は「Heat Resistant Indoor Vinyl」の略で、似たものにIV線
（Indoor Vinylの略）というものがあるぞ。IV線に耐熱処理を施したものがHIV
線なので、IV線は通常の屋内配線には対応するが、上記工事には対応していな
いんだ。「2種」の文字（HIVかIVか）の有無で、意味が変わるので要注意
だ！！

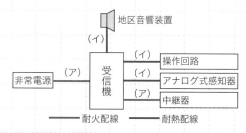

図59-3：自火報設備における耐火と耐熱の違い

このほか、自動火災報知設備の配線で特に重要なポイントは、（ア）の2か所を耐火配線とし、（イ）の部分は耐熱配線とする点だ。その他は一般配線（IV線等）で問題ないぞ。

 自火報の心臓部である受信機から他につなぐ中継器とイザという時の非常電源は、特に重要だから耐火配線とし、それ以外の大切な箇所は耐熱配線にするってことですね！

（5）電気工事の基本！電線接続と金属管工事の基準

以下は第2種電気工事士でも勉強する内容だ。有資格者は復習と思い、これから取得を目指す場合は頻出箇所なので今のうちに覚えておくんだ！

表59-6：電気工事の規格

電線接続	・電線の引張強さを20％以上減少させないこと。 ・接続点の電気抵抗を増加させない（芯線を傷つけない等）こと。
金属管工事	・金属管内に接続点を設けないこと（チェックできないから）。 ・管の厚さは1.2mm以上で誘導障害防止に留意すること。

□ 受信機と非常電源を結ぶ線は、[HIV] 線またはこれと同等以上の耐熱性を有するものを金属管等に納めて埋設工事（深さは壁体等の表面から [10mm] 以上）をし、[MIケーブル] を使用する場合には、露出配線とすること。

□ 自動火災報知設備に設けるP型受信機の感知器回路における電路の抵抗値は [50] Ω以下とすること。なお、感知器本体の絶縁抵抗値は直流 [500] Vの絶縁抵抗計を用いて [50M] Ω以上であること。

□ 感知器回路において、回線数を減らす場合には共通線が用いられる。このとき、共通線1本で [7] 警戒区域までとすること。

No. 60 /64 ちゃんと使えてナンボ！ 機器の試験法を学ぼう!!

規格についての学習もこのテーマが最後だ。最後は、自動火災報知設備の作動試験及び点検要領・基準を学習するぞ。実際に点検している状況を想像しながら見ていくと理解が深まるぞ！

Step1 図解 ▶ 目に焼き付けろ！

機器の試験法

①受信機の試験
- 火災表示試験
- 回路導通試験
- 同時作動試験
- 予備電源試験

②感知器の試験
- 作動試験
  ＋各感知器毎の試験

③配線の試験
- 共通線試験
- 送り配線試験

差動式分布型感知器がよく出るよ！

この後学習する鑑別につながる大事な分野だ！試験の目的と異常状態となっている原因の把握など、「理解」を意識して学習に取り組むんだ！

Step2 解説 爆裂に読み込め!

→ 自動火災報知設備の試験（概要）をチェックしよう!

　自動火災報知設備の試験は、以下の場合に、設置設備が法令や技術上の基準に適合しているかどうか、定められた試験基準に従って行うぞ。

- 防火対象物への自動火災報知設備の設置工事が完了したとき。
- 6カ月に1回行われる定期点検（法定）のとき。

> 法令で学習した内容と一緒ですね!

　近年は技術進歩や各メーカーの努力によって、省力化を進めており、自動試験機能を有している設備も多くあるんだ。これは、感知器の作動試験や受信機の火災表示試験・回路導通試験を自動または簡易に行えるものなんだ。現場レベルではこの手の機能があることで楽ができるが、資格試験の際は、この楽(!?)な方は出題されず、原則通り人力で点検する方法（試験法や基準）が出題されているぞ。

　試験するのは、①外観試験（目視による確認）と②機能試験（実際に機器を作動させて行うもの）に大別され、前者を**機器点検**、後者を**総合点検**というのは法令で学習済だ。

→ 受信機の試験基準（方法）を学ぼう!

　受信機で行う試験は、**火災表示試験、回路導通試験、同時作動試験、予備電源試験**などがあって、ここではP型1級受信機（多回線）の場合を対象として、以下の受信機図を元に説明していくぞ。

356

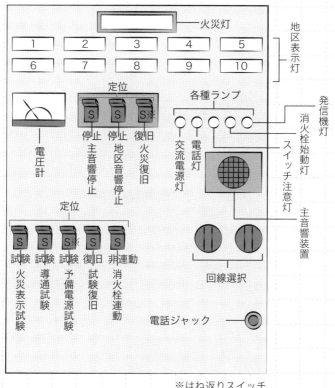

※はね返りスイッチ

図60-1：P型1級受信機の外観イラスト

(1) 火災表示試験

　受信機が火災信号を受信したときに、正常に火災表示（火災灯・地区表示灯・主音響装置・地区音響装置）するか、1回線毎に切り替えて試験を行うのが、**火災表示試験**だ。併せて、**火災表示保持機能**（手動復旧させない限り、火災表示が保持される機能）も確認するぞ。手順は、以下の通りだ。

①**火災表示試験スイッチ**を「試験」側に倒す。
②**回線選択スイッチ**で、試験する回線を選択する。
③火災灯と選択した回線の地区表示灯が点灯しているか、音響装置が正常に鳴動しているか確認する。
④**復旧スイッチ**を操作（「復旧」側に押す）して元の状態に戻し、次の回線へ。

※P型3級受信機のみ、火災表示保持機能は任意（ない場合もある）。

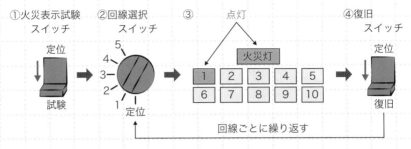

図60-2：火災表示試験の手順

(2) 回路導通試験

　回路内で断線してないことを1回線ごとに切り替えて確認・試験するのが、回路導通試験だ。P型1級受信機は回路末端に必ず終端抵抗が付いているぞ。

①導通試験スイッチを「試験」側に倒す。
②回線選択スイッチで、試験する回線を選択する。
③試験用計器（電圧計など）の指示値が、適正であることを確認。
　※受信機によっては、ランプ（導通表示灯）の点灯で確認するものもある。

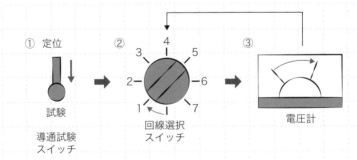

図60-3：回路導通試験の手順

(3) 同時作動試験

　2回線以上（複数の警戒区域）から同時に火災信号を受信したときに、受信機が正常に火災表示するか確認するのが、同時作動試験だ。常用電源について

は任意の5回線、予備電源は任意の2回線を同時に作動させて、火災信号を同時に受信できれば合格だぞ。

①**火災表示試験スイッチ**を「試験」側に倒す。
②**回線選択スイッチ**を回し、回線（常用電源は5つ、予備電源は2つ）を選択する。
③火災灯と選択した回線の地区表示灯が点灯しているか、音響装置が正常に鳴動しているか確認する。※火災表示試験と基本手順は同じ。

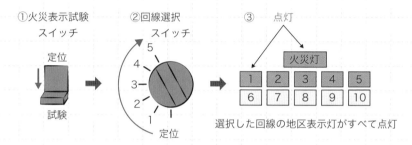

図60-4：同時作動試験の手順

（4）予備電源試験

「常用電源⇔予備電源」の切り替えが正常に作動するか、予備電源の電圧値が正常かを試験するのが**予備電源試験**だ。

①**予備電源試験スイッチ**を押し、電圧計等の指示値が適正であることを確認。
　※受信機によっては、ランプ（導通表示灯）の点灯で確認するものもある。
②主電源スイッチの操作により、予備電源への切り替え、常用電源への復旧が自動で行われることを確認する。

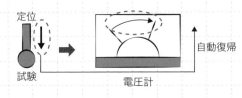

定位
試験

予備電源試験
スイッチ

自動復帰

電圧計

図60-5：予備電源試験の手順

➔ 配線の試験基準を学ぼう!

配線の基準は前テーマで学習したが、配線の機能試験は、以下2種類だ。

(1) 共通線試験

感知器回路では、配線本数を減らすために共通線を用いることがあると学習したよな。この試験は、1本の共通線に紐づく警戒区域数が7以下であることを確認するために行うんだ。なお、あらかじめ**回路導通試験**を行い、すべての回路で**断線**していないことを確認してから行うぞ。

- 共通線を外した状態で受信機回路の導通試験を行う。断線回路数を確認して、対象となる回線数（7回線以下）なら合格とする。

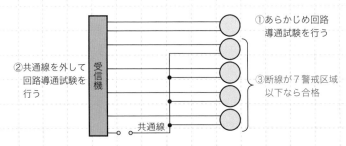

②共通線を外して
回路導通試験を
行う

受信機

共通線

①あらかじめ回路
導通試験を行う

③断線が7警戒区域
以下なら合格

図60-6：共通線試験の手順

(2) 送り配線試験

回路内で発生した部分断線を検出するため、感知器回路は送り配線にする必要があることを学習したよな。正しく送り配線になっていることを確認するために行うのが、送り配線試験だ。以下の手順及び回線数で、試験するぞ。

既に学習した内容と重なる部分が多いですね！覚えるというよりも、「理解」を意識して学習に取り組めば、攻略できるんですね！！

①試験回線に接続された個々の感知器について、送り配線であることを確認し、さらに感知器の1線を外した状態で発信機等を作動させるなどして回路の断線を確認。

②すべての感知器1個1個を確認するのは酷なので、警戒区域数に応じて試験回線数は右の通りとなっている。

警戒区域数	試験回線数
10以下	1
11以上50以下	2
51以上	3

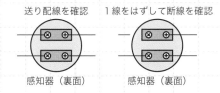

送り配線を確認　　1線をはずして断線を確認

感知器（裏面）　　　感知器（裏面）

図60-7：送り配線試験の手順

➡ 感知器の試験基準を学ぼう！

（1）スポット型熱感知器

　差動式・定温式・補償式の各スポット型感知器では、**加熱試験器を用いて作動試験**を行うぞ。君も、建物内でイラストのような作業風景を見たことあるんじゃないか？

　加熱試験器は、棒状の柄の先に金属製のお椀が付いた形の試験器だ。中に白金（プラチナ）を触媒作用としてベンジンを発熱・燃焼させた火口を入れた状態で天井にある感知器を覆い被せて、感知器が所定時間内に作動するか試験するんだ。

図60-8：作業風景

外観写真	断面図

図60-9：加熱試験器の外観写真と断面図（写真：東京防災設備保守協会）

　試験における各感知器の作動時間は以下の通りだ。なお、定温式スポット型の場合、公称作動温度と周囲温度との差が50℃を超えるときは、作動時間を下記の2倍に延長することができるぞ。これは試験で頻出だ！！

表60-1：スポット型熱感知器の作動時間

	特種	1種	2種
差動式スポット型 補償式スポット型	-	30秒以内	
定温式スポット型	40秒以内	60秒以内	120秒以内

唱えろ！ ゴロあわせ

■定温式スポット型感知器の作動時間

特殊な　　よ　　ろ　　いに　　帝王
特種　　　　40秒　60秒　120秒　　定温

似合わない
以内

（2）差動式分布型感知器（空気管式）

　　感知器の各種試験の中で最も頻出なのが空気管式の差動式分布型感知器だ。この後の章で、理由を問う出題も多く見られる箇所だから、試験の実施目的と併せて「理解」を意識して学習に取り組むんだ！！

> 差動式分布型感知器（空気管式）は試験で本当によく出題されていて、3つの試験を行う目的と適・不適を判定するポイント以外に、外観からも3試験を区分することができるぞ。次のところを意識して確認してくれ。

・マノメーターが不要なのは、作動（継続）試験
・作動（継続）試験＋マノメーター、流通試験
・空気管がない（図中の割合で他の2試験に比べて）のは、接点水高試験

表60-2：差動式分布型感知器（空気管式）

試験概要	試験時の外観イラスト
①作動試験及び作動継続試験 熱による空気膨張と同じ圧力を空気管に加えて、正常作動するか試験する。 検出部にある試験孔にテストポンプを接続し、試験コックを「作動試験」位置に合わせ、感知器の作動空気圧に相当する空気量を注入する。 空気を入れてからダイヤフラムの接点が閉じるまでの時間を計測し、検出部に明示された時間内かどうかで判定する。 注入した空気は徐々にリーク孔から抜けるので、一度閉じた接点はしばらくすると開く。感知器作動から再度接点が開くまでの時間を計測するのが、作動継続試験だ。 作動時間外の場合に原因として考えられる要因は右表の通り。	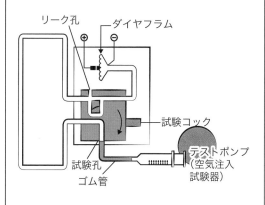

作動時間	原因
短い	接点水高が低い、空気管長が短い、など
長い	空気管からの漏れ（若干量）
接点が閉じない	空気管からの漏れ（相当量）、空気管の切断など

（続く）

②流通試験

空気管内で漏れや詰りがないかを確認するのが、流通試験だ。空気管の一端にマノメーター、試験孔にテストポンプを接続し、試験コックを「流通試験」位置に合わせ、テストポンプから空気を注入し、マノメーターの水位を100mmのところで停止させる。

この状態でコックスタンドの試験孔を外し、マノメーターの水位が50mmに低下するまでの時間を計測する。その時間が、検出部に表示されている流通曲線の上限と下限の範囲内かどうかで判定する。

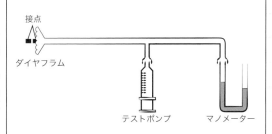

空気管の内径が1.4mmの場合

空気管の内径が1.5mmの場合

③接点水高試験

ダイヤフラムの接点間隔をテストするのが接点水高試験だ。

マノメーターとテストポンプを接続し、試験コックを「接点水高試験」位置に合わせる。マノメーターの一方から適量の水を入れて、テストポンプで少量ずつ空気を注入する。接点が閉じた時の水位を測定する。

「接点水高＝ダイヤフラムと接点の間隔」として判定する。

接点水高	原因
低い	非火災報（誤報）の発生恐れ
高い	火災信号発信が遅れる恐れ

第9章　設置基準（規格）を学ぼう！

(3) 差動式分布型感知器（熱電対式、熱半導体式）

　空気管式ほど出題頻度は高くないが、熱電対式と熱半導体式についても以下の作動試験を行うぞ。

差動式分布型感知器（熱電対式）	メーターリレー試験器
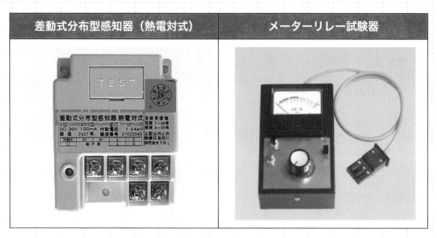	

図60-10：差動式分布型感知器（熱電対式）の外観写真と試験器
（写真：日本ドライケミカル）

表60-3：行う試験（工程）の概要

作動試験	感知器検出部にメーターリレー試験器を接続し、ダイヤル操作で検出部に電圧を徐々に加えて、感知器が作動したときの印加電圧を測定する。この値が、検出部に明示されている値の範囲内であれば合格である。
回路合成抵抗試験	作動試験と同様、感知器検出部にメーターリレー試験器を接続して回路の合成抵抗を測定する。値が所定の範囲内であれば合格である。

 外観写真の赤枠を見ると「差動式分布型感知器　熱電対式」と記載されてますね。

そうなんだ。先の空気管式に関しても、検出部には同じように記載されている場合があるので、写真から情報を読み取ることもできるぞ！頭の片隅に入れておくんだ！

(4) 定温式感知線型感知器

　定温式感知線型感知器の試験は、先に学習した差動式分布型感知器（熱電対式・熱半導体式）と同じ方法（作動試験と回路合成抵抗試験）で行うぞ。

　一度作動（被覆が溶けて感知線が作動）すると、二度と使えなくなってしまうため、加熱などは行わないから注意するんだ！

メーターリレー試験器で火災発生時と同じ状況となるように電気的に作動させることで確認するんですね！

表60-4：定温式感知線型感知器で行う試験2種

作動試験	回路末端にある回路試験器の押しボタンを押して、受信機が火災表示することで確認する。
回路合成抵抗試験	受信機の配線を外し、測定する回路の末端を短絡する。感知器回路の配線と感知器の合成抵抗値を測定し、規定値以下であることを確認する。

(5) スポット型煙感知器

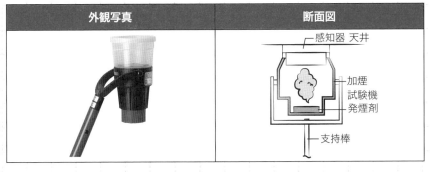

図60-11：加煙試験器の外観写真と断面図（写真：ニッタン）

光電式・イオン化式の各スポット型煙感知器では、**加煙試験器を用いた作動試験**を行うぞ。点検要領や外観は、先に学習したスポット型熱感知器と同じだ。

また、試験器の外観写真が似ているが、感知器の作動原理が異なるので、その部分で違いがあるぞ。加煙試験器は、発煙剤（線香など）を入れたお椀型の試験器を感知器本体に覆い被せて、感知器が所定時間内に作動するかを確認するんだ。発煙剤のほかに、ガスボンベを用いるものもあるぞ。

なお、試験における感知器の作動時間は以下の通りだ。

表60-5：スポット型煙感知器の作動時間

	1種	2種	3種
光電式スポット型 イオン化式スポット型	30秒以内	60秒以内	90秒以内

唱えろ！ゴロあわせ

■スポット型煙感知器の作動時間

1流の　サ　ロン　で、急に

1種〜　　　30秒　60秒　　　　90秒

煙　ない

煙感知器　　以内

　このほか、スポット型煙感知器では年1回行われる総合点検の際に、感知器の感度試験（反応具合）を行うのだが、この時に利用される器具が、**煙感知器感度試験器**だ。煙式と電気式に大別され、煙式は指定濃度の煙を充てんしたケース内に感知器を入れて、濃度ごとの作動試験を行うものだ。第4章（鑑別）では、試験器の写真から名称と用途を問う出題もあるので、ここで覚えておくんだ！

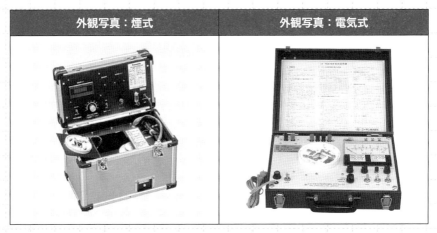

外観写真：煙式	外観写真：電気式

図60-12：煙感知器感度試験器の一例（写真左：パナソニック、写真右：ニッタン）

（6）光電式分離型感知器

　分離型の煙感知器では、**減光フィルター**を用いた作動試験を行うぞ。感知器が送光部と受光部からなるので、その間を通過する光を人工的に遮ることで、感知器を意図的に作動させるというわけだ。

　光の透過率の異なる**減光フィルター**（メーカーごとに減光率の設定は異なっている）を受光部の前に光を遮るように指示棒で設置するんだ。この時、所定の減光率（例えば30％）に設定した場合、減光率40％のフィルターを置いた時に感知器が確実に作動し、20％のフィルターを置いたときは感知器が作動しないことを確認するんだ。

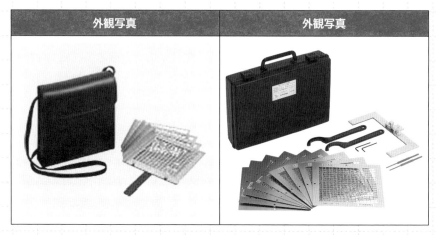

外観写真	外観写真

表60-13：減光フィルターの一例(写真左：パナソニック、写真右：ニッタン)

➡ ガス漏れ火災警報設備の試験基準を学ぼう!

ガス漏れ火災警報設備の試験は、受信機と検知器（感知器）について行うぞ。

ガス漏れ火災警報設備用の受信機（G型、GP型等）は、通常の受信機（P型）と同じ方法で試験を行えばOKだから、何かを新たに覚える必要はないぞ。

検知器（感知器）の作動試験は、**加ガス試験器**を用いて行うぞ。試験用ガスを加えて、受信機がガス漏れ表示をするまでの時間を計測するが、測定時間が以下記載の時間内であれば合格だ。なお中継器がある場合は、**全て＋5秒**だ。

表60-6：検知器の作動時間

検知器に付いている作動確認灯によって作動確認する場合	確認灯の点灯から受信機のガス漏れ灯の点灯まで60秒以内（中継器を介する場合は＋5秒以内）
中継器の確認灯か検知区域警報装置の作動によって作動確認する場合	確認灯又は検知区域警報装置の作動から受信機のガス漏れ灯の点灯まで60秒以内（中継器を介する場合は＋5秒以内）
上記以外の場合	受信機のガス漏れ表示までの時間が80秒以内（中継器を介する場合は＋5秒以内）

Step3 暗記 何度も読み返せ！

☐ 同時作動試験を行う場合、常用電源については任意の [5] 回線、予備電源については任意の [2] 回線を同時作動させて火災信号を受信できれば合格とする。

☐ 定温式スポット型感知器の作動試験における作動時間は、特種・1種・2種とそれぞれ [40] 秒、60秒、[120] 秒以内であれば合格とする。ただし、公称作動温度と周囲温度との差が [50] ℃を超えるときは、上記作動時間を [2倍] にすることができる。

☐ メーターリレー試験器を用いて試験を行う感知器は以下の通りである。
・差動式分布型感知器（[熱電対] 式、[熱半導体] 式）
・[定温式感知線型感知器]

☐ スポット型煙感知器の作動時間は、1種・2種・3種とそれぞれ [30] 秒、60秒、[90] 秒以内であれば合格とする。

第9章　設置基準（規格）を学ぼう！

(問題 1)

次の文章の正誤、または問の答えを述べよ。なお、1～4は「受信機の構造」に関して、5～8は「発信機の設置方法」についての問いである。

🔥 **01** 復旧スイッチを設けるものにあっては、専用のものであること。

🔥 **02** 水滴が侵入しにくいものであること。

🔥 **03** 主電源を監視する装置は、受信機の前面に設けること。

🔥 **04** 主音響停止スイッチは、定位置に自動復旧するものであること。

🔥 **05** 設置する場所の近くに屋内消火栓用の表示灯があったので、発信機の表示灯は設置を省略した。

🔥 **06** R型受信機のある現場に、P型2級発信機を接続した。

🔥 **07** 人目につく場所に設置するといたずらをされる恐れがあるので、人目につきにくい場所に設置した。

🔥 **08** 各階ごとに、その階の各部分から一の発信機までの水平距離が50m以下となるように設置した。

🔥 **09** 火災の発生した区域を他の区域と区別できる最小単位の区域を感知区域という。

🔥 **10** 壁又は取付面から0.4m以上（差動式分布型感知器と煙感知器は0.6m以上）突き出したはり等によって区画された部分を警戒区域という。

🔥 **11** 一の感知器が有効に火災を感知できる面積を感知面積という。

🔥 **12** 煙感知器の設置場所として、適切なものはいくつあるか。

> エレベーター昇降路、階段及び傾斜路、
> 天井高20m以上の場所、廊下及び階段

ア. 4つ　イ. 3つ　ウ. 2つ　エ. 1つ

解答1

🔥 **01**：○ →No.54

🔥 **02**：○ →No.54

🔥 **03**：○ →No.54

🔥 **04**：✕ →No.54

主音響停止スイッチは、定位置に自動復旧するものであること。

⇒自動復旧（はね返り）スイッチのものは、①予備電源試験スイッチ　②火災復旧スイッチの2種類のみで、主音響停止スイッチは手動だ。

🔥 **05**：○ →No.58

🔥 **06**：✕ →No.58

R型受信機のある現場に、P型2級1級発信機を接続した。

🔥 **07**：✕ →No.58

人目につく場所に設置するといたずらをされる恐れがあるので、人目につきにくい場所に設置した。

⇒いざという時に使うものなので、人目につきやすい場所に設置するんだ。

🔥 **08**：✕ →No.58

各階ごとに、その階の各部分から一の発信機までの水平歩行距離が50m以下となるように設置した。

🔥 **09**　✕ →No.55

これは警戒区域の説明だ。間違えないようにな！

🔥 **10**　✕ →No.55

これは感知区域の説明だ。間違えないようにな！

🔥 **11**　○ →No.55

🔥 **12**　イ →No.57

煙感知器の設置が義務付けられる場所と併せて、煙感知器の設置がNGとなる場所（代替設置できる感知器は？）は頻出だ。本問の場合、「天井高20m以上の場所」は、炎感知器しか設置できないぞ。

次の問に答えなさい。

🔥13 定温式スポット型感知器に関する以下の説明文の（　）にあてはまる数値の組み合わせとして、正しいものはどれか。

『公称作動温度が70℃の定温式感知器の場合、正常時の最高周囲温度は（A）℃であること。なお、作動試験における作動時間は、特種は（B）秒以内、1種は（C）秒以内、2種は120秒以内であり、公称作動温度と周囲温度の差が50℃を超えるときは、作動時間を（D）まで延長することができる。』

	A	B	C	D
ア）	50	30	60	3倍
イ）	50	40	60	2倍
ウ）	20	30	50	2倍
エ）	50	40	50	1.5倍

🔥14 光電式分離型感知器を除く煙感知器を、特定一階段等防火対象物以外の防火対象物に設置する場合の基準として正しいものはどれか。

ア）1種又は2種の感知器を階段及び傾斜路に設ける場合、垂直距離30mにつき1個以上となるように設置すること。

イ）3種の感知器を廊下及び通路に設けるとき、垂直距離20mにつき1個以上設けること。

ウ）天井が低い居室の場合は、感知器を入り口付近に設けること。

エ）空気吹き出し口がある場合は、その付近に設けること。

🔥15 差動式分布型感知器（熱電対式）を設置する場合の基準として、誤っているものはどれか。

ア）検出部を5°以上傾斜させないように設けること。

イ）取付面の下方0.3m以内の位置に設けること。

ウ）一の感知区域毎に4個以上の熱電対部を設ける。

エ）一の検出部に接続する熱電対部は、10個以下であること。

🔥16 受信機から地区音響装置までの配線工事で、露出配線にすることができるものはどれか。
ア）架橋ポリエチレン絶縁ビニルシースケーブル　　イ）MIケーブル
ウ）600Vビニル絶縁電線　　　　エ）600V2種ビニル絶縁電線

解答

🔥13　イ）→No.60
「特殊なよろいに〜」のゴロ合わせでクリアーするんだ！
『公称作動温度が70℃の定温式感知器の場合、正常時の最高周囲温度は（A50）℃であること。なお、作動試験における作動時間は、特種は（B40）秒以内、1種は（C60）秒以内、2種は120秒以内であり、公称作動温度と周囲温度の差が50℃を超えるときは、作動時間を（D2倍）まで延長することができる。』

🔥14　ウ）→No.57
ア）1種又は2種の感知器を階段及び傾斜路に設ける場合、垂直距離30m15mにつき1個以上となるように設置すること。
イ）3種の感知器を廊下及び通路に設けるとき、垂直歩行距離20mにつき1個以上設けること。
エ）空気吹き出し口がある場合は、その付近に1.5m以上離して設けること。
　⇒本問のポイントは、吸込み口がある場合はその傍に設けるが、吹き出し口（風で煙が散ってしまう可能性がある場所）は1.5m以上離すということだ。吸込み口と吹き出し口、読み違えに気を付けるんだ！

🔥15　エ）→No.57
エ）一の検出部に接続する熱電対部は、10 20個以下であること。

🔥16　イ）→No.59
受信機から地区音響装置までの配線は耐熱配線でOKなので、基本は耐火配線よりも緩やかな基準になるぞ。ただし、露出配線に出来るのは、MIケーブルと耐火電線（FP）のみだ。

次の問に答えなさい。

🔥17　文中の（　）に入る数値の組合わせで、正しいものはどれか。

『一の警戒区域は、面積（A）m²以下、一辺の長さを（B）m以下とすること。ただし、光電式分離型感知器を設置する場合は、（B）mを（C）m以下、主要な出入口から内部を見通せる場合は、（A）m²を（D）m²以下に変更できる。』

	A	B	C	D
ア）	500	60	100	1000
イ）	600	60	120	1500
ウ）	500	50	120	1500
エ）	600	50	100	1000

🔥18　次の表は、感知器毎に設置出来る場所を記載したものである。正しい組合せのものはどれか。

	感知器種別	設置できる場所
ア）	定温式スポット型	自家発電室、駐車場
イ）	差動式スポット型	バッテリー室、厨房
ウ）	差動式分布型	ボイラー室、厨房
エ）	炎感知器	自家発電室、ゴミ集積所

🔥19　以下の感知器を設置する場合の感知面積の組み合わせとして、正しいものはどれか。なお、主要構造部は耐火構造ではない。

	高さ5mに定温式スポット1種	高さ12mに煙感知器1種を設置
ア）	30m²	75m²
イ）	15m²	75m²
ウ）	15m²	150m²
エ）	30m²	150m²

🔥**20** 自動火災報知設備に設けるP型受信機の感知器回路における電路の抵抗値は、何Ω以下にする必要があるか。

　　 ア）100　　イ）75　　ウ）50　　エ）20

解答

🔥**17** エ）→No.32

　　 法令の復習だ。基本となる警戒区域の定義（原則）が分かって、初めて例外の意味が分かるんだ。光電式分離型感知器の設置基準に絡む所なので、必ず攻略するんだ。空白に正しい数値を入れると、以下の通りだ。

　　 『一の警戒区域は、面積（A600）m²以下、一辺の長さを（B50）m以下とすること。ただし、光電式分離型感知器を設置する場合は、（B50）mを（C100）m以下、主要な出入口から内部を見通せる場合は、（A600）m²を（D1000）m²以下に変更できる。』

🔥**18** エ）→No.56

　　 「炎は配分できる」のゴロ合わせから、炎感知器が設置できるのは、以下2カ所に限定されるんだ。

　　 ・排気ガスが多量（駐車場、自家発電室）

　　 ・粉じん、じんあいが多量（ゴミ集積所）

　　 この他、設置高20m以上の場合には、炎感知器しか設置できない事も頭に入れておくんだ。その他の選択肢については、以下の通りだ。

　　 ア）定温式感知器は優秀な感知器だけど、唯一、排気ガスが多量の場所では設置できないぞ。

　　 イ）差動式スポット型は、差動式分布型に＋して**腐食性ガスが発生する**場所（バッテリー室、汚水処理場）で設置ができないぞ。

　　 ウ）差動式分布型は、**高温となる場所**（ボイラー室、滅菌室）、**厨房**では設置できないぞ。

🔥**19** イ）→No.55

　　 感知面積に関する出題は筆記試験分野での出題は多くないが、実技試験（製図）で重要な要素となるから、ゴロ合わせを駆使して下表をマスターしてお

くんだ。本問は表より、定温式（1種）で5mの場合は15m^2、煙感知器（1種）で12mの場合は75m^{2}となり、イ）が正解だ。

取付面の高さ		差動式スポット		定温式スポット型	
		1種	2種	特種	1種
～4m未満	主要構造部が耐火構造	90m^2	70m^2	70m^2	60m^2
	その他の構造	50m^2	40m^2	40m^2	30m^2
4m以上～8m未満	主要構造部が耐火構造	45m^2	35m^2	35m^2	30m^2
	その他の構造	30m^2	25m^2	25m^2	15m^2

取付面の高さ	1種	2種
4m未満	150m^2	
4m以上15m未満	75m^2	
15m以上20m未満	75m^2	

🔥 **20　ウ）** →No.59

感知器回路では、回路抵抗値を50Ω以下、絶縁抵抗を0.1MΩ以上とするんだ。ゴロ合わせ「十五のハニーの～」は、絶縁抵抗だけど、感知器は端子間及び充電部と金属製外箱間のものなので、混同しないように気を付けろ！

🔥 **21**　感知器回路は送り配線として、末端に発信機（押しボタン）または終端抵抗を設けることになっている。その理由として正しいものはどれか。
ア）非火災報を防止するため
イ）電路抵抗を小さくするため
ウ）回路導通試験の実施を容易にするため
エ）電路の電線本数を少なくするため

🔥22　補償式スポット型感知器1種を、耐火構造の建物で取付面高6m、床面積
140m²の場所に設置する場合、設置個数は最小でいくつになるか。なお、
壁又は取付面につき出したはり等はないものとする。
　　ア）1個　　イ）2個　　ウ）3個　　エ）4個

🔥23　自動火災報知設備の蓄電池設備による非常電源について、次のうち誤ってい
るものはどれか。
　　ア）非常電源の容量が十分にある場合は、予備電源の設置を省略することが
　　　　できる。
　　イ）他の消防用設備等と共用にするときは、その設備の電気回路の開閉器に
　　　　よって遮断されないものであること。
　　ウ）設置する蓄電池設備の容量は、自動火災報知設備を有効に10分間作動
　　　　できる容量以上であること。
　　エ）停電した場合に自動的に予備電源に切り替わり、復旧した際には自動的
　　　　に予備電源から常用電源に切り替わるものであること。

解答

🔥21　ウ）→No.59＆60
感知器の信号回路を送り配線として回路末端に発信機や終端抵抗を設けるの
は、感知器回路内での断線をすぐに検出するための**回路導通試験を容易にす**
るのが目的だ。「何故？→○○だから！」という、一連の流れで理由を理解
すると、この後学習する鑑別にも生きてくる上、記憶も定着しやすくなる
ぞ。

🔥22　エ）→No.55
2種のゴロ合わせは、「佐渡のほしに〜」で見ているが、1種はその値に＋5
〜10と理解しておきたいところだ。設問は、高さ6mの耐火構造と記載があ
るので、45m²につき1個以上の補償式スポット型感知器1種が必要になる
ぞ。よって、床面積140m²の場合、
140÷45＝3.111…
端数は切り上げになるので、4個設置すればOKとなるぞ。

🔥23　ア）→No.59
本問はイヤらしい引っ掛け問題だ。

ア）非常電源の容量が十分にある場合は、予備電源の設置を省略することが
できるない。
⇒**予備電源≧非常電源の時に、非常電源の省略は可能**だが、その逆はNG
だ。

第4科目

実技試験
（鑑別・製図）

※「鑑別」については、読者特典のWebアプリもぜひ利用
　してくれ。詳しくはxiiページにあるぞ。

ただ、
これまでの3科目
（筆記試験）と異なり

イラストや写真を見て
答える問題が出題
されるんだ！

そうすると、
自火報設備や
各種試験機器の
実物写真（イラスト）と
名称が一致しないと

→発信機　→加熱試験器

→感知器

問題は解けない
ですね！

ウム！
そのとおりだ！

筆記試験ほど
特徴的な
出題傾向が
ないのが

第4科目の
特徴なんだ！

マジかぁ～。
それじゃあ対策の
しようがない
じゃないですか!!

さらにいうと、
全部で7問
（乙種は5問）
出題されるが

ぐあああああっ

【例題】

下の写真は、ある感知器の外観写真とその断面図を示したものである。次の各設問に答えよ。

外観写真	断面図
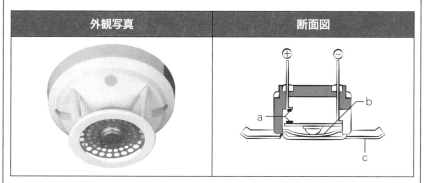	

(1) この感知器の名称と作動原理を答えなさい。

(2) a〜c各部の名称を答えなさい。また、この感知器を取り付ける場合、感知器下端は取付面から何m以内とするか答えなさい。

(3) この感知器の作動温度として、正しいものはどれか。
　　ア. 50℃以上100℃以下　　　イ. 60℃以上120℃以下
　　ウ. 60℃以上150℃以下　　　エ. 50℃以上150℃以下

これは
定温式スポット型感知器の
問題だ

合理的な理由が
あるものから、
化学的な理由が
あるものまで、

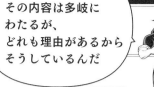

その内容は多岐に
わたるが、
どれも理由があるから
そうしているんだ

闇雲に暗記するのではなく、
理解を意識することが
大事なんですね！

って事を、、、

理解
したぜ！

バリバリーン

と、いうわけで、、、

練習問題テスト中

う〜〜む

ちなみに
さきほどの
模範解答は
次の通りだ

問題	正解
(1)	名称：定温式スポット型感知器 作動原理：熱による円形バイメタルの反転を利用したもの
(2)	a：接点　b：バイメタル　c：受熱板 感知器下端：天井取付面から0.3m以内
(3)	ウ

完全燃焼

人生は1度きり。
「あの時こうしておけばよかった」「もっと頑張っていれば」
後悔先に立たず。悔いても過ぎ去った時間を取り戻すことは出来ない。
だったら、やれることを全てやって『完全燃焼』してみないか？
やり切った先に、きっと未だ見ぬ新しい世界が広がっているはず!!

第10章

鑑別（実技等）は訓練あるのみ

NO.61 パッと見て判断できるようになろう！
NO.62 何故か？→○○だから！　理由を答えろ！

ここでは、実技試験で出題される鑑別について見ていくぞ。これまでの学習を元に出題がなされるため、テキスト云々よりも、実践が一番重要となるぞ。問題を繰り返し解いて、傾向と出題パターンの理解を意識しよう。

（小文字のビー）

重要度：🔥🔥🔥

パッと見て判断できるようになろう！

このテーマでは、自火報設備を構成する各種機器及び試験機器の外観を見ていくぞ。自火報設備に関連する機器は、色よりも見た目（外観）の形状に特徴の多いものが多いので、パッと見の判断力を磨き上げるんだ。

➡ 感知器の形状と構造（外観）をチェックしよう！

　自火報設備を構成する各種機器及び試験機器の外観を順に見ていくぞ。メーカーによって少しずつ形は異なるが、おおよその外観は共通しているので、代表的なものを見ていこう。

　多くは第7章〜第9章で紹介済みなのでそちらを見てほしい。チェックするポイントは、「見た目」と「作動原理」だ！！

①差動式スポット型感知器　➡テーマ38：図38-1

②定温式スポット型感知器　➡テーマ40：図40-2

③差動式スポット型感知器（温度検知素子）　➡テーマ38：図38-2

④定温式スポット型感知器（温度検知素子）（写真：ホーチキ）

外観写真	断面図
	温度検知回路　比較回路　スイッチング回路　保護カバー　温度検知素子
外観の特徴	③差動式スポット型感知器とほぼ同じ。
作動原理ほか	周囲温度が所定の温度以上になるのを温度検知素子（サーミスタ）を利用して感知し、火災信号を発信する。

 第7章でも見ましたが、③の温度検知素子を利用した差動式と次の（④）の定温式の感知器は本当に似ていますね！

パッと見は似ているが全然違うもの（P型1級発信機にあって2級にないものなど）は頻出だが、似通り過ぎて区別がつかないものは、試験では出題されていないぞ（試験現場で混乱する受験生が多発しちゃうからな！）
仮に出題されても補足で、「一定温度で作動する感知器ではない」等の注記があるから、安心してくれよ！

了解でーす。上記の場合は、差動式ってことですね！

⑤定温式スポット型感知器（②以外）　➡テーマ40：図40-3

⑥定温式スポット型感知器（防爆型）（写真：日本フェンオール）

外観写真	外観の特徴
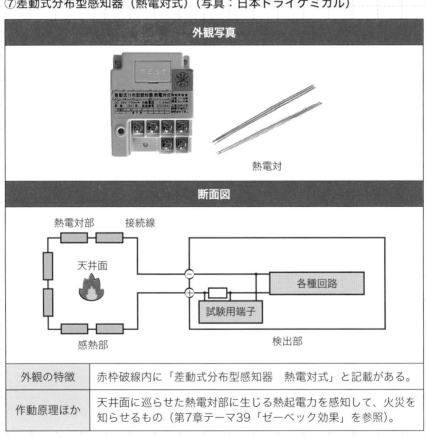	可燃性ガスによる爆発の危険性がある場所に設置する熱感知器で、爆発で破壊されないように鋳物で作られている。 なお、防爆型感知器の断面図は出題されていないので、外観から名称と防爆型であるとわかるようにしておくんだ！

⑦差動式分布型感知器（熱電対式）（写真：日本ドライケミカル）

外観写真
熱電対

断面図
熱電対部　接続線 天井面 感熱部 各種回路 試験用端子 検出部

外観の特徴	赤枠破線内に「差動式分布型感知器　熱電対式」と記載がある。
作動原理ほか	天井面に巡らせた熱電対部に生じる熱起電力を感知して、火災を知らせるもの（第7章テーマ39「ゼーベック効果」を参照）。

⑧差動式分布型感知器（空気管式）

外観写真	断面図
 銅パイプ（空気管） 検出部	 空気管　リーク孔　接点　ダイヤフラム　コックハンドル　試験孔　コックスタンド　試験コック

外観の特徴	写真は機械外観（検出部を開けている）だが、⑦の熱電対式と同じでカバーを外した裏面に「差動式分布型感知器　空気管式」と記載があるものもある。
作動原理ほか	天井面に空気管を巡らせ、熱による空気管内の空気膨張によって広範囲の温度上昇を検知する。

差動式分布型感知器（空気管式）の付属部品及び空気管の設置工事に必要な部品は出題実績があるため、見た目（形状）と用途を確認する。

	ステップル（止め金具）	クリップ	ステッカー
外観			
用途	空気管を造営材に固定するのに使用する。		ステップルが使用できない箇所で、造営材に固定するのに使用する。

	銅管端子	スリーブ	貫通キャップ
外観			
用途	感知器検出部と空気管の接続に使用する。	空気管同士を接続するのに使用する。	空気管が造営材を貫通する箇所に使用する。

393

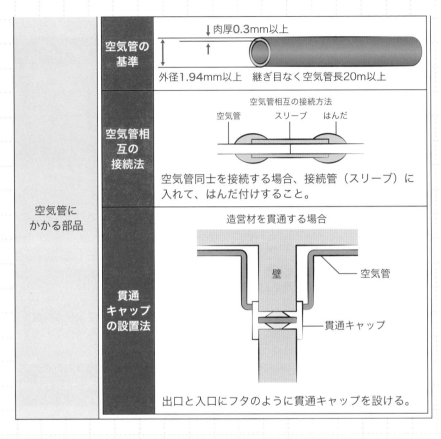

空気管にかかる部品	空気管の基準	↓ 肉厚0.3mm以上 外径1.94mm以上　継ぎ目なく空気管長20m以上
	空気管相互の接続法	空気管相互の接続方法 空気管　スリーブ　はんだ 空気管同士を接続する場合、接続管（スリーブ）に入れて、はんだ付けすること。
	貫通キャップの設置法	造営材を貫通する場合 壁　空気管 貫通キャップ 出口と入口にフタのように貫通キャップを設ける。

⑨定温式感知線型感知器　➡テーマ41：図41-1

⑩光電式スポット型感知器　➡テーマ42：図42-2

⑪イオン化式スポット型感知器　➡テーマ42：図42-1

⑫光電式分離型感知器　➡テーマ42：図42-4

テキストの字面だけ追っかけるのではなく、「理解」を意識して学習に取り組んでほしいぞ！

受信機の違いは、「地区表示灯」の数で見極める!

ここでは受信機の実物写真を見ながら判別等ができるように学習するぞ。感知器同様、メーカーごとに微妙に形が異なるが、およそ外観は共通しているので、代表的なもの見ていくぞ。赤枠破線の地区表示灯の「数」に注目だ！

①P型受信機（写真：ニッタン（1級・2級）、パナソニック（3級））

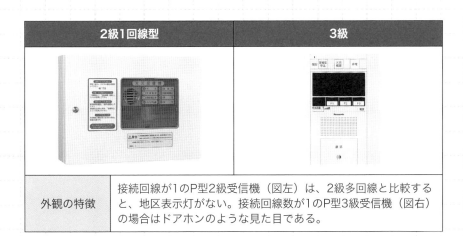

1級多回線型	2級多回線型

外観の特徴	P型1級（多回線）は、5回線より多くの警戒区域を設定できる受信機。左図の場合、赤枠破線から地区表示灯は20個だ。一方、P型2級（多回線）は、警戒区域が5以下の自動火災報知用の受信機で、右図の赤枠破線から、地区表示灯が5個だ。

2級1回線型	3級

外観の特徴	接続回線が1のP型2級受信機（図左）は、2級多回線と比較すると、地区表示灯がない。接続回線数が1のP型3級受信機（図右）の場合はドアホンのような見た目である。

第10章 鑑別（実技等）は訓練あるのみ

試験に出るのは、圧倒的に多回線のP型1級・2級受信機だ。見た目のインパクト（地区表示灯数の多さ）から、問題作成しやすいという出題者の意図もあるかもしれないな！

「省略の可否」や「（比較して）あるもの・ないもの」といった、既に先輩が話した内容を今一度確認しておきます！

②その他の受信機（写真：ニッタン）

R型受信機	副受信機
外観の特徴	P型受信機とR型受信機の違いは、受信する信号の種類。R型受信機は、各回線に固有の信号となっており、地区表示灯はなく、代わりに表示パネル（赤色破線枠）がある。 また、R型は「R」ecordの文字通り、記録用プリンター（赤色実線枠）が付いている。 副受信機は、宿直室などに設けられる受信機の子機。地区表示灯と副音響装置で構成される（写真は地区表示灯が20個）。

🔵 発信機：1級にあって2級にないもの、なーんだ!?

第8章テーマ49で学習した内容だが、『1級にあって2級にないもの、2つ』これが、超頻出だ！

[確認]「P型1級発信機・P型2級発信機」 ➡テーマ49：Step1図解
　　　　「機器収容箱」 ➡テーマ58：Step1図解

（写真：ニッタン）

表示灯	地区音響装置

🔵 その他の機器類は、「ざっくり」チェックだ!

自動火災報知設備の機器類に付属する、その他の機器類を見ていくぞ。単体での出題はあまりなく、このほかの分野（表示灯の設置数、予備電源の基準など）に絡めた出題の一選択肢として出てくるので、注意して見ていくぞ。

（写真：G漏・火災通報装置：パナソニック、それ以外ニッタン）

[確認]「密閉型蓄電池」 ➡テーマ47：図47-1
　　　　「表示灯用発光ダイオード」 ➡テーマ58：表58-1内「表示灯」

名称	中継器	ガス漏れ検知器
外観写真		
特徴	感知器と受信機の間に設置する装置。	ガス漏れ火災警報設備に用いる検知器。

名称	終端器（終端抵抗）	携帯用送受話器
外観写真		
特徴	感知器回路の末端に設置する装置。	発信機や受信機の電話ジャックに接続して通話を行う。

火災通報装置	外観の特徴
	手動起動装置（押しボタン）により、119番に火災を通報する装置。 ※パッと見、受信機にも見えるが、赤色破線枠の「119」が見えるのでそこから判断出来る！

➡ 各種試験に使う機器類をチェックしよう！

　作動試験をはじめとした各種試験に用いる機器は、名称と用途を押さえておくんだ！差動式分布型感知器（空気管式）のように、試験をしているイラストが複数示されて、それについて解答する問題も出題されているぞ。

　（写真：　マノメーター・炎感知器作動試験器：ニッタン、テストポンプ・加熱試験機用の火口：能美防災、回路計・絶縁抵抗計・接地抵抗計・騒音計・検電器：日置電機）

[確認]「加熱試験器」　➡テーマ60：図60-9
　　　　「加煙試験器」　➡テーマ60：図60-11
　　　　「メーターリレー試験器」　➡テーマ60：図60-10
　　　　「減光フィルター」　➡テーマ60：図60-13
　　　　「煙感知器感度試験器」　➡テーマ60：図60-12

名称	マノメーター	テストポンプ
外観写真		
特徴と用途	差動式分布型感知器（空気管式）の流通試験と接点水高試験に用いる。	差動式分布型感知器（空気管式）の作動試験や流通試験、接点水高試験に用いる。

名称	炎感知器用作動試験器
外観写真	
特徴と用途	炎感知器の作動試験に用いる。

名称	回路計（テスター）	絶縁抵抗計（メガー）
外観写真		
特徴と用途	回路内の電流や電圧、抵抗値を測定するのに使用する。	機器外箱や電路の絶縁抵抗を測定するのに使用する。赤色破線枠の「MΩ」が目印。

名称	接地抵抗計（アーステスター）	騒音計
外観写真		
特徴と用途	接地抵抗の測定に使用する。赤（H）・黄（S）・緑（E）の線でつながれている。	音響装置の音圧を測定するのに使用する。

名称	検電器	加熱試験器用の火口
外観写真		
特徴と用途	電路の充電の有無を調べるのに使用する。	加熱試験器の中に入れる白金カイロ。

工事用工具の名称・用途をチェックしよう！

ここでの学習の目標は、写真を見て工具の名称・用途が分かるようになることだ。この後の、「電気工事で使う配線材料」に出てくる部材と一緒に使用している場面を想像しながらチェックすると、理解が深まるぞ！

名称	ニッパー	ラジオペンチ
外観写真		
特徴と用途	電線の切断に使用する。刃全体が鋭利。	電線を挟み込んで曲げ加工をしたり、切断するのに使用する。

名称	圧着ペンチ（リングスリーブ用）	圧着ペンチ（圧着端子用）
外観写真		
特徴と用途	リングスリーブを用いて、電線を圧着する（柄が黄色）。	圧着端子を用いて、電線を圧着する（柄が赤色）。

名称	パイプカッター	パイプベンダー
外観写真		
特徴と用途	電線管や配管の切断に使用する。	電線管や配管の曲げ加工に使用する。

第10章　鑑別（実技等）は訓練あるのみ

名称	ワイヤーカッター	ワイヤーストリッパー
外観写真		
特徴と用途	電線やケーブルの切断に使用する。	電線やケーブルの被覆を剥ぎ取るのに使用する。

名称	リーマ	クリックボール
外観写真		
特徴と用途	金属管内のバリ取りに使用する。塩ビ管用のものもある。	先端にリーマを取り付けてバリ取りに使用する。クランク状になっている箇所を回すことで、小さな力で仕事ができる工具。

名称	ねじ切り器	ホルソ
外観写真		
特徴と用途	金属管にねじを切る際に使用する。	アウトレットボックスに穴を空けるときに使用する（クリックボールの先端に取り付けて使用）。

電気工事で使う配線材料の名称・用途をチェックしよう！

前項の工具類を使用して、配線材料の工事を行うんだ。配線材料は、写真から名称と用途、併せて使用する工具類が分かるようにしておくんだ！

名称	ねじなし（鋼製）電線管	サドル
外観写真		
特徴と用途	電線を収納する金属製のパイプ。	電線管を造営材に固定するのに使用する。

名称	ボックスコネクター	アウトレットボックス
外観写真		
特徴と用途	ねじなし電線管とアウトレットボックスの接続に使用する。	電線相互の接続や電気機器の取付箇所に設置する箱（プラスチック製もある）。

名称	絶縁ブッシング	モール（線ぴ）
外観写真		
特徴と用途	電線管から引き出した電線の絶縁被覆を保護するために使用する。	壁に沿って電線を収納する際に使用する。

　実際に取り付け工事をすると、左図の通りになる。アウトレットボックスに穴を空けて（ホルソとクリックボール）、そこにねじなし電線管とボックスコネクター、絶縁ブッシングを取り付ける。

名称	リングスリーブ	圧着端子
外観写真		
特徴と用途	電線相互の圧着接続箇所に使用する（圧着ペンチは柄が黄色のものを使用する）。	電線と圧着端子の接続箇所に使用する（圧着ペンチは柄が赤色のものを使用する）。

 お店にある天井埋め込み型エアコンの壁付けリモコンの線がモールに入っているのを見たことがあります！

 アウトレットボックスやサドル、電線管といった配線材料は、建物の外壁面に取り付けられているから、探して見てくれ！学びは、君の周囲にあふれているぞ！！

➡ パッと見で答えられる基本問題をチェックしよう！

それでは、以下例題を3つ解きながら講義を進めていこう。

【例題1】次の写真を見て、以下の各設問に答えなさい。

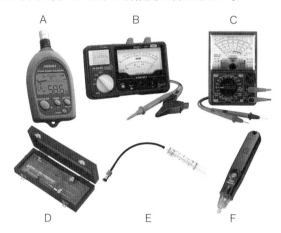

A　　　　　　　　B　　　　　　　　C

D　　　　　　　　E　　　　　　　　F

（1）これらのA〜Fの器具の名称と用途を答えなさい。

（2）Aの機器は、「ある装置」の中心から「一定距離」離れた場所で測定を
　　行うものである。以下の説明文のa〜dの空白に入る数値を答えなさい。
　　「P型1・2級受信機の主音響装置は、装置の中心から（a）m離れた位置
　　で（b）以上、警報音を発する地区音響装置は（c）以上、その他の機器
　　類の音響装置は（d）以上の音圧があること。」

（3）Bの機器を使用して、3つの異なる電圧回路を有する工場で絶縁抵抗を
　　測定した。その結果を記録した以下の表の中より、絶縁不良が発見され
　　た箇所はどれか。

	150V回路	200V回路	400V回路
ア）	0.2MΩ	0.5MΩ	0.5MΩ
イ）	0.4MΩ	0.2MΩ	0.3MΩ
ウ）	0.3MΩ	0.3MΩ	0.5MΩ
エ）	0.1MΩ	0.3MΩ	0.4MΩ

解説

(1)

　最初は難しく感じられる鑑別の問題だが、今回はその導入として写真を見て名称と用途を答える問題を用意したぞ（比較的よく見られる出題パターン）。試験ではこの他、いくつかの写真に器具の名称が記載されていて、それが正しいか否かを問う問題も出題されていて、イラストや写真を何度も見ているうちに、自然と分かるようになるはずだ。つまり、鑑別のポイントは「習うより慣れろ」の精神だ！

(2)

　本問は、写真A（騒音計）を用いた音響装置の音圧値を問う問題だ。単元の都合でバラバラに学習しているが、同じ値は同じ値の'モノ'として、まとめて覚えておくといいぞ。なお、以下2点は引っ掛け問題でも問われているぞ。

- (d) に入る70dB以上の音圧とするのは、①P型3級受信機、②ガス漏れ火災警報設備の検知区域警報装置が該当。
- 地区音響装置（音声により警報を発するもの）は92dB以上の音圧。

(3)

　絶縁抵抗値の規定は、第9章テーマ59で学習したが、少し見慣れない出題に戸惑う人が多い問題を用意したぞ（過去問だ）。

　測定された絶縁抵抗値は、以下の表に掲げる数値以上あれば問題ないぞ。

電路の使用電圧区分			絶縁抵抗値
300V以下	対地電圧150V以下	①	0.1MΩ以上
	対地電圧150V超300V以下	②	0.2MΩ以上
300Vを超えるもの		③	0.4MΩ以上

　絶縁抵抗値は3区分（①～150V、②150V～300V、③300V～）あって、上がるごとに倍（×2）になっているのがポイントだ。

　以上より、イ）が正解で400V回路の絶縁抵抗が不足しているぞ（0.3MΩではなく、0.4MΩ）。

解答

(1)

A	名称：	騒音計
	用途：	音響装置の音圧を測定するのに使用する。
B	名称：	絶縁抵抗計（メガー）
	用途：	回路や各種機器の絶縁抵抗測定に使用する。
C	名称：	回路計（テスター）
	用途：	電流、電圧及び回路内抵抗の測定に使用する。
D	名称：	マノメーター
	用途：	差動式分布型感知器（空気管式）の接点水高試験と流通試験に使用する。
E	名称：	テストポンプ
	用途：	差動式分布型感知器（空気管式）の各種試験に使用する。
F	名称：	検電器
	用途：	電圧（電路内の充電）の有無を調べるのに使用する。

(2)

(a) 1 (b) 85dB (c) 90dB (d) 70dB

(3)

イ）

【例題2】 次の写真を見て、以下の各設問に答えなさい。

A   B   C

D   E   F

G   H

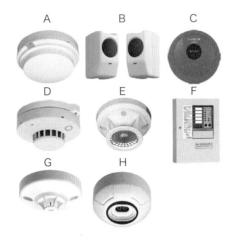

(1) A〜Hの機器類の名称を答えなさい。以下の補足を念頭に解答しなさい。
- CはP型1級受信機と接続するものである。
- Fはガス漏れ検知機能を有していない。
- Gは、Aと同じ作動原理である。

(2) Cの機器にはあるが、Fと接続するそれにはない設備が2つある。2つの設備を答えなさい。

(3) 写真の感知器（C、F除く）の作動原理を答えなさい。

(4) 右の写真は、感知器の点検に用いる
試験器である。
この試験器を用いて点検できる感知器
を全て選び、
記号で答えなさい。

解説

　本問では感知器の外観写真を見て答える問題が出題されているが、断面図の場合もあるので、その点は気を付けたいところだ。補足事項を前提に判断するわけだが、まずはFの受信機をみてみよう。地区表示灯が5つあるので2級受信機であることは想像でき、ガス漏れ検知機能を有していないとの補足からP型

と判断できるんだ。同様にCの発信機は、P型1級受信機に接続するとの文言から、**P型1級発信機**であると分かるぞ。

　P型発信機では、1級にあって2級にない設備（2種類）は頻出問題だ。**確認ランプと電話ジャック**の有無を確実に覚えておくんだ！

　また、感知器Gは温度検知素子を用いた物だが、感知器A（差動式スポット型感知器）と同じ作動原理なので、差動式スポット型感知器だと判断するんだ。

　この他の感知器の名称は、外観から答えられるようにすると共に、作動原理とセットで覚えておくことが大切だぞ。

　最後に、（4）は加熱試験器だから、スポット型熱感知器の試験に用いるぞ。記号の中から、スポット型熱感知器を間違えないように選び出すんだ。

解答

（1）
A　差動式スポット型感知器　B　光電式分離型感知器　C　P型1級発信機
D　光電式スポット型感知器　E　定温式スポット型感知器　F　P型2級受信機
G　差動式スポット型感知器　H　赤外線式スポット型炎感知器

（2）P型2級発信機と比較して、

1．Cには確認ランプがある。

2．Cには電話ジャックがある。

（3）

A　熱による空気の膨張を利用して作動する。

B　広範囲の煙の累積による光電素子の受光量変化を感知して作動する。

D　光電素子の受光量が、煙の流入（煙粒子）によって変化することを感知して、火災信号を発信する。

E　周囲の温度が一定温度以上になると、円形バイメタルが反転して接点を押し上げ、これによって火災信号を発信する。

G　温度検知素子（サーミスタ）を利用して、周囲温度の上昇を感知し、火災信号を発信する。

H　炎から放射される赤外線の変化が一定量以上になったときに火災信号を発信するもので、一局所の赤外線による受光素子の受光量変化によって作動する。

（4）A、E、G（※熱感知器を選ぶ）

【例題3】次のイラスト・写真を見て、以下の各設問に答えなさい。

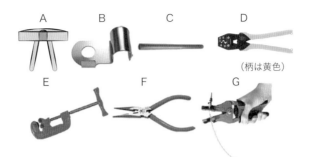

A B C D
（柄は黄色）
E F G

(1) A～Cは、差動式分布型感知器（空気管式）の工事に用いる付属品である。それぞれの名称と用途を答えなさい。

(2) 付属品Bの代わりに使う部品の名称を答えなさい。また、付属品Bと代わりの部品が使えない場所に用いる部品の名称も答えなさい。

(3) D～Gに示す工具の名称と用途を答えなさい。

解説

(1)（2）

　差動式分布型感知器（空気管式）については、3つの試験（作動［継続］試験、流通試験、接点水高試験）のほかに、作動原理や部品名称等多岐にわたる出題がなされているぞ。本問は、空気管を設置する際に使う工事部材（付属品）の名称と用途を解答する問題だ。部材そのものの写真やイラストのほかに、空気管相互の接続状況や、造営材に貫通しているイラスト等での出題もあるぞ。

　クリップの代替で用いるのは、**ステップル**だ。これらの付属品が共に使えない場所には、**ステッカー**を用いて空気管を造営材に固定するんだ。

(3)

　第1ステージ（基本）の問題も本問で最後だ。最後は、工事用工具の名称と用途の問題だ。電気工事士の資格を持っている人には馴染みがあるかもしれないが、大半の人は初めてだったり見慣れない物もあるかもしれないな。Dの圧着ペンチは、電線同士を接続する際に**リングスリーブ**をはめて圧着接続する際に使用するぞ。

　圧着後、絶縁性のあるビニルテープを巻いて工事完了だ。なお、圧着ペンチは柄の色でリングスリーブ用と圧着端子用に分かれるので、

間違えないように！

解答
(1)

A	名称：	貫通キャップ
	用途：	空気管が造営材を貫通する場所に用いる。
B	名称：	クリップ
	用途：	空気管を造営材に固定するのに用いる。
C	名称：	スリーブ
	用途：	空気管同士を接続するのに用いる。

(2)

Bの代わりに使う部品：ステップル

Bと代替品が使えないときに使う部品：ステッカー

(3)

D	名称：	圧着ペンチ
	用途：	電線相互の圧着接続に使用する。
E	名称：	パイプカッター
	用途：	電線管や配管の切断に使用する。
F	名称：	ラジオペンチ
	用途：	電線を挟み込んで曲げ加工をしたり、切断するのに使用する。
G	名称：	ワイヤーストリッパー
	用途：	電線の絶縁被覆を剥ぎ取るのに使用する。

前のテーマで鑑別等試験の基本的な内容を見てきたが、ここでは話をさらに進めて、本試験でも出題が多い理由等を含めた難易度の高い問題を見ていこう！くれぐれも、暗記はNGだ！！理由を意識して学習するんだ！

【問題1】　下の写真は、煙感知器の試験機器類である。これをもとに以下の設問に答えなさい。

A　　　　　　　　　　B　　　　　　　　　　C

設問1　それぞれの試験器の名称と用途を答えなさい。
設問2　これらの試験器を用いて点検する感知器をそれぞれ2つ答えなさい。
　　　　ただし、Bについては、1つで構わない。

解説

　写真は全て煙感知器用の試験器だ。作業員が棒付きのAを天井に設置されている感知器に当てている写真やイラストを示して出題されることもある。

　煙感知器は、一局所の測定を行うスポット型（色々ある）と、広範囲を測定する分離型の2種類ある。本問では、AとCがスポット型、Bは分離型の試験に用いられる。

解答

設問1

A	名称：	加煙試験器
	用途：	スポット型煙感知器の作動試験に使用する。
B	名称：	減光フィルター
	用途：	光電式分離型感知器の作動試験に使用する。
C	名称：	煙感知器感度試験器（電気式）
	用途：	煙感知器の感度試験に使用する。

設問2

A・C	イオン化式スポット型感知器、光電式スポット型感知器、煙複合式スポット型感知器、イオン化アナログ式感知器などのスポット型煙感知器の中から2つ。
B	光電式分離型感知器

【問題2】

下の写真に示す工具の名称と用途を答えなさい。

a　　　　　　　　　b　　　　　　　　　c

d　　　　　　　　　e　　　　　　　　　f

解説

　鑑別では、工具類の名称と用途を問う問題は頻出なので、本書に記載のものについては最低限覚えておきたい。

解答

a	名称：	パイプベンダー
	用途：	金属管や配管の曲げ加工に使用する。
b	名称：	パイプカッター
	用途：	金属管や配管の切断に使用する。
c	名称：	リーマ
	用途：	金属管切断面（内側）のバリ取りに使用する。
d	名称：	ねじ切り器
	用途：	金属管にねじを切るのに使用する。
e	名称：	パイプバイス
	用途：	金属管（パイプ）の固定に使用する。
f	名称：	ウォーターポンププライヤー
	用途：	普通のプライヤーで挟めない大きなものを回したり曲げたりするのに使用する。

【問題3】

下の写真は、ある感知器の検出部である。以下の設問に答えなさい。

414

設問1　この感知器の名称を答えなさい。

設問2　この感知器の作動試験に用いられる試験器の名称を答えなさい。

設問3　この感知器1個に接続することができる熱電対部は最大何個か答えなさい。

解説

　差動式分布型感知器（熱電対式）についての知識を問う問題である。筆記試験の知識で解くことができる。なお、空気管式の場合にも共通するが、検出部には名称が記載されているのでそこからも情報を読み解くことができる。

解答

設問1　差動式分布型感知器（熱電対式）

設問2　メーターリレー試験器

設問3　20個

【問題4】

下の図は、ある体育館の天井面に設置された感知器の外観である。これを基に以下の設問に答えなさい。

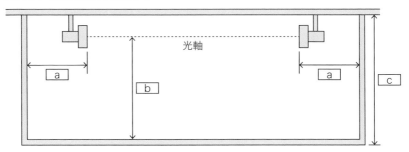

設問1　この感知器の名称と作動原理を答えなさい。また、aは何m以内か答えなさい。

設問2　図記載のb及びcの高さの組み合わせを記した以下の表のうち、適切なものには○、不適切なものには×をしなさい。

	b	c
(1)	10m	12m
(2)	7.5m	10m
(3)	12m	14m
(4)	14m	18m

【解答】

(1)	(2)	(3)	(4)

設問3　設問2の（4）の状況で取り付けるべき感知器の感度は第何種か答えなさい。

解説

　光電式分離型感知器の設置基準を問う問題である。高さについては、「感知器の設置高≧天井高×80%（0.8）」である必要がある。80%より低いのは、規格を満たしていないため不適だ。

　また、感知器の設置高は、語呂合わせ「試合後に手に寒気〜」から、15m以上20m未満の場所に設けることができるのは、1種煙感知器となる。

解答

設問1

名称：	光電式分離型感知器
作動原理：	感知器の送光部から出た光が累積した煙で遮られることで受光量が減少し、これを感知して火災信号を発信する。
a	1m以内

設問2

(1)	(2)	(3)	(4)
○	×	○	×

　（2）はc×80%＝8m以上の高さ、（4）はc×80%＝14.4m以上の高さがそれぞれbに必要。

設問3　第1種（15m未満の場合は2種）

【問題5】

P型1級発信機に接続する感知器の回路と配線の接続について、以下の設問に答えなさい。

設問1　感知器回路の配線は、下図のような送り配線とする必要があるが、その理由を答えなさい。また、送り配線としなかった場合に起こる不具合についても答えなさい。

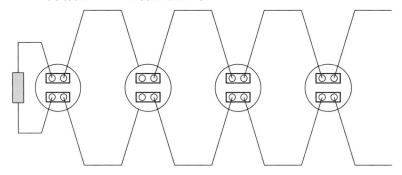

設問2　感知器回路の末端には終端器を設ける必要があるが、その理由は何か。答えなさい。

設問3　下図の回路における接続で、矢印A〜Cの接続部分に誤りがあれば、それを指摘し、その結果生じる不具合の内容も答えなさい。

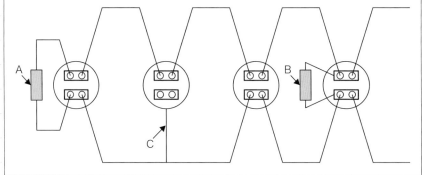

解説

　感知器回路の原則（送り配線）と、そうしないことに伴う不具合事由についての問題である。まさに、「何故か→○○だから！」の流れで答える問題といえる。送り配線（1本道）にすることで、断線の検出が可能になるが、枝出し配線（分岐配線）とすると、断線していても電気や信号が流れてしまうため、有効に断線を検出することができない。そのため、送り配線とする。

解答

設問1

理由：	感知器回路内で1か所でも断線していたときに、受信機がそれを検出できるようにするため。
送り配線じゃない場合：	送り配線にしなかった部分以降で断線しても、これを検出することができなくなる。

設問2　終端器があることで、受信機側で断線の有無を確認（検出）することができるため。

設問3

不具合箇所	不具合理由
B	回路導通試験を実施しても、Bの終端器を経由して試験電流が戻ってきてしまい、Bに接続する感知器以降の回路内に断線があっても、これを検出することができない。
C	枝出し配線になっているので、Cで断線が生じても試験電流が戻ってくるため、導通試験に合格してしまう。

第 **11** 章

製図は、ゴロ合わせ＋
訓練で確実に攻略せよ!

NO.63 平面図を作成せよ!
NO.64 系統図を作成せよ!

ここでは、実技試験で出題され
る製図問題について見てい
くぞ。乙種では出題されず、
甲種受験者のみ対策が必要
だ。問題を繰り返し解いて、
傾向と出題パターンの理解を
意識しよう。

アクセスキー **A**

大文字のエー

平面図を作成せよ！

ここでは、平面図（具体的に感知器や配線を記入して図を完成させる）の描き方を学習するぞ。これまで学習してきたゴロ合わせ（設置個数・面積）を使いながら、下記5つのステップを踏めば、誰でも簡単に描けるようになるぞ！問題を解きながら、理解を深めるんだ！

Step1 図解 → 目に焼き付けろ！

平面図作成の5ステップ

⑤回線は、送り配線で接続せよ！

④発信機と地区音響装置は、2つの距離に気を付けよ！

③感知器設置個数（面積）は、ゴロ合わせで攻略せよ！

②場所に合わせた適切な感知器をチョイスせよ！

①警戒区域を設定せよ！

ステップ①〜⑤は全て、これまで学習してきた内容だ！知識として理解していても、これを作図で描くとなると、やはり、浅い知識では攻略が難しいんだ。徹底的に「理解」させるから、問題を解きながら取り組むんだ！！

Step2 解説 爆裂に読み込め！

➡ 覚えなくてよい事をまずはチェックしよう!!

　「製図」は2問（①平面図、②系統図）出題されるが、出題はある程度パターン化しているので、しっかりと対策をすれば、必ず攻略できるんだ。

　まず、頻出の図記号を見ていくぞ。試験では、問題文中に凡例として表示があるから、無理して覚える必要はないから安心してくれ！

表63-1：頻出の図記号

名称	図記号	適要
差動式スポット型感知器	⊟	必要に応じ、種別を傍記する。
補償式スポット型感知器 熱複合式スポット型感知器	⊟	必要に応じ、種別を傍記する。
定温式スポット型感知器	◯	①必要に応じ、種別を傍記する。 ②特種は◯、防水型は⬭とする。 　特種：押入れ（早く感知が必要な処に） 　防水：湯沸室他（水蒸気が発生する処に） 作動時間：特種＞1種＞2種 ③耐酸型は⬭とする。 ④耐アルカリ型は⬭とする。 ⑤防爆型はEXを傍記する。
煙感知器	Ⓢ	必要に応じ種別を傍記する。 なお光電式分離型感知器の送光部と受光部は次のように表示する。 　送光部 S┤　　受光部 ├S
炎感知器	◯	必要に応じ、種別を傍記する。
差動式分布型感知器 （空気管式）	——	①小屋裏や天井裏へ張る場合は、－－－－ とする。 ②貫通箇所は─○─とする。
差動式分布型感知器 （熱電対式）	─■─	小屋裏や天井裏へ張る場合は─▭─とする。

（続く）

名称	図記号	適要
差動式分布型感知器の検出部	☒	必要に応じ、種別を傍記する。
P型発信機	Ⓟ	①屋外用は Ⓟ とする。 ②防爆型は、EXを傍記する。
回路試験器	⊙	
表示灯	◯	
警報ベル	Ⓑ	①屋外用は Ⓑ とする。 ②防爆型は、EXを傍記する
機器収容箱	▭	
受信機	⧖	
終端器（終端抵抗器）	Ω	例 ⊟ₒ　Ⓟₒ
配線（2本）	—/—	
同上（4本）	—///—	
警戒区域境界線	—・—	
警戒区域番号	⑩	①◯の中に番号を記入する。 ②必要に応じ ⊟ とし、上部に警戒場所、 　下部に警戒区域番号を記入する。 　例 ⊟

➡ 平面図を描くための5ステップをチェックしよう!!

では、早速本題だ。下図は図記号を使った製図試験として出題される基本レベルの問題だ。次の5ステップを順に学んでいけば、最終的には自分で描けるようになるはずだ。順番に解説していくぞ。

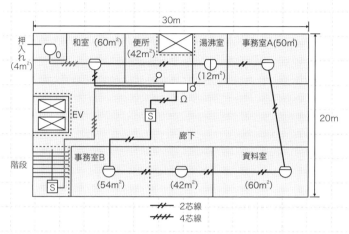

図63-1：平面図の例

> 平面図作成は、同じ問題を何度も繰り返し解く（作図）ことで、少しずつ知識が定着していくぞ。習うよりも慣れることが大事といえるぞ！

◆Step1：警戒区域を設定せよ！

第6章テーマ32で学習した警戒区域についての復習だ。原則、階ごとに警戒区域を設定し、その面積は600m²以下、一辺の長さは50m以下だ（光電式分離型感知器を除く）。

エレベーターや階段等のたて穴区画は、別の警戒区域にすることに気を付けるんだ！以下の例題で、警戒区域について理解をチェックするんだ！

【例題1】
次の図のような防火対象物に自動火災報知設備を設置する場合、**最小の警戒区域数**を答えなさい（ただし、内部は見通すことができない構造となっており、また、光電式分離型感知器は設置しないものとする）。

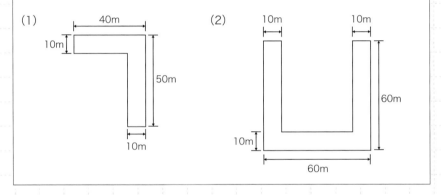

解説

(1) 合計床面積は、（40×10）＋（40×10）＝800m²と、600m²を超えているので、2警戒区域とする必要がある。ここでは、次の図の位置で2分割することにして、①400m²と②400m²とし、それぞれを600m²以下とする。

(2) 1辺の長さが50mを超える部分が3箇所あり、合計床面積も、（60×10）＋（60×10）＋（10×40）＝1600m²ある。
   よって、次の図のように4分割することで、①500m² ②300m² ③300m² ④500m²とできるだけ均等に警戒区域を設定できる。

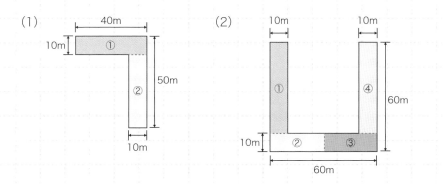

解答

（1）2 （2）4

 問題によっては、階段・EV・PS（パイプシャフト）を別の警戒区域として警戒区域線を記入する場合があるぞ。下図の赤枠囲いがそれだ！！

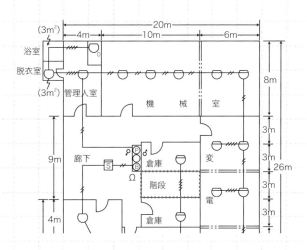

図63-2：たて穴区画を別警戒区域とする場合（一例）

◆Step2：場所に合わせた適切な感知器をチョイスせよ！

第6章テーマ33と第9章テーマ56の知識を組合せて考える、ハイブリッドな

内容だ。主に製図問題で扱われる感知器は次の3種類で、その3種類を場所によって、使い分けられるようにするんだ！！

表63-2：製図問題で扱われる感知器

⊖	差動式スポット型感知器　2種
○	定温式スポット型感知器　1種
S	煙感知器　2種

【使用場所を見極めろ！】

その1：煙感知器の設置義務がある場所

　以下の場所では、煙感知器を必ず設置しなければならないぞ。

表63-3：煙感知器の設置義務がある場所

	感知器の設置場所	感知器の種別		
		煙	熱煙	炎
①	たて穴区画（階段、傾斜路、エレベーターの昇降路、リネンシュート、パイプダクトなど）	○		
②	カラオケボックス	○	○	
③	通路（※）及び廊下	○	○	
④	11階以上の階、地階、無窓階（特定防火対象物及び事務所などに限る）	○	○	○
⑤	感知器の取付面の高さが15m以上20m未満の場所	○		○

※の通路は、以下の建物内の通路を意味する。
・特定防火対象物　・寄宿舎、下宿、共同住宅　・公衆浴場
・工場、作業場、映画スタジオ等　・事務所等

テーマ33にあるゴロ合わせ「たてに絡んだつるで～」で覚えておきます！

攻略のポイントとしては、平面図が条件④の地階や無窓階に該当する場合は、原則として各室に煙感知器を設置すること。その他の場合は、原則差動式スポット型感知器（2種）を設置し、上記①～③及び⑤の部分にのみ、煙感知器を設置するという具合だ。

その2：万能感知器の定温式スポット型感知器を設置する場所はココだ！

煙感知器を設置できない蒸気の滞留する場所や火気を使用する場所には、定温式スポット型感知器を設置するぞ。設置場所の環境に応じて、防水型や防爆型、耐酸型といった種類があって、使い分けが大事なんだ！

表63-4：定温式スポット型感知器の設置場所

摘要		主な場所	図記号
①必要に応じ、種別を傍記する。 ②特種は◯、防水型は①とする。 　特種：押入れ（早く検知が必要な処に） 　防水：湯沸室他（水蒸気が発生する処に） 　作動時間：特種＞1種＞2種 ③耐酸型は⑪とする。 ④耐アルカリ型は⑪とする。 ⑤防爆型はEXを傍記する。		ボイラー室	◯
		湯沸室、給湯室、厨房	①
		バッテリー室	⑪
		オイルタンク室	◯EX

◆Step3：感知器設置個数（面積）は、ゴロ合わせで攻略せよ！

設置する場所とそれに適した感知器を選定したら、感知区域ごとに感知器がいくつ必要か求めるんだ。感知器の設置個数は、第9章テーマ55で触れた以下の式で計算するんだ。

$$感知器の設置個数＝\frac{感知区域の面積}{感知器1個の感知面積}$$

製図は、ゴロ合わせ＋訓練で確実に攻略せよ！　第11章

感知区域の定義で触れましたが、壁で仕切られた部分を1つの感知区域とするけれど、天井から0.4m（煙感知器の場合は0.6m）以上はりが付き出している場合は、はりによって感知区域を区切るんでしたね！

　その通りだ。なお、感知面積については取付面高さや建物構造（耐火か否か）によって、感知器の種類ごとに細かく分類されているぞ。既にゴロ合わせで触れているが、特に頻出の下記表を覚えておくんだ！！

表63-5：製図試験に頻出の感知器ごとの感知面積一覧

取付面の高さ及び構造種別		定温式スポット1種	差動式スポット2種	煙感知器1・2種
～4m未満	耐火構造	60m²	70m²	150m²
	その他の構造	30m²	40m²	
4m以上8m未満	耐火構造	30m²	35m²	75m²（～20m未満）
	その他の構造	15m²	25m²	

テーマ55のゴロ合わせ「低音が一流のロクさん」「佐渡の星に」「遠足にいこーよ」ですね、もう大丈夫です！

　なお、この他に煙感知器の設置に関して以下の内容を覚えておくんだ！試験で誤りがちな場所なので特に注意が必要だ。

- 廊下や通路に設置する煙感知器（1種又は2種）は、面積ではなく、歩行距離30m毎に1個以上設置するぞ。
- 階段やエレベーター昇降路等のたて穴区画は、平面図の階と警戒区域が異なる場合があるので、問題文中の条件を確認して、必要であれば設置するんだ！

◆Step4：発信機と地区音響装置は、2つの距離に気を付けよ！

受信機・発信機・地区音響装置については、以下の基準に従って設置するぞ。

- 受信機：防災センターや管理人室等、常時人がいる場所に設ける。
- 発信機：その階の各部分から、歩行距離50m以下となるように設ける。
- 地区音響装置：その階の各部分から、水平距離25m以下となるように設ける。

歩行と水平、2つの距離はゴロ合わせで確実に攻略します！

平面図に管理人室がない場合は、受信機の記載は不要だぞ。なお、発信機と地区音響装置は、表示灯と一緒に機器収容箱に収めて設置（三位一体だ）するので、この場合は2つの設置条件を満たす場所に設置すればOKだ。なお、たいていの場合は平面図中央部に設置すれば、条件クリアとなるみたいだ！
いずれにしても、問題文記載条件を漏れなくチェックすることを忘れずに！

◆Step5：回線は、送り配線で接続せよ！

第9章テーマ59で触れている送り配線について、ここで見ていくぞ。平面図上の各部屋に適した感知器を必要個数記載したら、これを配線していくのだが、この方法にはいくつかのパターンがあるんだ。基本は、1つの警戒区域内にある感知器を順番にたどり、1つの経路（1本道）を作る方法だ。

以下の平面図（2階、P型1級発信機）を例に見ていくぞ。

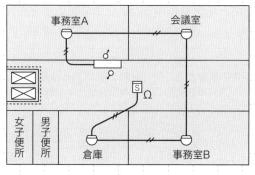

図63-5：平面図上での送り配線の一例

1. 始まりは機器収容箱から！

　本来の出発点は受信機だが、平面図の問題ではこれらの配線については省略もしくは簡略化されているので、始点は機器収容箱からと考えて問題ないぞ！

2. 配線の終わりは「Ω」の有無で異なる！

　配線の終点は、①感知器になる場合、②発信機になる場合の2パターンあるぞ。図63-5のような発信機（P型1級）の場合は、配線の終点となる感知器または発信機に終端抵抗（Ω）が付記されているぞ。

　なお、機器収容箱の発信機が終点となる場合は、下図のようにグルっと一回りして、出発点に戻ってくるんだ。また、P型2級発信機の場合、終端器は不要だが、配線の終点は、感知器ではなく、**発信機か押しボタン**（回路試験器）になるので、気を付けるんだ！！

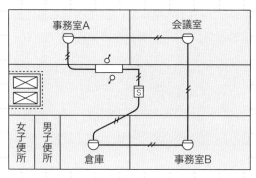

図63-6：機器収容箱内に終端器を設けた平面回路図

このほか、配線に関連して気を付けておきたい分岐配線について見ていくぞ。

感知器回路は、断線の有無検出のため、必ず送り配線にする必要がある。もし分岐線を設ける場合には、2本ではなく4本となるので、注意が必要だ。以下の図で、違いを理解するんだ！！

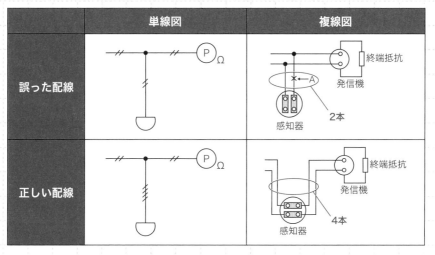

	単線図	複線図
誤った配線		
正しい配線		

図63-7：送り配線の時、線（ヒゲ）は4本だ！

上の複線図だと、A箇所で断線しても終端抵抗まで電気が流れるので、感知器回路の故障（断線）を検出できないから、送り配線は禁止なんですね！

平面図の問題は感知器回路を1本の線で結び書くわけだが、どうしても離れた場所にあって、1本で結び書くことができない場合には、分岐線を用いて書くことになるぞ。その場合のヒゲ（線の本数）は4本になるから要注意だ！

第11章 製図は、ゴロ合わせ＋訓練で確実に攻略せよ！

→ 理解度チェック問題

【問題1】

　図は、令別表第1の15項に該当する地下1階地上4階建ての事務所ビルの地下1階部分の平面図である。この建物に自動火災報知設備を設置する場合、次の条件に基づき、凡例記号を用いて設備図を完成させなさい。

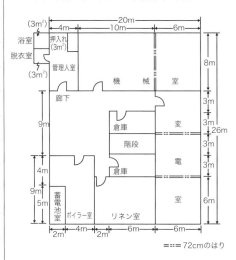

<table>
<tr><th colspan="3">凡例</th></tr>
<tr><th>記号</th><th>名称</th><th>備考</th></tr>
<tr><td>⊖</td><td>差動式スポット型感知器</td><td>2種</td></tr>
<tr><td>◠。</td><td>定温式スポット型感知器</td><td>特種</td></tr>
<tr><td>◠</td><td>定温式スポット型感知器</td><td>1種</td></tr>
<tr><td>⊤</td><td>定温式スポット型感知器</td><td>1種防水型</td></tr>
<tr><td>⊤⊤</td><td>定温式スポット型感知器</td><td>1種耐酸型</td></tr>
<tr><td>Ⓢ</td><td>煙感知器</td><td>光電式2種</td></tr>
<tr><td>Ⓟ</td><td>P型発信機</td><td>1級</td></tr>
<tr><td>◯</td><td>表示灯</td><td>AC24V</td></tr>
<tr><td>Ⓑ</td><td>地区音響装置</td><td>DC24V</td></tr>
<tr><td>▭</td><td>機器収容箱</td><td></td></tr>
<tr><td>Ω</td><td>終端抵抗器</td><td></td></tr>
<tr><td>━╫━</td><td>配線</td><td>2本</td></tr>
<tr><td>━╫╫━</td><td>同上</td><td>4本</td></tr>
<tr><td>♂♀</td><td>配線立り上り引下げ</td><td></td></tr>
<tr><td>━・━・━</td><td>警戒区域境界線</td><td></td></tr>
</table>

〔条件〕
1. 主要構造部は耐火構造である。
2. 天井高さは4.2m、機械室と変電室のはり突出しは72cmである。
3. 受信機は別の階に設置してあり、階段は別の階で警戒している。
4. 警戒区域番号、上下階への配線本数等の記入は不要とする。
5. 機器収容箱の中には、発信機・表示灯・地区音響装置・終端抵抗器を収納すること。
6. 感知器の設置は、消防法令基準上の必要最小個数とすること。
7. 煙感知器は、消防法令基準により必要となる場所以外に設置しないこと。

解説

この問題を解く上でのポイントは、以下2つだ。

(1) 各室に設置する感知器の種類を確認する。
- 地階（または無窓階）　→　煙感知器（2種）
- 押入れ　→　定温式スポット型感知器（特種）

434

- 脱衣室　→　定温式スポット型感知器（1種防水型）
- ボイラー室　→　定温式スポット型感知器（1種）
- 蓄電池室（バッテリー室）　→　定温式スポット型感知器（耐酸型）

（2）製図の手順
　①警戒区域を設定する。
　②感知器を設置しなくてもよい室を確認する。
　③各室に設置する感知器（種別）の個数を計算する。
　④機器収納箱の位置を決めて、配線ルートを決定する。

上記を元に手順を追って見ていくぞ。

①警戒区域の設定

　まずはフロア面積を計算する。（横20m×縦26m）＋（3m^2×2）＝526m^{2}だ。条件3記載の階段は別警戒区域となるので、差し引くと、526－（6×3）＝508m^{2}となり、1警戒区域（＝600m^{2}以下）となるぞ。

> このとき、階段に警戒区域境界線を引くことを忘れないようにな！！

②感知器を設置しなくてもよい室2種、忘れずに除外せよ！！

　「便所、浴室等常に水を使用する室」は、感知器の設置が不要だ。本問の場合、ちょっとはみ出ている浴室（3m^2）には設置不要となるぞ。

③各室に設置する感知器（種別）と個数を計算せよ！

　問題文冒頭の記載（地下1階の平面図）より、上記ポイント（1）に記載の対象室以外は、**煙感知器（2種）**の設置になるぞ。なお、廊下に煙感知器を設置する場合、**歩行距離30m**につき1個以上設置することになるので、本問の場合は廊下の中央位置に設置しておく。

- 機械室：10×8＝80m^{2}で、80÷75＝1.06個となり、繰り上げにより必要な感知器個数は2個だ。はり高72cmなので、48m^{2}の室にも1個設けるんだ。
- ボイラー室：（6×9）－（2×5）＝44m^2、定温式スポット型感知器（1種）は、耐火で高さ4.2mの場合の感知面積が30m^{2}のため、44÷30＝1.46個となり、必要な設置個数は2個だ。

④機器収容箱の位置を決めたら、送り配線で配線ルートを決定せよ！

　地区音響装置は、各部分から水平距離25m以下となるように設置する必要があるぞ。本問の場合、廊下の中央部に設置することにするが、条件を満たしていれば別場所でもOKだ。

　条件5より、終端抵抗器を機器収容箱内に設けるので、傍記の「Ω」を忘れないようにしておくんだ。配線のルートだが、機器収容箱を出て、管理人室から時計回りのルートをメインルートとして記載するぞ。

機器収容箱から出て、最初の室から時計回りと決めておくと、分かりやすいぞ！

　1本線で描き切れればヒゲは2本でOKだが、ここでは①脱衣室から押入れのルート、②リネン室から倉庫、③ボイラー室から蓄電池室へのルートは分岐しているので、ヒゲが4本になっている点に気を付けるんだ。

　以上のポイントを確認しながら記載すると、下記の通り解答例が記載できるぞ。

解答例

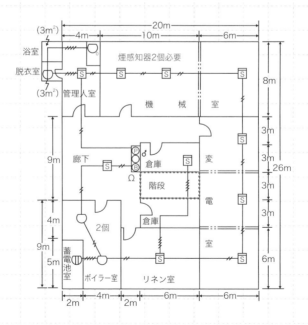

【問題2】
　問題1の平面図が、地上2階（無窓階には該当しない）の平面図である場合の設備図を完成させなさい。ただし、その他の条件は【問題1】と同様とする。

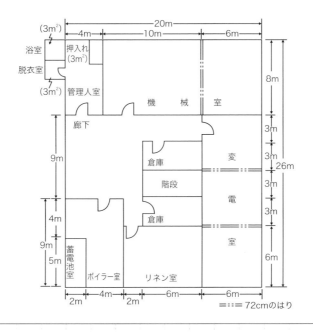

解説

　地上2階となるので、先ほどは煙感知器（2種）を設置したところを**差動式スポット型感知器（2種）**に変更すればOKだ。ただし、感知面積が**35m²**となるので、気を付けて計算及び個数を導き出すんだ！

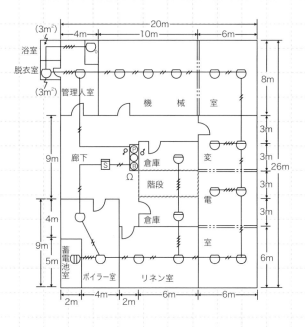

【問題3】

図は、令別表第1の15項に該当する耐火構造の工場1階平面図である。次の条件に基づき、凡例記号を用いて各設問に答えなさい。

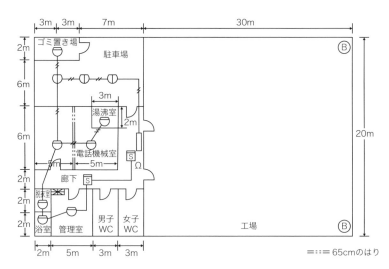

凡例

記号	名称	備考
⊖	差動式スポット型感知器	2種
◯	定温式スポット型感知器	1種
◑	定温式スポット型感知器	1種防水型
Ⓢ	煙感知器	光電式2種
�S⊢	光電式分離型感知器	送光部2種
⊣S	光電式分離型感知器	受光部2種
Ⓟ	P型発信機	1級
◯	表示灯	AC24V
Ⓑ	地区音響装置	DC24V
▭	機器収容箱	発信機、地区音響装置、表示灯を収容
 ✕	受信機	P型1級
Ω	終端抵抗器	
 ╱╱╱	配線	2本
 ╱╱╱╱	同上	4本
 ──‥──	警戒区域境界線	
Ⓝₒ	警戒区域番号	

〔条件〕
1. 主要構造部は耐火構造で、この階は無窓階には該当しない。
2. 天井高さは、工場部分が13.5m、その他の部分は3.7mである。
3. 受信機から機器収容箱までの配線本数は省略する。
4. 電話機械室のはりは天井面から65cm突出している。
5. 発信機等の必要機器は、機器収容箱内に設置するものとする。
6. 感知器の設置は、消防法令基準上の必要最小個数とすること。
7. 煙感知器は、消防法令基準により必要となる場所以外に設置しないこと。

設問1

　工場部分に光電式分離型感知器（2種）を法令基準により設置しなさい。なお、この感知器の公称監視距離は5m以上30m以下とする。

設問2

　工場以外の部分の平面図について、誤りがあればそれを訂正しなさい。

解説

設問1

　この問題を解く上でのポイントは、光電式分離型感知器の設置基準の理解だ。

〈光電式分離型感知器の設置基準〉
①壁から光軸までの距離は0.6m以上7.0m以下
②光軸間は14m以下
③送光部（または受光部）と壁の距離は1.0m以下

　設問に記載の通り、感知器の公称監視距離が
5m以上30m以下なので、右図のように横方向
に設置すればOKだ。

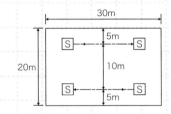

設問2

　最近の試験で多いのが、与えられた設備図面の誤り箇所を正しいものに直す
という問題だ。ただ、何も特別なことはないぞ。これまでやってきたステップ
を踏まえて、自ら平面図を描き、その結果と問題の図面との違いが誤り箇所で
あると判断すればよいんだ。

　製図の手順は問題1のポイント（2）で記したとおりだ。

　本問は高さ4m未満で耐火構造となり、各感知面積から設置個数を以下の通
り計算するんだ。

①警戒区域の設定

　平面図の面積は20×（30＋13）＝860m^{2}で、1警戒区域（＝600m^{2}以下）に
はならないので、警戒区域の数は「2」とする必要があるぞ。ここでは、20×
30＝600m^{2}の工場部分と、それ以外の部分とを分ける**警戒区域境界線**を設ける
必要があるぞ。

②感知器を設置しなくてもよい室2種、忘れずに除外せよ！！

　感知器は「便所、浴室等常に水を使用する場所」では、設置不要だ。本問で
は、男子と女子のWC（トイレ）、浴室は感知器不要となるぞ。

③各室に設置する感知器（種別）と個数を計算せよ！

　問題1の解答解説のポイント（1）で触れているが、各室に設ける感知器につ
いて以下で解説するぞ。なお、本問は1階平面図（無窓階ではない）ので、原
則は**差動式スポット型感知器（2種）**（＝感知面積70m^2）を設置する点に気を
付けるんだ。

- 管理室：差動式スポット型感知器（2種）を1台設置するぞ。
- 脱衣室 誤り！！：水蒸気が滞留する場所では、定温式スポット型感知器（防水型）を設置するぞ。
- 浴室 誤り！！：上記②の記載より、感知器の設置は不要だ。
- 廊下 誤り！！：歩行距離30mにつき1個を設けるので、廊下の端から端までの距離を計算すると、（2＋5＋3＋1.5）＋（1＋6）＝18.5mとなるので、煙感知器（2種）は1台でOKだ！
- 湯沸室 誤り！！：脱衣室同様に水蒸気が滞留する場所では、定温式スポット型感知器（防水型）を設置するぞ。
- ゴミ置き場：粉じん・じんあいが滞留する場所への設置は差動式スポット型感知器（2種）で問題ないぞ。
- 駐車場 誤り！！：排気ガス等が滞留する場所に設置する差動式スポット型感知器（2種）の感知面積は$70m^2$である。本問では8×13−12＝$92m^2$より、設置個数は3台ではなく2台になるぞ。

設問の条件6より、設置個数は必要最小限となるので、間違えないようにな！！

④機器収容箱の位置を決めたら、送り配線で配線ルートを決定せよ！

廊下の煙感知器に終端器が接続されているので、本問は機器収容箱→廊下の煙感知器という配線になる。

配線を順に確認すると、本線からゴミ置き場と電話機械室を経由して入る湯沸室への配線は、分岐配線として4本にしないと、送り配線にならないので、2本ではなく、4本にするんだ。

解答例

設問1 ※設問1の解答は「工場」部分のみ。「工場以外」の平面図は解答2にしたがって修正した平面図。

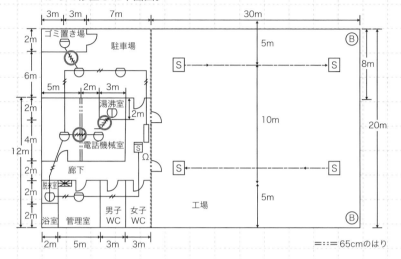

=·==65cmのはり

設問2

1. 工場との境界に警戒区域線を表示する。

2. 浴室に設置されている差動式スポット型感知器（2種）は不要。

3. 脱衣室に設置されている差動式スポット型感知器（2種）は、定温式スポット型感知器（防水型）に変更する。

4. 湯沸室に設置されている差動式スポット型感知器（2種）は、定温式スポット型感知器（防水型）に変更する。

5. 廊下に設置されている煙感知器（2種）は、2台ではなく1台に変更。

6. 駐車場に設置されている差動式スポット型感知器（2種）は、3台ではなく2台に変更する。

7. 本線からゴミ置き場と湯沸室に分岐する配線を4本にする。

問題3のような新傾向問題は、そこまで多く出題されないが、これまでの知識を応用したり、深い理解を得られているかを確認する意味では、訓練にぴったりの問題と言えるぞ！

系統図を作成せよ！

ここでは、系統図（各階に設置されている感知器の種類と個数、受信機に至る配線を断面的に表したもの）の問題の解き方を学習するぞ。系統図は与えられた図から必要な電線本数の計算を行うんだ。これまで学習してきた知識を生かしつつ、受信機からの電線本数のルールを理解しよう。

Step1 図解 ▶ 目に焼き付けろ！

受信機からの電線本数

ベル線（B）	一斉鳴動	HIV線×2本
	区分鳴動	HIV線×回線数+1本
表示灯線（PL）	消火栓と連動する場合	HIV線×2本
	消火栓と連動しない場合	IV線×2本
共通線（C）	7警戒区域ごとに	IV線×1本
警戒区域線（L）	それぞれの感知器回路ごとに	IV線×警戒区域数
電話連絡線（T）確認応答線（A）	P型1級受信機の場合	IV線×各1本
	P型2級受信機の場合	なし（不要）

B：Bell（ベル）　　　　　　PL：Pilot Lamp（表示灯）　　　　C：Common（共通）
L：Line（線）　　　　　　　T：Telephone（電話）　　　　　　A：Answer（応答）

系統図問題を解く3ステップ

✌ ベル線と表示灯線（連動）はHIV線、それ以外はIV線だ（一覧より）

✌ 下階から求めていき、上階へいくほど電線本数は減っていく！

✌ P型1級発信機がある場合のみ、TとAが必要！

上記一覧表を元に3ステップを踏めば必ず攻略できるぞ！

爆裂に読み込め!

→ 系統図問題の「肝」　電線本数を求めよ!!

　製図問題の最後は系統図だ。系統図とは、各階に設置される感知器の種類と個数、受信機に至る配線を断面的に表した以下のような図のことだ。

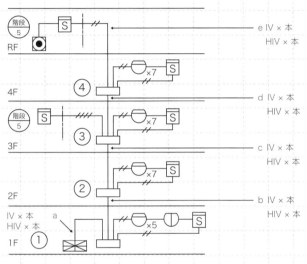

図64-1：系統図の例

　各階に設置される機器収容箱（□）から感知器回路への配線は、警戒区域（○数字）ごとに簡略化して記載されているんだ。上図を見ると、警戒区域①に定温式スポット型感知器（防水型）が1個、差動式スポット型感知器が5個、煙感知器が1個接続されていることが分かるよな。こうやって、接続されている感知器を種類・個数別に表示するのが系統図なんだ。

> 感知器等の具体的な配置関係を表したのが平面図で、各階に設置されている機器の種類と個数を表したものが、系統図なんですね!

図64-1の系統図の場合、3Fの機器収容箱の左側回路の電線本数が4本になっているが、これは、機器収容箱からスタートした回線が、煙感知器を経由して機器収容箱内の発信機で終端している（戻ってくる）ことを表しているんだ。なお、屋上（RF）のように末端を押しボタン（回路試験器）や別の発信機にする場合は回路を戻す必要がないから、この場合の電線本数は2本になるので、配線の仕方によって本数が変わる事に気を付けるんだ！！

➡ 電線本数を計算しよう!!

ここから具体的な電線本数の求め方を見ていくぞ。題材は、先ほど見た図64-1の系統図で、条件は以下の通りだ。

〔条件〕
・発信機は消火栓ポンプと連動していない。
・延床面積は2000m²とする。

まずは、前提条件とこの系統図で判断できるのは以下の通りだ。

● 警戒区域が①～⑤と5以下となるので、受信機はP型2級だ。つまり、**電話連絡線（T）と確認応答線（A）は不要**になる。
● 消火栓ポンプと発信機が連動していないので、**表示灯線はIV線**だ。

次の手順を踏んで解答していくぞ。

①感知器回路の配線：警戒区域数7までを1本の共通線とせよ！

受信機から各警戒区域の感知器回路への配線は共通線を使用するから、電線本数は、**回線数＋1本**となるぞ。なお、1本の共通線は7警戒区域までとなるので、7回線ごとに共通線は1本増えるぞ。

本問の場合、共通線（C）が1本、警戒区域線（L）が5本だ。

②地区音響装置は混同に注意せよ！

使用するのはHIV線（耐熱配線）だ（第9章テーマ59参照）。地区音響装置の鳴動方式は、一斉鳴動と区分鳴動があるが、その区別は第6章テーマ35で学習したぞ！忘れてないよな！？

【区分鳴動とする大規模防火対象物の要件】
　地階を除いた階数：5以上
　延床面積：3000m^2超

本問の場合、延床面積2000m^2の記載から、**一斉鳴動**方式となり、HIV線**2本**で問題ないぞ。なお、上記の2要件を共に満たす場合は、**区分鳴動**方式となり、電線本数は**回線数＋1本**となるので、HIV線が**5本**になるので要注意だ！

屋上に機器収容箱はないから、地区音響装置は①～④の4+1で5本なんですね！

③消火栓ポンプとの連動の可否で線の種類が変わる！

各階の表示灯に電力供給する配線で、1回線に全ての表示灯を並列接続するので、IV線が2本必要だ。なお、消火栓ポンプと連動する場合はHIV線（耐熱配線）を用いるので、間違えないように！

④P型1級発信機の場合には、AとTが必要！

冒頭の前提条件に記載があるが、P型1級発信機の場合、火災信号を受信した時に点灯する確認ランプへの配線と受信機と電話連絡を行うための電話連絡線が各1本必要になるぞ。本問はP型2級発信機（P型2級受信機に接続する）なので、共に不要だ。

以上を踏まえて配線本数を図で表したものと（図64-2）、受信機から近い階下より電線を計算したものは以下のとおりになる。また、これまでの解説をまとめたものが、表64-1だ。今後、系統図の配線問題は原則としてこのように表記するから、慣れてくれよ！

〈a～dで共通する線〉

HIV線：地区音響装置の2本

〈aの部分〉

IV線：共通線1本、警戒区域線5本
　　　表示灯線2本　　　　　計8本

〈bの部分〉

IV線：共通線1本、警戒区域線4本
　　　表示灯線2本　　　　　計7本

〈cの部分〉

IV線：共通線1本、警戒区域線3本
　　　表示灯線2本　　　　　計6本

〈dの部分〉

IV線：共通線1本、警戒区域線2本、
　　　表示灯線2本　　　計5本

〈eの部分〉

HIV線：0本　　　IV線：共通線1本、
　　　警戒区域線1本　計2本

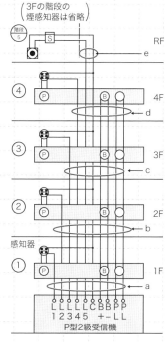

図64-2：系統図の幹線の
　　　　内訳図

第11章　製図は、ゴロ合わせ＋訓練で確実に攻略せよ！

表64-1：各階ごとの電線本数一覧

電線	場所\n配線	RF～4F\ne	4F～3F\nd	3F～2F\nc	2F～1F\nb	1F～受信機\na
IV	表示線（L）	1	2	3	4	5
IV	共通線（C）	1	1	1	1	1
IV	表示灯線（PL）		2	2	2	2
IV	計	2	5	6	7	8
HIV		e	d	c	b	a
HIV	ベル線（B）	0	2	2	2	2
HIV	計	0	2	2	2	2

447

➡ 理解度チェック問題

【問題1】
　図の（　）内に適当な電線本数を記入し、系統図を完成させなさい。ただし、延床面積は2000m²とし、発信機は屋内消火栓設備と連動していないものとする。

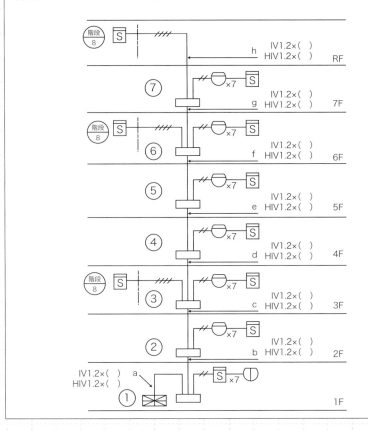

解説

〔前提条件及び系統図で判断すること〕

　系統図を見ると警戒区域数が8となるので、本問1階の受信機はP型1級となるぞ。これに接続する発信機は、P型1級だ。階数は8（＝5以上）だが、延床面積2000m²（≠3000m²超）の記載から、本問の地区音響装置は**一斉鳴動方式**となるぞ。

〔解答手順〕

①警戒区域数が8なので、共通線を2本とし、1本あたりに接続する警戒区域数を4ずつに設定するぞ。共通線2本は①〜④までは一緒に立ちあがるが、⑤より階上は共通線1本となるぞ。なお、警戒区域線は階が1つ上がるごとに1本ずつ本数が減っていくぞ。

②一斉鳴動の場合、全館共通でHIV線が2本だ。

③発信機は屋内消火栓設備と連動していないので、表示灯線はIV線が2本だ。

④前提条件より、P型1級発信機になるので、電話連絡線（T）と確認応答線（A）について、IV線が各1本必要だ。

解答

電線	場所 / 配線	RF〜7F h	7F〜6F g	6F〜5F f	5F〜4F e	4F〜3F d	3F〜2F c	2F〜1F b	1F〜受信機 a
IV	表示線（L）	1	2	3	4	5	6	7	8
	共通線（C）	1	1	1	1	2	2	2	2
	応答線（A）		1	1	1	1	1	1	1
	電話線（T）		1	1	1	1	1	1	1
	表示灯線（PL）		2	2	2	2	2	2	2
	計	2	7	8	9	11	12	13	14
		h	g	f	e	d	c	b	a
HIV	ベル線（B）		2	2	2	2	2	2	2
	計		2	2	2	2	2	2	2

発信機と消火栓設備が連動していないので、本問はIV線だが、これが連動する場合にはHIV線になるぞ。また、表示線（L）は階上に登っていくにつれて、本数が減少するんだ。

共通線は7警戒区域ごとに1本増加ですが、キリがよいところで分けるというのは、気を付けたいと思います！

【問題2】
　問題1の系統図について、延床面積が3500m^{2}である場合の（　）内に適当な電線本数を記入し、系統図を完成させなさい。ただし、発信機及び表示灯は屋内消火栓設備と兼用のものとします。

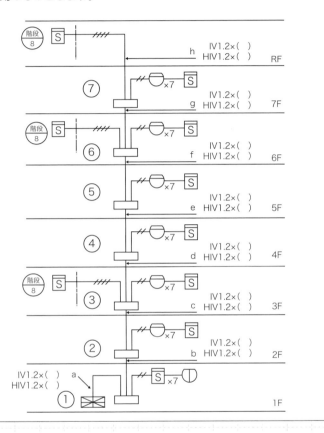

解説

　基本的な解き方は問題1と同じだが、設問記載の2条件により以下の内容が変更となるぞ。

〔前提条件及び系統図で判断すること〕

・階数は8（＝5以上）、延床面積3500m^2（＝3000m^{2}超）の記載から、本問の地区音響装置は区分鳴動方式となるぞ。

・「発信機及び表示灯は屋内消火栓設備と兼用」の記載から、1つのスイッチと表示灯を発信機及び屋内消火栓設備で共用しているという意味だ。つまり、

兼用＝「連動」ということだ。

〔解答手順〕

①警戒区域数8で、共通線を2本とし、1本あたりに接続する警戒区域数を4ずつに設定するぞ。これは前問と同じだ。

②区分鳴動の場合、「HIV線×回線数＋1本」より、ベル共通線としてHIV線が1本、回線数分のHIV線が7本だ。1階は合計8本のHIV線となるぞ。なお、RFには階上に登るにつれて1本ずつ減っていくことに注意するんだ。

③発信機と屋内消火栓設備は兼用（連動）なので、表示灯線はHIV線が2本だ。

④前提条件より、P型1級発信機になるので、電話連絡線（T）と確認応答線（A）について、IV線が各1本必要だ。

解答

電線	場所＼配線	RF～7F h	7F～6F g	6F～5F f	5F～4F e	4F～3F d	3F～2F c	2F～1F b	1F～受信機 a
IV	表示線（L）	1	2	3	4	5	6	7	8
	共通線（C）	1	1	1	1	2	2	2	2
	応答線（A）		1	1	1	1	1	1	1
	電話線（T）		1	1	1	1	1	1	1
	計	2	5	6	7	9	10	11	12
HIV		h	g	f	e	d	c	b	a
	ベル共通線（BC）		1	1	1	1	1	1	1
	ベル区分線（BF）		1	2	3	4	5	6	7
	表示灯線（PL）		2	2	2	2	2	2	2
	計		4	5	6	7	8	9	10

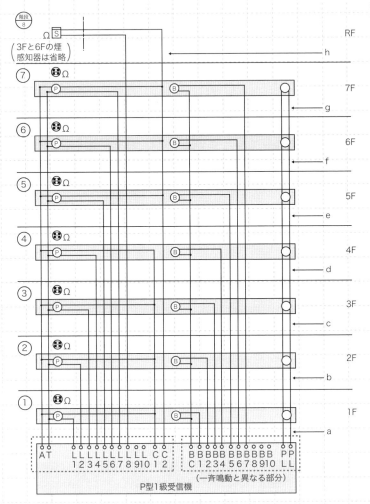

図64-3：問題2（系統図）の幹線の内訳図

中央の地区音響装置より左側はIV線、右側はHIV線ですね！

模擬問題

模擬問題（第1回）
解答解説（第1回）

※第2回は、WEBにあります。詳しくは、xviページをご覧ください。
※甲種受験者は、すべての問題を解いてください。乙種受験者は、甲の問題を除いて解いてください。

	問題数（甲）	問題数（乙）	出題分野	合格ライン（カッコ内は乙）
筆記	8	6	消防関係法令（共通）	9／15（6／10）以上
	7	4	消防関係法令（第4類の部分）	
	10	5	電気に関する基礎知識	6／10（3／5）以上
	12	9	自火報の電気に関する部分	12／20（9／15）以上
	8	6	自火報の規格に関する部分	
実技	5	5	鑑別等試験	3／5以上
	2		製図試験	

(1) 消防関係法令（共通）

問題1 消防用設備等を設置しなければならない防火対象物に関する下記の説明で、法令上誤っているものはどれか。

(1) 特定防火対象物の地階で、地下街と一体をなすものとして消防庁又は消防署長が指定したものの消防用設備等の設置については、地下街の一部とみなされる場合がある。

(2) 同一敷地内にある2以上の防火対象物で、外壁間の中心線からの水平距離が1階は3m以下、2階以上は5m以下で近接する場合、消防用設備等の設置については、1棟の建物とみなされる。

(3) 複合用途防火対象物で同一用途に供されている部分の消防用設備等の設置については、用途の管理者又は階に関係なく一の防火対象物とみなされる場合がある。

(4) 防火対象物が開口部のない耐火構造の床又は壁で区画されているとき、消防用設備等の設置については、その区画された部分をそれぞれ別の防火対象物とみなす。

問題2 管理について権原が分かれている（＝複数の管理権原者がいる）以下の防火対象物のうち、統括防火管理者の選任が必要なものはどれか。

(1) 劇場と映画館からなる複合用途防火対象物で、収容人員90人で、かつ、地階を除く階数が2のもの。

(2) 共同住宅と倉庫からなる複合用途防火対象物で、収容人員150人以上で、かつ、地階を除く階数が4のもの。

(3) 地下街で、消防長または消防署長の指定がないもの。

(4) 高さ31mを超える建築物で、消防長又は消防署長の指定のないもの。

問題3 指定数量の10倍以上の危険物を貯蔵又は取り扱う危険物製造所等（タンクローリーを除く）に設けなければならない警報設備として、不適当なものはどれか。

(1) 避難標識及び誘導灯
(2) 非常ベル装置
(3) 消防機関へ通報できる電話
(4) 警鐘

....

問題4 防火対象物の用途が変更された場合の消防用設備等の技術上の基準の適用について、法令上誤っているものはどれか。

(1) 用途変更前に設置された消防用設備等が違反状態の場合は、用途変更後の基準に適合する消防用設備等を設置しなければならない。
(2) 用途変更前に設置された消防用設備等は原則としてそのままにしておいてよいが、その後に一定規模以上増改築工事を行う場合には、変更後の用途区分に適合する消防用設備等を設置しなければならない。
(3) 用途変更後に不要となった消防用設備等については、撤去するなどして、機構・機能を確実に停止させること。
(4) 変更後の用途が特定防火対象物に該当する場合、変更後の用途区分に適合する消防用設備等を設置しなければならない。

問題5 消防設備士が行うことのできる工事又は整備について、正しいものは
どれか。

(1) 乙種第1類消防設備士の免状交付を受けているものは、屋外消火栓設備の
開閉弁の工事又は整備を行うことができる。
(2) 甲種特類消防設備士の免状交付を受けているものは、全ての消防用設備等
について整備を行うことができる。
(3) 乙種第5類消防設備士の免状交付を受けているものは、泡消火設備の整備
を行うことができる。
(4) 甲種第4類消防設備士の免状交付を受けているものは、危険物製造所等に
設置する自動火災報知設備の工事を行うことができる。

- -

問題6 工事整備対象設備等の工事又は整備に関する講習について、法令上正
しいものはどれか。

(1) 現に消防設備の工事又は整備に従事している者のみ、講習の受講義務があ
る。
(2) 消防長又は消防署長の行う講習を受講すれば、都道府県知事の行う講習を
受講する必要はない。
(3) 講習は、3年に1回受講しなければならない。
(4) 講習は、免状交付を受けた日以後の最初の4月1日か2年以内に第1回を、
それ以後は、前回講習を受けた日以後最初の4月1日か5年以内に講習を受
講しなければならない。

問題7 甲 消防用設備等又は特殊消防用設備等の定期点検及び報告について、次のうち誤っているものはどれか。

(1) 防火対象物に設置されている消防用設備等について点検を行ったときは、その結果を維持台帳に記録し、定期に消防長又は消防署長に報告しなければならない。

(2) 定期点検の報告は、特定防火対象物に設置される消防用設備等については半年に1回、非特定防火対象物に設置される消防用設備等については1年に1回である。

(3) 特定防火対象物で延床面積が1000m²以上のものは、設置する消防用設備等を消防設備士又は消防設備点検資格者に点検させなければならない。

(4) 特定一階段等防火対象物に設置される消防用設備等については、建物延床面積にかかわらず、全て定期点検を実施しなければならない。

問題8 甲 工事整備対象設備等の工事又は整備に関する講習についての記述のうち、正しいものはいくつあるか。

> ア．現に業務に従事している者に受講義務がある。
> イ．講習を実施するのは、原則市町村長である。
> ウ．規定された期間内に講習を受講しないと、保有免状は自動的に失効する。
> エ．講習の受講は、免状取得の日以後における最初の4月1日から2年以内、その後は、直近の講習受講後の4月1日から3年以内毎に受講する。

(1) なし
(2) 1つ
(3) 2つ
(4) 3つ

▌（2）消防関係法令（第4類の部分）

問題9 次のうち、延床面積に関係なく自動火災報知設備を設置しなければならない防火対象物はいくつあるか。

> ホテル、飛行機の格納庫、映画館、延長50mのアーケード、入院施設のある病院、特別養護老人ホーム、カラオケボックス、小学校、重要文化財

(1) 5つ

(2) 6つ

(3) 7つ

(4) 8つ

問題10 消防法令上、自動火災報知設備を設置しなければならない防火対象物は、次のうちどれか。

(1) 共同住宅で、延床面積が200m^{2}のもの

(2) 飲食店で、延床面積が250m^{2}のもの

(3) ホテルで、延床面積が300m^{2}のもの

(4) 図書館で、延床面積が480m^{2}のもの

問題11 総務省令で定める閉鎖型スプリンクラーヘッドを備えたスプリンクラー設備を設置した場合でも、自動火災報知設備の設置を省略することができない防火対象物は次のうちどれか。

(1) 共同住宅
(2) 小学校
(3) ホテル
(4) テレビスタジオ

問題12 自動火災報知設備の警戒区域についての説明文中の（ ）にあてはまる語句及び数値の組み合わせとして、正しいものはどれか。

「原則、一の警戒区域の面積は（ア）m²以下で一辺の長さが（イ）m以下、警戒区域を防火対象物の（ウ）以上の階にわたらないように設定する。ただし、光電式分離型感知器における一辺の長さは（エ）m以下とすることができる。」

	ア	イ	ウ	エ
(1)	600	50	2	100
(2)	500	50	2	100
(3)	500	60	2	80
(4)	600	50	2	80

問題13 甲 消防法令上、取付面の高さが16mの天井に設置することができる感知器は、次のうちいくつあるか。

光電式分離型感知器（2種）、イオン化式スポット型感知器（2種）
差動式分布型感知器（1種）、炎感知器
光電アナログ式スポット型感知器（1種）
定温式スポット型感知器（特種）

(1) 1つ　　(2) 2つ　　(3) 3つ　　(4) 4つ

- - -

問題14 甲 自動火災報知設備の地区音響装置を区分鳴動させる場合の説明として、法令上誤っているものはどれか。なお、この防火対象物は、地下2階地上7階建てで、延床面積は6000m²である。

	出火階	区分鳴動させる階
(1)	地下2階	1階、地階全て
(2)	1階	2階、1階、地階全て
(3)	2階	2階と3階
(4)	5階	5階と6階

460

問題15 甲 ガス漏れ火災警報設備の警報装置について、次のうち誤っているものはどれか。

(1) 検知区域警報装置の音圧は、1m離れた位置で70dB以上であること。

(2) 音声警報装置のスピーカーは、各階ごとにその階の各部分から一のスピーカーに至るまでの水平距離が25m以下となるように設けること。

(3) ガス漏れ表示灯は、前方1m離れた位置から点灯していることを明確に識別できること。

(4) 常時人がいない機械室等には、検知区域警報装置の設置を省略することができる。

電気に関する基礎知識

問題16 図の回路における合成抵抗の値として、正しいものはどれか。

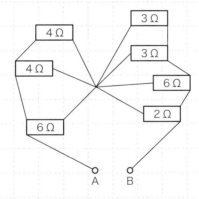

(1) 0.75Ω

(2) 1.25Ω

(3) 1.75Ω

(4) 2.25Ω

問題17 甲 最大電圧値が210Vの正弦波交流の実効値電圧として、最も近い値は次のうちどれか。

(1) 105V　　(2) 150V　　(3) 265V　　(4) 295V

問題18 甲 指示電気計器の測定範囲を拡大する場合の方法として、次の文中の（　）にあてはまる語句の組み合わせとして、正しいものはどれか。

「電流計の測定範囲を拡大する場合には、（a）を電流計と（b）に接続し、電圧計の測定範囲を拡大するには（c）を電圧計と（d）に接続すればよい。なお、直流専用の指示電気計器として、（e）がある。」

	a	b	c	d	e
(1)	倍率器	並列	分流器	直列	可動コイル形
(2)	分流器	直列	倍率器	並列	誘導形
(3)	分流器	並列	倍率器	直列	可動鉄片形
(4)	倍率器	直列	分流器	並列	可動コイル形

問題19 消費電力が800Wの電動機を単相交流100V電源で運転したところ、10Aの電流が流れた。電動機の力率の値として、正しいものはどれか。

(1) 95%　　(2) 90%　　(3) 80%　　(4) 75%

問題20 図の正弦波単相交流回路に流れる電流値として、正しいものはどれか。

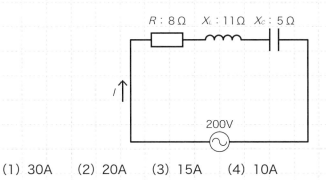

$R:8\Omega$　　$X_L:11\Omega$　$X_C:5\Omega$

I

200V

(1) 30A　　(2) 20A　　(3) 15A　　(4) 10A

問題21 甲　一次巻線400回巻、二次巻線1600回巻の変圧器の二次側端子から500Vの電圧を取り出したい場合、一次側端子に加える電圧として、正しい値はどれか。ただし、この変圧器の力率は100%とする。

(1) 125V　　(2) 200V　　(3) 250V　　(4) 350V

問題22 負荷がコンデンサだけの回路に単相交流電圧を印加した。定常状態における電流と電圧の位相差として、次のうち正しいものはどれか。

(1) 電流は電圧より位相が180°遅れる。
(2) 電流は電圧より位相が90°遅れる。
(3) 電流は電圧より位相が90°進む。
(4) 電流は電圧より位相が180°進む。

問題23 図Oは三相誘導電動機のU・V・W端子を三相交流電源のRST相に接続して正回転させるものである。この電動機を逆回転させるときの接続法として、誤っているものはどれか。

図O（正回転）	(1)	(2)	(3)	(4)
三相交流電源 R　S　T U　V　W Ⓜ 三相誘導電動機	R　S　T U　V　W Ⓜ	R　S　T U　V　W Ⓜ	R　S　T U　V　W Ⓜ	R　S　T U　V　W Ⓜ

問題24 甲 直径が1.6mm、長さが160mの銅線の抵抗値〔Ω〕として、正しいものはどれか。なお、銅線の抵抗率は$1.6×10^{-8}$〔Ω・m〕として考えなさい。

(1) π〔Ω〕

(2) $\dfrac{2}{\pi}$〔Ω〕

(3) 2π〔Ω〕

(4) $\dfrac{4}{\pi}$〔Ω〕

(問題25)甲 三相誘導電動機に接続する電源の周波数を50Hzから60Hzに変更した時、回転数（速度）はどうなるか。

(1) 15%遅くなる。
(2) 0.83倍になる。
(3) 15%早くなる。
(4) 1.2倍になる。

自火報の電気に関する部分

(問題26)次の文中の（　）にあてはまる数値の組み合わせとして、正しいものはどれか。

「感知器回路における電路の抵抗値は（ア）Ω以下とする。感知器回路の絶縁抵抗値は（イ）MΩ以上必要で、その測定に際して、絶縁抵抗計の電圧は直流250Vとすること。なお、感知器・発信機・受信機の絶縁抵抗測定時の印加電圧は、直流（ウ）Vとすること。」

	ア	イ	ウ
(1)	500	0.2	500
(2)	50	0.1	250
(3)	500	0.1	250
(4)	50	0.1	500

問題27 以下記載の場所のうち、煙感知器を設置することができる場所はいくつあるか。

階段及び傾斜路、天井高20m以上の場所、マンションの廊下及び通路 排気ガスが多量に滞留する場所、立体駐車場の最上部

(1) 2つ　　(2) 3つ　　(3) 4つ　　(4) 全て

問題28 定温式スポット型感知器（1種）の感知器1個辺りの感知面積の組み合わせとして、正しいものはどれか。

	主要構造部を耐火構造以外で 取付面の高さが3mの場合	主要構造部を耐火構造で 取付面の高さが7mの場合
(1)	45m^2	30m^2
(2)	30m^2	15m^2
(3)	30m^2	30m^2
(4)	45m^2	15m^2

問題29 自動火災報知設備の配線基準として、次のうち正しいものはどれか。

(1) 他の用途の電線であっても、50V未満の弱電流回路の電線は、自動火災報知設備用の配線と同一の金属管内に設けることができる。

(2) P型受信機の感知器回路の電路の抵抗値は、50MΩ以下とすること。

(3) P型受信機に設ける共通線は、1本につき5警戒区域以下とすること。

(4) 回路の末端に発信機か押しボタン、又は終端器を設けること。

問題30 P型1級発信機の設置方法として、規格省令上正しいものはいくつあるか。

> ア．各階ごとにその階の各部分から一の発信機に至るまでの水平距離が50m以下となるように設置する。
> イ．接続する受信機は、P型1級と2級で、3級は接続できない。
> ウ．子供によるいたずら防止のため、人目につかない場所に設置する。
> エ．発信機を屋内消火栓の表示灯近くに設けたので、自動火災報知設備の発信機の表示灯を省略した。
> オ．設置高さは、0.6m以上1.5m以下とする。

(1) 1つ 　 (2) 2つ 　 (3) 3つ 　 (4) 4つ

問題31 定温式スポット型感知器を設置する場合の留意事項として、規格省令上誤っているものはどれか。

(1) 設置する感知器については、一の感知区域内に極端に偏在しないように設けること。
(2) 感知器は45度以上傾斜させないこと。
(3) 著しく高温になる場所には設置しないこと。
(4) 設置する感知器の選定にあっては、正常時における最高周囲温度が感知器の公称作動温度より20℃以上低い場所に設けること。

問題32 ⊕ 公称作動温度が80℃の定温式感知器を設置する場合、正常時の最高周囲温度として、適切なものはどれか。

(1) 30℃ 　 (2) 40℃ 　 (3) 50℃ 　 (4) 60℃

問題33 差動式分布型感知器（空気管式）を設置する場合について、次のうち正しいものはどれか。

(1) 空気管をステップルで固定する時、直線部は50cm以内、屈曲部は5cm以内の間隔とすること。
(2) 一の感知区域の空気管の露出長は20m以上で、1つの検出部に接続する空気管長は50m以下とすること。
(3) 主要構造部を耐火構造以外とした防火対象物では、相対する感知器間の相互間隔を5m以下とすること。
(4) 空気管の屈曲半径は、5mm以上とすること。

問題34 甲 差動式分布型感知器（熱電対式）を設置する場合の基準についての記述として、正しいものはいくつあるか。

> ア．検出部を5度以上傾斜させないように設けること。
> イ．取付面の下方0.3m以内の位置に設けること。
> ウ．一の感知区域毎に4個以上の熱電対部を設けること。
> エ．一の検出部に接続する熱電対部は、20個以下であること。

(1) 1つ　　(2) 2つ　　(3) 3つ　　(4) 4つ

問題35 補償式スポット型感知器のリーク孔にほこり等が詰まった時の作動状況として、次のうち適切なものはどれか

(1) 周囲温度の上昇率が規定値より大きくないと作動しない。
(2) 周囲温度の上昇率が規定値より小さくても作動する。
(3) 周囲温度の上昇率に関係なく作動しない。
(4) 周囲温度の上昇率に関係なく作動する。

問題36 煙感知器（光電式分離型感知器を除く）の設置基準として、誤っているものはいくつあるか。

ア．感知器の設置は、壁又ははりから0.6m以上離れた位置に設ける。
イ．換気口等の空気吹き出し口がある場合は、その付近に設ける。
ウ．感知器取付面は、45度以上傾斜させないように設ける。
エ．感知器の下端が、取付面の下方0.3m以内となるように設ける。
オ．設置高さが15m以上の時は、2種の感知器とすること。

---

(1) 全て
(2) 4つ
(3) 3つ
(4) 2つ

問題37 ㊑ 主音響装置についての以下の説明文中の（　）に当てはまる数値及び語句の組み合わせとして、正しいものはどれか。

「主音響装置の音圧は、音響装置の中心から（A）離れた位置における音圧とする。なお、（B）においては、音圧70dB以上、その他の受信機については（C）以上の音圧であること。」

	A	B	C
(1)	1m	P型3級受信機	85dB
(2)	3m	P型3級受信機	90dB
(3)	1m	P型2級受信機	85dB
(4)	1m	P型3級受信機	90dB

自火報の規格に関する部分

問題38 受信機内に用いる地区表示灯についての規格で、誤っているものはどれか。

	使用する電球の種類	設置個数と接続法
(1)	放電灯	2個以上を並列
(2)	ハロゲン電球	2個以上を並列
(3)	白熱電球	2個以上を並列
(4)	発光ダイオード	1個でもOK

問題39 自動火災報知設備の蓄電池設備による非常電源について、次のうち誤っているものはいくつあるか。

ア．非常電源の容量が十分にある場合は、予備電源の設置を省略することができる。
イ．他の消防用設備等と共用にするときは、その設備の電気回路の開閉器によって遮断されないものであること。
ウ．設置する蓄電池設備の容量は、自動火災報知設備を有効に10分間作動できる容量以上であること。
エ．停電した場合に自動的に予備電源に切り替わり、復旧した際には手動で予備電源から常用電源に切り替えるものであること。

(1) 1つ
(2) 2つ
(3) 3つ
(4) 4つ

問題40 自動火災報知設備の受信機の設置について、規格省令上誤っているものはいくつあるか。

ア．P型3級受信機は、一の防火対象物に1台しか設置することができない。
イ．P型2級受信機（1回線）は、延床面積150m²以下の防火対象物にのみ設置することができる。
ウ．P型2級受信機（多回線）は、一の防火対象物につき3台以上設置することができる。
エ．P型1級受信機（2回線）は、一の防火対象物につき3台以上設置することができる。

---

(1) 3つ　　(2) 2つ　　(3) 1つ　　(4) なし

....

問題41 差動式分布型感知器の空気管の構造として、正しいものはどれか。

(1) 管の外形は2.2mm以上であること。
(2) 管の内形は1.94mm以上であること。
(3) 管の肉厚は0.3mm以上であること。
(4) 空気管は、継ぎ目のない1本の長さ20m以下のものであること。

....

問題42 定温式スポット型感知器に表示しなければならない事項として、規格省令上誤っているものはどれか。

(1) 定格電流と定格電圧
(2) 製造年
(3) 型式番号
(4) 種別を有する物にあっては、その種別

問題43 差動式分布型感知器（空気管式）の機能試験で、接点水高の値がわずかに規定値よりも高いことが判明した。このことによる機能障害として考えられる事象は、次のうちどれか。

(1) 影響はない　　　(2) 作動の遅延
(3) 非火災報の原因　(4) 全く作動しない

問題44 甲 ガス漏れ火災警報設備についての以下説明文中の（　）にあてはまる数値の組み合わせとして、正しいものはどれか。

「ガス漏れ火災警報設備の検知器の標準遅延時間及び受信機の標準遅延時間の合計は（A）秒以内である。また、検知器の性能は、検知するガス濃度が爆発下限界の（B）以上の時に確実に作動し、1／200以下の時には作動しないこと。」

	A	B
(1)	60	1／4
(2)	30	1／4
(3)	60	1／5
(4)	30	1／5

問題45 甲 自動火災報知設備の配線で、耐熱配線としなければならない範囲は、次のうちいくつあるか。なお、感知器については、アナログ式感知器を除いて考えなさい。

受信機から非常電源までの間、受信機から地区音響装置までの間
受信機から感知器回路までの間、受信機から中継器までの間
常用電源から受信機の間

(1) 4つ　　(2) 3つ　　(3) 2つ　　(4) 1つ

鑑別等試験

問題1 下のイラストは、P型1級及び2級の発信機である。これについて、以下の設問に答えなさい。

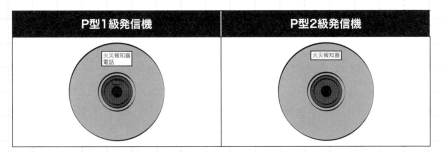

P型1級発信機	P型2級発信機
火災報知器 電話	火災報知器

設問1 P型1級とP型2級の構造上の違いを2つ答えなさい。

設問2 P型1級発信機に接続することができる受信機を2つ答えなさい。

設問3 発信機に表示すべき事項として、規格に規定されていないものを2つ答えなさい。

設問4 発信機についての共通基準の説明文中の（　）に入れる数値として、正しいものを以下語群から選び答えなさい。

「押しボタンスイッチは、その前方に保護板［素材は（A）ガラス］を設け、その保護板を破壊し、又は押し外すことにより、容易に押すことができること。このとき、保護板は（B）Nの静荷重を加えても押し破られ又は押し外されることなく、かつ、（C）Nの静荷重を加えた場合に、押し破られ又は押し外されること。」

【語群】10、20、有機、40、60、0.1、無機、100、80

〈解答欄〉

設問1	
設問2	
設問3	
設問4	A:　　　　　　　B:　　　　　　　C:

問題2 下の写真（A〜C）は、自動火災報知設備の感知器と、その感知器のうちの一つについての構造図を表したものである。以下の設問に答えなさい。

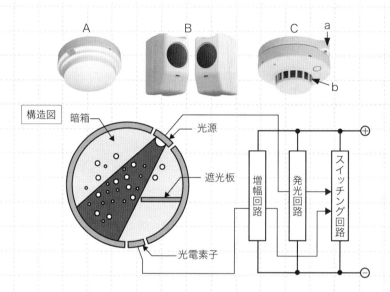

設問1 A〜Cの感知器の名称と作動原理を答えなさい。なお、構造図の作動原理を有するものは、どの感知器か。記号で答えなさい。

設問2 矢印aで示す部分の名称と機能を答えなさい。なお、この機能を原則備える感知器をC以外に1つ名称で答えなさい。

設問3 矢印bで示した網・円孔板を設ける理由を答えなさい。

〈解答欄〉

設問1	A	名称：	
		作動原理：	
	B	名称：	
		作動原理：	
	C	名称：	
		作動原理：	
	構造図の作動原理を有する感知器：		
設問2	名称： 機能：		
	B以外にaを設ける感知器名：		
設問3	理由：		

474

問題3 下に示す写真A〜Cは、感知器の点検に用いるものである。これについて、以下の各設問に答えなさい。

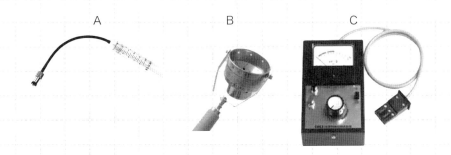

A   B   C

設問1 それぞれの名称を答えなさい。

設問2 それぞれの試験器を用いて点検することができる感知器を以下の語群から全て選び、記号で答えなさい。

【語群】
定温式感知線型感知器、光電式分離型感知器、差動式スポット型感知器
光電式スポット型感知器、補償式スポット型感知器、定温式スポット型感知器
差動式分布型感知器（空気管式）、イオン化式スポット型感知器
差動式分布型感知器（熱電対式）

設問3 AとCの試験器を用いて行う試験の名称（Aは3つ、Cは2つ）を答えなさい。

〈解答欄〉

設問1 設問2		試験器の名称	点検できる感知器
	A		
	B		
	C		
設問3		試験の名称	
	A	①	
		②	
		③	
	C	①	
		②	

問題4 下の写真・イラストは、消防設備の設置及び電気工事で使う工具類である。これについて、以下の設問に答えなさい。

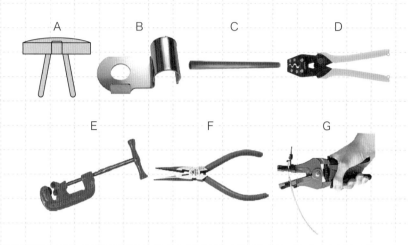

設問1 A〜Cの名称と用途、この部品を使って設置する感知器の名称を答えよ。

設問2 D〜Gの工具の名称を答えよ。

設問3 Dを使って作業をする際の以下の記述中の（ ）にあてはまる数値及び語句を答えなさい。

「電線相互を圧着接続する際はDを使うが、圧着端子と銅線を圧着する際は柄が（a）色の工具を使用すること。なお、施工にあたっては、電線の引張強さを（b）％以上減少させないこととし、接続点の電気抵抗を増加させないようにする。代替として、（c）を使う方法によることもできる。」

〈解答欄〉

		名称	用途
設問1	A		
	B		
	C		
	感知器の名称：		
設問2	D：	E：	
	F：	G：	
設問3	a：	b：	c：

問題5

下の図はP型1級受信機である。これについて、次の各設問に答えなさい。

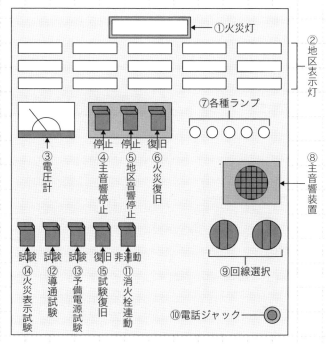

設問1　火災表示をした時の動作を4つ答えなさい。

設問2　感知器が作動していないのに、火災灯と地区表示灯（1か所）が点灯した。この時考えられる原因を2つ答えなさい。なお、感知器にほこり等の汚れは付着していない。

設問3　自動復旧スイッチを採用しているものを全て答えなさい。

設問4　火災表示試験を行う場合の、スイッチを入れる順番を図の○数字で答えなさい。

〈解答欄〉

設問1	
設問2	
設問3	
設問4	

製図試験

問題1 次の図は、自動火災報知設備が設置されているある防火対象物の4階
平面図である。次の条件に基づき、自動火災報知設備の設備図を完成
させなさい。

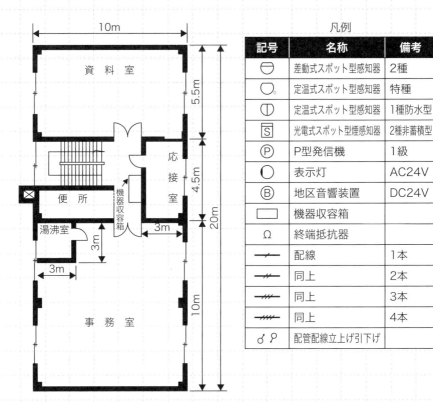

凡例

記号	名称	備考
⊖	差動式スポット型感知器	2種
◯。	定温式スポット型感知器	特種
◖	定温式スポット型感知器	1種防水型
Ⓢ	光電式スポット型煙感知器	2種非蓄積型
Ⓟ	P型発信機	1級
◯	表示灯	AC24V
Ⓑ	地区音響装置	DC24V
▭	機器収容箱	
Ω	終端抵抗器	
⟋	配線	1本
⟋⟋	同上	2本
⟋⟋⟋	同上	3本
⟋⟋⟋⟋	同上	4本
♂ ♀	配管配線立上げ引下げ	

【条件】

1. 作図は、凡例記号を用いて行うこと。
2. 警戒区域に関する表示、階段部分の感知器及び上下階への配線本数等の記入は
   不要とする。
3. 受信機はP型1級を使用し、1階に設置されている。
4. 感知器の設置個数は、必要最小限とする。
5. 主要構造部は耐火構造とし、天井面の高さは3mとする。なお、無窓階ではない。
6. 煙感知器は、これを設けなければならない場所以外は設置しないこと。

問題2 次の図は、ある防火対象物に設置された自動火災報知設備の系統図を示したものである。これについて、次の問に答えなさい。

ただし、共通線を2本以上使用する場合、1本あたりに接続する警戒区域数が同じになるようにし、不必要に上階まで使用しないこととします。

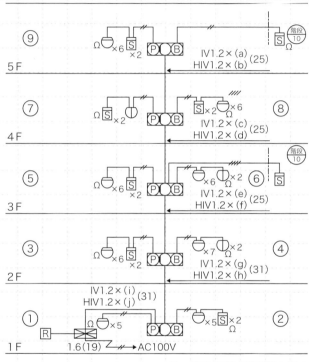

注：(25)(31)は配管径を示す

記号	名称	備考
▷◁	受信機	P型1級
☐	機器収容箱	
Ⓟ	発信機	P型1級
◯	表示灯	AC24V
Ⓑ	地区音響装置	CD24V
⬠	差動式スポット型感知器	2種
Ⓘ	定温式スポット型感知器	1種防水型
Ⓢ	煙感知器	2種非蓄積型
Ω	終端抵抗器	
Ⓡ	移報器	消火栓起動リレー箱
—⫻—	配線	2本
—⫻⫻—	同上	4本
Ⓝⓞ	警戒区域番号	

設問

　地区音響装置が一斉鳴動の場合、系統図中のa〜jにあてはまる配線本数を答えなさい。ただし、屋内消火栓設備と発信機は連動しないものとする。

480

→ 模擬問題 第1回　解答解説

《 筆 記 試 験 解 答 》

消防関係法令		電気に関する基礎知識		自火報の電気・規格	
問1	2	問16	4	問26	4
問2	4	問17 甲	2	問27	1
問3	1	問18 甲	4	問28	3
問4	3	問19	3	問29	4
問5	4	問20	2	問30	1
問6	4	問21 甲	1	問31	3
問7 甲	2	問22	3	問32 甲	4
問8 甲	1	問23	1	問33	4
問9	2	問24 甲	4	問34 甲	4
問10	3	問25 甲	4	問35	2
問11	3			問36	3
問12	1			問37 甲	1
問13 甲	2			問38	1
問14 甲	1			問39	2
問15 甲	3			問40	1
				問41	3
				問42	1
				問43	2
				問44 甲	1
				問45 甲	4

合格ラインは、以下の通りだ。

	甲種	乙種
消防関係法令	15問中9問以上	10問中6問以上
電気に関する基礎知識	10問中6問以上	5問中3問以上
自火報の電気・規格	20問中12問以上	15問中9問以上

解 説

1 正解（2）

　各選択肢の文章が長く、読むのも理解するのも大変な問題が法令では多く出題されているが、ポイントは**「句読点と句読点の間に重要フレーズが隠れている」**ことだ。本問は消防用設備等の設置について、建物用途や構造等でどう変わるのかを問うていることは分かるな。

　（2）は本書では触れていないが、消去法で選ぶべき選択肢として抽出することができるかどうかが大切だ。なお、（2）は、全ての消防用設備等が対象ではなく、**屋外消火栓設備の設置についてのみ**、記載の通り1棟の建築物とみなすんだ。

2 正解（4）

　統括防火管理者の選任要件は、第5章テーマ29で学習した「地底にいるサイとゴリラ〜」のゴロ合わせを思い出せば、すぐに解ける問題だ。

　（1）と（2）は共に階数が要件を満たしていないので不要、（3）は、地下街については消防長又は消防署長の指定が必要のため不要だ。よって、（4）が正解だ。

3 正解（1）

　第4章テーマ21で学習した、警報設備の要件は5つだ。「じろうが計画　非情な通報」を思い出してくれ。この5つに該当しない選択肢は、（1）避難標識及び誘導灯だ。

4 正解（3）

　用途変更後に不要となった消防用設備等については、そのままにしておいてもOKだ。「任意に設置した消防用設備等」としてそのまま使用できるので、**撤去や機構・機能の停止までは求められていない**ぞ。

 勘違いしやすい箇所なので、要注意だ！！

5 正解（4）

　第4類（自動火災報知設備）以外の類についても出題されることがあるので、

頭に入れておく必要があるぞ。まず、甲種免状所持者は、記載されている類の**工事又は整備**について、乙種免状所持者は、記載されている類の**整備**についてのみ行うことができるんだ。

　それぞれの類で何ができるかについては、そこまで問われないので、最低限免状の区分による違いを理解しておき、余裕のある人は、各類で扱える消防用設備等が何か目を通しておこう！

6 正解（4）

　講習受講サイクルについては、頻出なので各選択肢を個別に見ておくぞ。
(1) 現に消防設備の工事又は整備に従事している者のみ、講習の受講義務がある。
　　⇒**全ての資格者は、業務従事の有無にかかわらず講習受講義務がある**ぞ。
(2) 消防長又は消防署長の行う講習を受講すれば、都道府県知事の行う講習を受講する必要はない。
　　⇒本問のような規定はないが、**講習は都道府県知事のみ**が行うぞ。
(3) 講習は、3年に1回受講しなければならない。
　　⇒（4）が正解のため、消去法で誤りと判断しよう。
(4) 講習は、免状交付を受けた日以後の最初の4月1日か2年以内に第1回を、それ以後は、前回講習を受けた日以後最初の4月1日か5年以内に講習を受講しなければならない。⇒正解だ！

7 甲 正解（2）

　定期点検の報告頻度は、特定防火対象物について**年1回（毎年）**、非特定防火対象物については**3年に1回**となっている。（2）の内容は、機器点検と総合点検の点検頻度（前者が6か月に1回、後者は1年に1回）である。混同しやすいので注意！

8 甲 正解（1）

　記載の選択肢ア～エは全て誤りである。誤り箇所は次の通り。
ア．~~現に業務に従事している者~~**免状所持者全員**に受講義務がある。
イ．講習を実施するのは、原則~~市町村長~~**都道府県知事**である。
ウ．規定された期間内に講習を受講しないと、~~保有免状は自動的に失効~~する。
　　⇒そのような規定はない。

エ．講習の受講は、免状取得の日以後における最初の4月1日から2年以内、その後は、直近の講習受講後の4月1日から~~3~~5年以内毎に受講する。

9 正解（2）

テーマ31で学習した、要件となるもの（200m²、300m²、500m²、1000m²、不問）は押さえておきたい。本問は、映画館は**特定防火対象物**（300m²）、小学校は**非特定防火対象物**（500m²）、延長50mのアーケード（**山林・舟車と同じく設置不要**）となり、残りの6つが正しいので、（2）が正解となる。

10 正解（3）

共同住宅と図書館は共に非特定防火対象物（500m²）、飲食店とホテルは特定防火対象物（300m²）で、自動火災報知設備の設置が必要になる。その上で選択肢を見ると、（3）が要件を満たしていることが分かる。

11 正解（3）

「非」特定防火対象物の有効範囲の部分に限り、**水系の消火設備**（水噴霧消火設備、泡消火設備、スプリンクラー設備）を技術上の基準に従って設置したときは、自動火災報知設備の設置を省略することができる。よって、本問の肝は、特定防火対象物を選ぶことなんだ。よって（3）が正解である。

12 正解（1）

正解の数値を入れた正しい説明文は、以下の通り。
「原則、一の警戒区域の面積は（ア**600**）m²以下で一辺の長さが（イ**50**）m以下、警戒区域を防火対象物の（ウ**2**）以上の階にわたらないように設定する。ただし、光電式分離型感知器における一辺の長さは（エ**100**）m以下とすることができる。」

13 甲 正解（2）

感知器取付面の高さは本試験でも100%出題されると思って、ゴロ合わせ「試合後に〜」を押さえておきたい。本問の16mの高さの場合、④〜20m未満と⑤20m以上の2区分に該当するものが設置出来る。④は1種煙感知器、⑤は炎感知器だ。

これを元に選択肢を検討すると、炎感知器と光電アナログ式スポット型感知器（1種）が該当していると分かるはずだ。

14㋙ 正解 (1)

防火対象物は原則全館一斉鳴動だが、延床面積**3000m²超**で地階を除く階数が**5以上**のものについては区分鳴動とする。ポイントは、原則は**出火階＋直上階**で、1階もしくは地階が出火階の場合は前述の**原則＋地階全部**という点だ。これを基に検討すると、（1）は出火階が地下2階なので、出火した地下2階と直上階の地下1階だけでOK（原則通り）となることに気付くはずだ。

15㋙ 正解 (3)

この後出てくる音響装置の多くが「**1m**」となっているのに対し、ガス漏れ表示灯の識別は「**3m**」となっている点に注意。この違いは出題実績も多く、気を付けておきたい。この他、水平距離を「**歩行距離**」としたり、「**25m**」を「**50m**」とするひっかけ問題も出題履歴があるので、気を付けておこう。

16 正解 (4)

複雑そうに見える回路図も、直列は足し算、並列は和分母の積子の形にして、計算しやすい形に変形することが、問題を解くカギとなる。

本問は右の図のように、抵抗が3つ並列となった部分と抵抗が4つ並列となった部分に分けて考えればよい。なお、複数抵抗が並列の場合は、（抵抗の数−1）回和分母の積子をやればよいので、計算は根気強く間違えないように取り組もう。

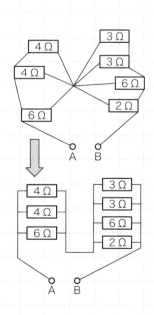

(左の並列)：$\dfrac{4 \times 4}{4+4} = \dfrac{16}{8} = 2 \cdots ①$

$\Rightarrow : \dfrac{6 \times 2}{6+2} = \dfrac{12}{8} = 1.5\Omega \cdots ②$

(右の並列)：$\dfrac{3 \times 3}{3+3} = \dfrac{9}{6} = 1.5 \cdots ③$

$\Rightarrow : \dfrac{6 \times 2}{6+2} = \dfrac{12}{8} = 1.5\Omega \cdots ④$

③と④の和分母の積子 $= \dfrac{1.5 \times 1.5}{1.5 + 1.5} = \dfrac{2.25}{3} = 0.75 \cdots ⑤$

以上より、合成抵抗＝②＋⑤より1.5＋0.75＝2.25Ω

17甲 正解（2）

正弦波交流における、実効値電圧Eと最大値電圧E_Mの間には、次の関係が成立する。$E_M = \sqrt{2}\,E$

問題文中から必要な数値を拾い出し、公式に入れると

$210 = \sqrt{2}\,E$　$E = \dfrac{210}{\sqrt{2}} = \dfrac{210}{1.41} = 148.93 \cdots$

以上から、最も近い値は（2）150Vとわかる。

18甲 正解（4）

正解の語句を入れた正しい説明文は、以下の通り。なお、交流専用の指示電気計器のゴロ合わせも忘れないように！

「電流計の測定範囲を拡大する場合には、（a**分流器**）を電流計と（b**並列**）に接続し、電圧計の測定範囲を拡大するには（c**倍率器**）を電圧計と（d**直列**）に接続すればよい。なお、直流専用の指示電気計器として、（e**可動コイル形**）がある。」

19 正解（3）

力率の問題は、三平方の定理の直角三角形を用いた表記が分かるとよいが、公式の暗記でも解けるので、後者を元に説明する。

$P = VI \cos\theta$ より、力率は $\cos\theta = \dfrac{P}{VI}$

問題文中より必要な数値を拾うと、$\cos\theta = \dfrac{800}{100 \times 10} = \dfrac{800}{1000} = 0.8 = 80\%$

20 正解（2）

本問の回路図を見ると、抵抗以外にコイルとコンデンサによる抵抗があるので、手順としては、①合成抵抗（インピーダンスZ）を求めて、これを元に②オームの法則で計算することになる。

①$Z = \sqrt{R^2 + (X_L - X_C)^2} = \sqrt{8^2 + (11-5)^2} = \sqrt{64 + 6^2} = \sqrt{64 + 36} = \sqrt{100} = 10\,Ω$

②E＝ZIより、200＝10I　I＝$\frac{200}{10}$＝20A

21甲 正解（1）

　一次側と二次側の巻数の比率（巻線比）は、電圧に比例（変圧比という）し、電流に反比例するという関係である。**変圧比 $\alpha = \frac{E_1}{E_2} = \frac{N_1}{N_2} = \frac{I_2}{I_1}$**

　あとは公式に数値を入れるだけ。

　$\frac{E_1}{500} = \frac{400}{1600}$ ⇒ $E_1 = 500 \times \frac{1}{4} = 125V$

22 正解（3）

　常に一定の直流と違い、交流では周期的に変化するため電流と電圧の波形にずれが生じる（位相差）。コンデンサによる抵抗（容量リアクタンス）を使った交流回路では、電流の波形が電圧の波形（位相）に対して**90°$\left(\frac{\pi}{2}[\text{rad}]\right)$進む。**

23 正解（1）

　三相電源の機械は、3つの端子（R・S・T端子）で接続されている。この3つの端子のうち、いずれか2つの端子の接続を入れ替える**（電線配線の2線を入れ替える）**と、その回転磁界が逆回転するので、電動機の回転も逆になる。

24甲 正解（4）

　抵抗率という文言より、抵抗の値を求める公式R＝$\rho\frac{L}{A}$を用いて計算する。

　問題文中に直径とあるので、半径にして円の面積Aを求める（半径×半径×π）。

　なお、抵抗率の公式の単位は［Ω・m］なので、直径の「mm」を「m」に換算する必要があるぞ！

　1mは100cmで1000mmなので、1mmは0.001mつまり10^{-3}mとなる。

　A＝$(0.8\times10^{-3})\times(0.8\times10^{-3})\times\pi=0.64\times10^{-6}\pi=64\times10^{-8}\pi$

　あとは、公式に数値を入れ、変形する。

　R＝$1.6\times10^{-8}\times\frac{160}{64\times10^{-8}\pi}=1.6\times\frac{160}{64\pi}=1.6\times\frac{2.5}{\pi}=\frac{4}{\pi}$

文字式と単位の換算を要する問題で、本試験でも難易度の高い方の部類にな

るが、基本は公式の意味するところと累乗計算が理解出来ていれば難しくない。
是非、解けるようにしておこう。

25 甲 正解（4）

交流の周波数に比例して、回転速度が変化する。

増減の違いを見ていこう。

・50→60Hzの場合⇒周波数が増加しているので、回転速度も増加（＋20％）。

・60→50Hzの場合⇒周波数が減少しているので、回転速度も減少（約-20％）。

26 正解（4）

　正解の数値を入れた正しい説明文は、以下の通り。語尾に注目すると、絶縁
抵抗値は「**以上**」、回路は「**以下**」となっている。このほか、ゴロ合わせ「十五
のハニーは～」を元に、覚えておきたい（回路と機器は別なので要注意）

　なお、テキストで触れていないが、印加電圧値は、**回路の場合は直流250V**、
機器本体そのものは**直流500V**となるので覚えておこう。

　「感知器回路における電路の抵抗値は（ア**50**）Ω以下とする。感知器回路の
絶縁抵抗値は（イ**0.1**）MΩ以上必要で、その測定に際して、絶縁抵抗計の電
圧は直流250Vとすること。なお、感知器・発信機・受信機の絶縁抵抗測定時
の印加電圧は、直流（ウ**500**）Vとすること。」

27 正解（1）

　煙感知器の設置ができない場所を覚える方法でもよいが、本問の場合は設置
する箇所として、「階段及び傾斜路」「マンションの廊下及び通路」があるので、
逆で解くこともできる。

28 正解（3）

　ゴロ合わせ「低音が一流の～」が分かれば、耐火構造以外の3mは30m²、耐
火構造の7mは30m²と、共に30m²となっている（3）が正解と分かる。

29 正解（4）

　（4）が正解。他の選択肢の不正解箇所と正しい記述は以下の通り。

（1）他の用途の電線であっても、~~50V未満~~**60V以下**の弱電流回路の電線は、自

動火災報知設備用の配線と同一の金属管内に設けることができる。

(2) P型受信機の感知器回路の電路の抵抗値は、50~~MΩ~~Ω以下とすること。

(3) P型受信機に設ける共通線は、1本につき~~5~~7警戒区域以下とすること。

30 正解（1）

エのみ正しい。他の肢の不正解箇所と正しい記述は以下の通り。

ア．各階ごとにその階の各部分から一の発信機に至るまでの~~水平~~歩行距離が

50m以下となるように設置する。⇒「ハエの歩行は～」のゴロ合わせだ！

イ．接続する受信機は、P型1級~~と2級で、3級は接続できない~~のみである。

ウ．子供によるいたずら防止のため、~~大目につかない~~目立つ場所に設置する。

⇒火災を発見したのに、発信機の場所が発見困難じゃ何のための発信機だ？

となるわけだ。

オ．設置高さは、~~0.6~~0.8m以上1.5m以下とする。

⇒椅子に座って操作する受信機は0.6m以上だが、発信機は廊下や通路等に設

置されており、座って使用することを想定していないから0.8m以上だ！

31 正解（3）

定温式スポット型感知器は、オールラウンダー（万能型）だが、1か所だけ

設置出来ない場所がある！それは駐車場等の**排気ガスが多量に滞留する場所**

だ！

32㊙正解（4）

本問は、実はヒントが前問の（4）に書いてある。定温式感知器については、

（公称作動温度−20）℃が正常時の最高周囲温度となるように感知器を選定す

る。

33 正解（4）

（4）が正解。他の選択肢の不正解箇所と正しい記述は以下の通り。

(1) 空気管をステップルで固定する時、直線部は~~50~~35cm以内、屈曲部は5cm

以内の間隔とすること。

(2) 一の感知区域の空気管の露出長は20m以上で、1つの検出部に接続する空

気管長は~~50~~100m以下とすること。

（3）主要構造部を耐火構造以外とした防火対象物では、相対する感知器間の相互間隔を~~5~~6m以下とすること。

34甲 正解（4）

　記載の選択肢は全て正しい。そのまま覚えておこう。熱電対式は、メーターリレー試験器を用いた鑑別の分野でも出題される。

35 正解（2）

　リーク孔にほこりが詰まると、リーク抵抗の値が増加する。結果、暖房等の緩い温度上昇を逃がせなくなったり、本来の温度上昇率が規定値より低くても作動（**非火災報の原因**）することになる。

36 正解（3）

　アとウの記載は正しい。他の肢の不正解箇所と正しい記述は以下の通り。
イ．換気口等の空気~~吹き出し口~~**吸込み口**がある場合は、その付近に設ける。
エ．感知器の下端が、取付面の下方~~0.3~~0.6m以内となるように設ける。
オ．設置高さが15m以上の時は、~~2~~1種の感知器とすること。

37甲 正解（1）

　正解の数値及び語句を入れた正しい説明文は、以下の通り。
「主音響装置の音圧は、音響装置の中心から（A1m）離れた位置における音圧とする。なお、（BP型3級受信機）においては、音圧70dB以上、その他の受信機については（C85dB）以上の音圧であること。」

38 正解（1）

　電球は、**2個以上並列に接続**すること。ただし、**放電灯**と**発光ダイオード**を用いるものについては、この限りではない（1個でOK）。

39 正解（2）

　イとウの記載は正しい。他の選択肢の不正解箇所と正しい記述は以下の通り。
ア．非常電源の容量が十分にある場合は、予備電源の設置を省略することが~~できる~~**できない**。

予備電源の容量≧非常電源の容量⇒非常電源が省略可能

　一般的には、非常電源の容量以上の予備電源を設けることによって、非常電源を省略している。なお、この逆の場合、「**非常電源≧予備電源**」では、予備電源は省略できない！！要注意！！

エ．停電した場合に自動的に予備電源に切り替わり、復旧した際には~~手動~~自動で予備電源から常用電源に切り替えるものであること。⇒常に「**自動**」！

40 正解（1）

　エの記載は正しい。他の選択肢の不正解箇所と正しい記述は以下の通り。

ア．P型3級受信機は、一の防火対象物に~~1台しか設置することができない。~~
　　　　　　　　　　　　　　　　　　　　　⇒2台まで設置可能

イ．P型2級受信機（1回線）は、延床面積~~150~~350m²以下の防火対象物にのみ設置することができる。

ウ．P型2級受信機（多回線）は、一の防火対象物につき~~3台以上設置することができる。~~
　　　　　　　　　　　　　　　　　　　　　⇒2台まで設置可能

41 正解（3）

　（3）が正解。他の選択肢の不正解箇所と正しい記述は以下の通り。

(1) 管の外形は、~~2.2mm以上~~1.94mm以上であること。

(2) 管の~~内~~外形は1.94mm以上であること。

(4) 空気管は、継ぎ目のない1本の長さ20m~~以干~~以上のものであること。

42 正解（1）

　感知器及び発信機に記載すべき事項については、最近出題が多くなってきているので、テーマ44で内容を確認しておこう。特に注意すべきは、**記載事項っぽいのに記載事項じゃないもの**だ！　主なものとして、**定格電流と定格電圧、製造年月日**だ。**製造年は必要**（月日が不要）だから、間違えないようにしよう！

43 正解（2）

　接点水高が高い＝ダイヤフラム先端の接点の間隔が広い、となる。これにより、規定値の圧力が空気管にかかっても、接点が閉じないため、本来作動すべき時に作動しない（**作動遅延**）が発生する。

44甲 正解 (1)

正解の数値を入れた正しい説明文は、以下の通り。

「ガス漏れ火災警報設備の検知器の標準遅延時間及び受信機の標準遅延時間の合計は（A60）秒以内である。また、検知器の性能は、検知するガス濃度が爆発下限界の（B1／4）以上の時に確実に作動し、1／200以下の時には作動しないこと。」

45甲 正解 (4)

テーマ59で見た通り自動火災報知設備内の配線関連の耐火・耐熱・通常配線の区別は、次のイラストで覚えるとよい。

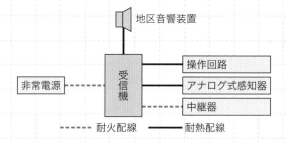

ポイントは受信機からの情報伝達やイザという時に通電する核（肝）となる箇所は耐火、次いで重要な場所には耐熱、それ以外は通常配線という点である。「全てのものには、理由がある」が、耐火・耐熱の理由もその視点で見ていくとよい。なお、問題文中の「アナログ式感知器を除く」の文言に要注意。この1文により通常の感知器から受信機の間は通常配線になると分かるので、選ばないように！

《 鑑別 問1 解答 》

問題1	設問1	P型1級発信機にあってP型2級発信機にない構造部品は、以下の2つです。 ・確認ランプ　・電話ジャック
	設問2	P型1級受信機、R型受信機、GR型受信機から2つ
	設問3	定格電流・電圧、製造年月日
	設問4	A：有機　B：20　C：80

解 説

　P型発信機（1級と2級）の構造上の違いを問う問題は、鑑別等試験の目玉（頻出項目）となる。設問2については、基本は1級発信機と1級受信機、2級発信機と2級受信機という組み合わせになる。しかし、R型とGR型はP型1級受信機とほぼ同じなので、その部分を理解しているか問うている少しイヤらしい問題である。

　このほかは、よくある数値問題や感知器と発信機に表示すべき事項（逆で記載の必要がない事項）を理解しているかにも注意。

《 鑑別 問2 解答 》

問題2	設問1	【A】 名称：差動式スポット型感知器 作動原理： 熱による空気の膨張を利用して、作動する。 【B】 名称：光電式分離型感知器 作動原理： 広範囲の煙の累積による光電素子の受光量変化を感知して作動する。 【C】 名称：光電式スポット型感知器 作動原理： 光電素子の受光量が、煙の流入（煙粒子）によって変化することを感知して、火災信号を発信する。 構造図の作動原理を有する感知器：C

問題2	設問2	名称：作動表示装置（作動確認灯） 機能：感知器が作動した時に点灯する。 C以外に必要な感知器： 炎感知器（赤外線式・紫外線式）と煙感知器（イオン化式等）の中から一つ答えること。	
	設問3	理由：虫等の侵入防止のため。 （光電式スポット型感知器のほか、イオン化式スポット型感知器に設ける必要がある）。	

解 説

感知器の名称及び作動原理、構造部品の名称と装着目的を答える問題である。

写真を見て名称を答える問題もあるが、構造図を示して解答させる問題もあるので、両者が一致するように学習しておくとよい。

《 鑑別 問3 解答 》

			試験器の名称	点検できる感知器
問題3	設問1・2	A	テストポンプ	差動式分布型感知器 （空気管式）
		B	加熱試験器	・差動式スポット型感知器 ・定温式スポット型感知器 ・補償式スポット型感知器
		C	メーターリレー試験器	・定温式感知線型感知器 ・差動式分布型感知器 （熱電対式）
	設問3	【A】 作動試験、作動継続試験、流通試験、接点水高試験の中から3つを回答する。 【B】 回路合成抵抗試験、作動試験		

解 説

感知器の各種試験を行う試験機器類についての問題である。テストポンプは、差動式分布型感知器（空気管式）以外は使用しないぞ。なお、差動式分布型感知器（空気管式）は、3つの試験の実施イラストを示して試験の名称や目的を

問う問題も多く出題されている。

　メーターリレー試験器は、点検で使用する感知器の出題頻度が低く意外と忘れられがちなので、気を付けよう。

《 鑑別 問4 解答 》

問題4	設問1	【A】 名称：貫通キャップ 用途：空気管が造営材を貫通する場所に用いる。 【B】 名称：クリップ 用途：空気管を造営材に固定するのに用いる。 【C】 名称：スリーブ 用途：空気管同士を接続するのに使用する。 【上記工具を使って設置する感知器】 差動式分布型感知器（空気管式）
	設問2	D：圧着ペンチ　E：パイプカッター F：ラジオペンチ　G：ワイヤーストリッパー
	設問3	a：赤　b：20 c：ワイヤーコネクター（又は差込型コネクター）

解説

　差動式分布型感知器（空気管式）の設置工事に必要な部品とその他の工具類についての知識を問う問題。電気工事士の勉強をしたことがある人には馴染みのある分野だろう。

　部品のイラストや写真のほか、下図の設置状況を示したものが出題されることもあるので、併せて確認しておこう。

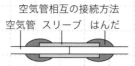

空気管相互の接続方法

空気管同士を接続する場合、接続管（スリーブ）に入れて、**はんだ付け**すること。

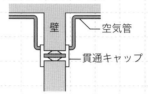

造営材を貫通する場合

出口と入口にフタのように貫通キャップを設ける。

《 鑑別 問5 解答 》

問題5	設問1	火災灯が点灯、地区表示灯が点灯 主音響装置が鳴動、地区音響装置が鳴動
	設問2	・発信機ボタンが押された ・配線の短絡など （ショート、水漏れや鼠のかじりによる断線など）
	設問3	予備電源試験スイッチ、火災復旧スイッチ
	設問4	⑭→⑨→⑥

解 説

　受信機のイラストを示して、各種試験や異常を感知した際の受信機の動作について問う問題である。イラストでも実物写真でも、地区表示灯の数（たくさんあれば1級、5個で2級という具合）で判断する。

　このほか、自動復旧スイッチ（跳ね返りスイッチ）となる箇所や、回路導通試験・同時作動試験、予備電源試験の実施にかかる操作手順を問う問題が出題される。

　いずれにしても、自分が点検することを想定しながらイメトレをすると覚えやすいぞ！

《 製図 問1 解答 》

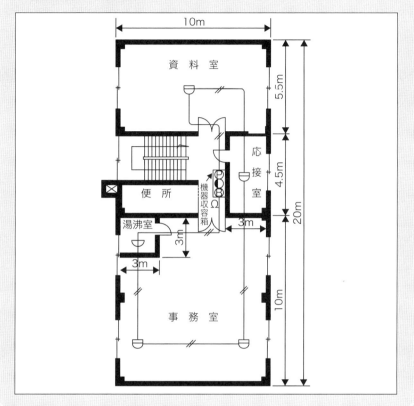

解 説

テキストで触れた、解法ステップを元に手順を追って見ていく。

① 警戒区域の設定

フロア面積は、横10m×縦20m＝200m²となるので、1警戒区域（＝600m²
以下）だ。条件2より、階段等のたて穴区画における警戒区域境界線は不要と
なる。

② 感知器を設置しなくてもよい室2種、忘れずに除外せよ！！

「便所、浴室等常に水を使用する室」については、感知器の設置が不要だ。本
問の場合、階段傍の便所は設置不要となる。

③ 各室に設置する感知器（種別）と個数を計算せよ！

　問題文冒頭の記載（4階平面図）より、設置するのは差動式スポット型感知器（2種）だ。条件5（耐火構造で高さ3m）より、感知面積は70m²／個だ。なお、廊下に煙感知器を設置する場合、**歩行距離30mにつき1個以上**設置することになるが、ここで例外に触れておくぞ。本問のように狭い廊下、具体的には**10m以下の廊下及び通路**、又は**廊下及び通路から階段に至るまでの歩行距離が10m以下**の場合は当該廊下通路には煙感知器を設けないことができる。

　以上を踏まえて、各室に設置する感知器の個数は以下の通りだ。

> ・資料室（55m²）、応接室（13.5m²）より、差動式スポット型感知器（2種）が1個だ。
> ・事務室：（10×10）−（3×3）＝91m²より、差動式スポット型感知器（2種）が2個だ。
> ・湯沸室：9m²より、定温式スポット型感知器（防水型）が1個必要だ。
> ・廊下：上記の条件より、廊下は4.5m（＝10m以下）なので設置不要だ。

④ 送り配線で配線ルートを決定せよ！

　本問は条件3より、P型1級**受信機**（P型1級**発信機**）を使用しており、機器収容箱内に地区音響装置・発信機・表示灯を収納する。配線のルートは、機器収容箱を出て、資料室→応接室から時計回りのルートで機器収容箱内に配線が戻るルートとする。機器収容箱の傍に傍記「Ω」を忘れないように！なお、分岐配線とはしないので、1本線で描き切れればヒゲは2本でOKだ。

《 製図 問2 解答 》

a	b	c	d	e	f	g	h	i	j
7	2	9	2	12	2	14	2	16	2

解 説

　条件を見ると一斉鳴動方式となるので、地区音響装置のHIV線は全館で**2本分**となる。また、屋内消火栓設備と発信機が連動しないとの記載から、表示灯線は**IV線**になるので注意して見ていこう。

〔解答手順〕

① 警戒区域数10で、共通線を2本とし、1本あたりに接続する警戒区域数を5ずつに設定する。

② 一斉鳴動となるので、HIV線は2本だ。

③ 発信機と屋内消火栓設備が連動していないので、表示灯線（PL）はIV線が2本だ。

④ 系統図を見ると警戒区域が10（＝5以上）より、P型1級発信機になるので、**電話連絡線（T）**と**確認応答線（A）**について、**IV線が各1本必要だ。**

以上をまとめると、電線本数は次のようになる。

電線	配線＼場所	5F～4F a	4F～3F c	3F～2F e	2F～1F g	1F～受信機 i
IV	表示線(L)	2	4	6	8	10
	共通線(C)	1	1	2	2	2
	応答線(A)	1	1	1	1	1
	電話線(T)	1	1	1	1	1
	表示灯線(PL)	2	2	2	2	2
	計	7	9	12	14	16
HIV		b	d	f	h	j
	ベル線(B)	2	2	2	2	2
	計	2	2	2	2	2

第11章の章末問題でも解説しているが、共通線（C）のIV線本数が3本となる点が間違えやすいようだな！共通線1本あたりの警戒区域線が5本のため、e～iは2本（警戒区域線分の減少）だが、cより共通線も2本→1本となるので、警戒区域線2本と共通線1本の計3本が減少するんだ。

Index | 索引

504

●素材提供（アイウエオ順）
朝日電器株式会社
一般社団法人東京防災設備保守協会
因幡電機産業株式会社（JAPPY）
ニッタン株式会社
日本ドライケミカル株式会社
日本フェンオール株式会社
能美防災株式会社
パナソニック株式会社
日置電機株式会社
ホーチキ株式会社

著者

佐藤 毅史（さとう つよし）

付加価値評論家®

調理師として延べ4年半勤務するも、体調不良と職務不適合の思いから退社。しかし、その3日後にリーマンショックが発生して、8か月間ニートを経験。その後不動産管理会社での勤務を経て、TSPコンサルティング株式会社を設立・代表取締役に就任。これまでに、財務省、商工会議所、銀行等の金融機関で企業研修・講演を依頼される人気講師の傍ら、現在は社外取締役を4社務める法律と財務のプロフェッショナルでもある。

主な保有資格：行政書士、宅建士、甲種危険物取扱者、毒物劇物取扱者、第2種電気工事士、消防設備士、CFP®、調理師

TSPコンサルティング株式会社ホームページ　http://fp-tsp.com/concept.php

装丁・本文デザイン	植竹 裕（UeDESIGN）
DTP	株式会社 明昌堂
漫画・キャラクターイラスト	内村 靖隆

工学教科書

炎の消防設備士第4類（甲種・乙種）テキスト&問題集

2022年 10月19日 初版 第1刷発行

著　者	佐藤 毅史	
発 行 人	佐々木 幹夫	
発 行 所	株式会社 翔泳社（https://www.shoeisha.co.jp）	
印刷・製本	株式会社加藤文明社印刷所	

本書へのお問い合わせについては、iiページに記載の内容をお読みください。

造本には細心の注意を払っておりますが、万一、乱丁（ページの順序違い）や落丁（ページの抜け）がございましたら、お取り替えします。03-5362-3705までご連絡ください。

ISBN978-4-7981-7486-0　　　　　　　　　　　　Printed in Japan